SECURITIZAÇÃO DE CRÉDITOS PÚBLICOS

Aspectos de mercado de capitais

VICTÓRIA BARUSELLI CABRAL DE MELO

Prefácio
Juliana Krueger Pela

Apresentação
Ruy Pereira Camilo Junior

SECURITIZAÇÃO DE CRÉDITOS PÚBLICOS

Aspectos de mercado de capitais

Belo Horizonte

2023

© 2023 Editora Fórum Ltda.

É proibida a reprodução total ou parcial desta obra, por qualquer meio eletrônico, inclusive por processos xerográficos, sem autorização expressa do Editor.

Conselho Editorial

Adilson Abreu Dallari
Alécia Paolucci Nogueira Bicalho
Alexandre Coutinho Pagliarini
André Ramos Tavares
Carlos Ayres Britto
Carlos Mário da Silva Velloso
Cármen Lúcia Antunes Rocha
Cesar Augusto Guimarães Pereira
Clovis Beznos
Cristiana Fortini
Dinorá Adelaide Musetti Grotti
Diogo de Figueiredo Moreira Neto (*in memoriam*)
Egon Bockmann Moreira
Emerson Gabardo
Fabrício Motta
Fernando Rossi
Flávio Henrique Unes Pereira

Floriano de Azevedo Marques Neto
Gustavo Justino de Oliveira
Inês Virgínia Prado Soares
Jorge Ulisses Jacoby Fernandes
Juarez Freitas
Luciano Ferraz
Lúcio Delfino
Marcia Carla Pereira Ribeiro
Márcio Cammarosano
Marcos Ehrhardt Jr.
Maria Sylvia Zanella Di Pietro
Ney José de Freitas
Oswaldo Othon de Pontes Saraiva Filho
Paulo Modesto
Romeu Felipe Bacellar Filho
Sérgio Guerra
Walber de Moura Agra

FÓRUM
CONHECIMENTO JURÍDICO

Luís Cláudio Rodrigues Ferreira
Presidente e Editor

Coordenação editorial: Leonardo Eustáquio Siqueira Araújo
Aline Sobreira de Oliveira

Rua Paulo Ribeiro Bastos, 211 – Jardim Atlântico – CEP 31710-430
Belo Horizonte – Minas Gerais – Tel.: (31) 99412.0131
www.editoraforum.com.br – editoraforum@editoraforum.com.br

Técnica. Empenho. Zelo. Esses foram alguns dos cuidados aplicados na edição desta obra. No entanto, podem ocorrer erros de impressão, digitação ou mesmo restar alguma dúvida conceitual. Caso se constate algo assim, solicitamos a gentileza de nos comunicar através do *e-mail* editorial@editoraforum.com.br para que possamos esclarecer, no que couber. A sua contribuição é muito importante para mantermos a excelência editorial. A Editora Fórum agradece a sua contribuição.

Dados Internacionais de Catalogação na Publicação (CIP) de acordo com ISBD

M528s	Melo, Victória Baruselli Cabral de
	Securitização de créditos públicos: aspectos de mercado de capitais / Victória Baruselli Cabral de Melo. – Belo Horizonte : Fórum, 2023.
	205 p. ; 14,5cm x 21,5cm.
	Inclui bibliografia e apêndice.
	ISBN: 978-65-5518-409-9
	1. Direito Empresarial. 2. Direito Privado. 3. Direito Comercial. 4. Mercado de Capitais. I. Título.
	CDD: 346.07
2022-1590	CDU: 347.7

Elaborado por Odilio Hilario Moreira Junior – CRB-8/9949

Informação bibliográfica deste livro, conforme a NBR 6023:2018 da Associação Brasileira de Normas Técnicas (ABNT):

MELO, Victória Baruselli Cabral de. *Securitização de créditos públicos*: aspectos de mercado de capitais. Belo Horizonte: Fórum, 2023. 205 p. ISBN 978-65-5518-409-9.

Aos meus pais, que sempre me incentivaram a persistir em meus sonhos e proporcionaram tudo para que se tornassem realidade.

[...] quella che vorrei dire l'opera di "ingegnere" del giurista, quale si svolge innanzi tutto nella creazione di strumenti giuridici. Il nostro problema di giuristi non è solo quello della distinzione tra lecito o illecito, ma anche quello della fantasia; quello della creazione di strumenti, vorrei dire di macchine giuridiche, che possano conseguire determinate finalità, che abbiano freno e motore, che camminino, ma non vadano a finire nei fossi, che cioè contemperino esigenze diverse.

(Tullio Ascarelli)[*]

---

[*] Em tradução livre: "aquilo que diria ser obra de 'engenheiro' do jurista, a qual se dá antes de mais nada na criação de instrumentos jurídicos. O nosso problema como juristas não é apenas aquele da distinção entre lícito e ilícito, mas também o da fantasia; o da criação de ferramentas, diria de máquinas jurídicas, que possam atingir determinadas finalidades, que tenham freios e motores, que caminhem, mas não acabem em fossos, isto é, que contemplem exigências diversas." (ASCARELLI, Tullio. Varietà di titoli di credito e investimento. In: ASCARELLI, Tullio. *Problemi giuridici*. Milano: Dott. A Giuffrè, 1959, t. II, p. 685-702 [702]).

LISTA DE ABREVIATURAS E SIGLAS*

ANBIMA	–	Associação Brasileira das Entidades dos Mercados Financeiro e de Capitais
CDO	–	*Collateralized debt obligation*
CPSEC	–	Companhia Paulista de Securitização
CRA	–	Certificado de recebíveis do agronegócio
CRI	–	Certificado de recebíveis imobiliários
CVM	–	Comissão de Valores Mobiliários
FIC-FIDC	–	Fundo de investimento em cotas de fundos de investimento em direitos creditórios
FIDC	–	Fundo de investimento em direitos creditórios
FIDC-NP	–	Fundo de investimento em direitos creditórios não padronizados
FIDC-PIPS	–	Fundo de investimento em direitos creditórios no âmbito do Programa de Incentivo à Implementação de Projetos de Interesse Social
ICM	–	Imposto sobre Operações Relativas à Circulação de Mercadorias
ICMS	–	Imposto sobre Operações Relativas à Circulação de Mercadorias e sobre Prestações de Serviços de Transporte Interestadual e Intermunicipal e de Comunicação
IOSCO	–	*International Organization of Securities Commissions*
Lei de Liberdade Econômica	–	Lei nº 13.874, de 20 de setembro de 2019
Lei de Responsabilidade Fiscal	–	Lei Complementar nº 101, de 4 de maio de 2000
MBS	–	*Mortgage-backed security*
PEP	–	Programa Especial de Parcelamento
PPI	–	Programa de Parcelamento Incentivado
SINAFRESP	–	Sindicato dos Agentes Fiscais de Rendas do Estado de São Paulo

---

* Os significados dos termos referentes aos documentos do estudo de caso, utilizados na presente obra, encontram-se no Apêndice.

SUMÁRIO

PREFÁCIO
Juliana Krueger Pela 13

NOTA DA AUTORA 15

APRESENTAÇÃO
Ruy Pereira Camilo Junior 17

INTRODUÇÃO 21

PARTE I
A SECURITIZAÇÃO NO SETOR PRIVADO

CAPÍTULO 1
SECURITIZAÇÃO NO SETOR PRIVADO: FUNCIONAMENTO E
RISCOS ENVOLVIDOS 35

1.1 Conceito e breve histórico da securitização 35

1.2 Fluxo operacional e estrutura da securitização 39

1.3 A crise dos *subprime* e as reflexões sobre a securitização 45

1.4 Securitização no setor privado brasileiro 52

CAPÍTULO 2
SECURITIZAÇÃO NO SETOR PRIVADO: FUNDOS DE
INVESTIMENTO EM DIREITOS CREDITÓRIOS 57

2.1 Criação e regulação dos FIDC 57

2.2 Constituição e funcionamento dos FIDC 60

2.3 Carteira dos FIDC 67

2.4 Prestadores de serviços dos FIDC 72

2.5 Regras de governança dos FIDC 79

2.6 Principais interesses protegidos e riscos considerados pela
CVM na regulação dos FIDC 95

PARTE II
A SECURITIZAÇÃO DE CRÉDITOS PÚBLICOS

CAPÍTULO 3
SECURITIZAÇÃO DE CRÉDITOS PÚBLICOS: O CASO DO ESTADO
DE SÃO PAULO.. 99

3.1   Estrutura das operações de securitização de créditos públicos
do Estado de São Paulo.. 99

3.1.1   Constituição do veículo de securitização................................ 101

3.1.2   Segregação do ativo... 104

3.1.3   Emissão e subscrição dos valores mobiliários....................... 114

3.2   Questionamentos às operações de securitização de créditos
públicos do Estado de São Paulo.. 128

CAPÍTULO 4
SECURITIZAÇÃO DE CRÉDITOS PÚBLICOS: ESPECIFICIDADES
VS. INTERESSES PROTEGIDOS E RISCOS CONSIDERADOS PELA
REGULAÇÃO DO MERCADO DE CAPITAIS..................................... 137

4.1   As especificidades da securitização de créditos públicos.......... 137

4.1.1   Especificidades quanto ao veículo de securitização.................... 138

4.1.2   Especificidades quanto à transparência....................................... 140

4.1.3   Especificidades quanto à segregação dos ativos e à segregação
do risco... 142

4.1.3.1   Cessão do crédito.. 142

4.1.3.2   Segregação do fluxo financeiro.. 146

4.1.3.3   Guarda dos documentos comprobatórios.................................. 147

4.1.3.4   Questionamentos à segregação do ativo.................................... 148

4.1.3.5   Segregação do risco do originador.. 155

4.1.4   Especificidades quanto à cobrança dos créditos....................... 159

4.1.5   Especificidades quanto aos valores mobiliários subordinados .. 162

4.2   Securitização de créditos públicos: principais preocupações
quanto aos interesses protegidos e riscos considerados pela
regulação do mercado de capitais.. 166

SÍNTESE CONCLUSIVA... 171

REFERÊNCIAS.. 175

APÊNDICE
DOCUMENTOS DO CASO DO ESTADO DE SÃO PAULO................ 193

PREFÁCIO

Este livro de Victoria Baruselli Cabral de Melo – *Securitização de Créditos Públicos*: Aspectos de Mercado de Capitais – resulta de sua dissertação de mestrado, defendida e aprovada no Programa de Pós-Graduação da Faculdade de Direito do Largo São Francisco em 2021. O trabalho foi também reconhecido com o primeiro lugar no XVI Prêmio ANBIMA de Mercado de Capitais.

O justo reconhecimento não me surpreendeu. Como orientadora da dissertação, pude acompanhar – desde o início de seu curso de pós-graduação – a seriedade, disciplina e rigor com que Victoria conduziu este trabalho. Victoria foi uma orientanda exemplar: cumpridora de seus deveres acadêmicos, soube conciliar com serenidade e firmeza sua vida acadêmica com os desafios da Vida (com maiúscula) em si. Tarefa ainda mais difícil e admirável em tempos pandêmicos, quando esta dissertação foi concluída.

A obra explora, com muita qualidade, um tema bastante novo no Brasil: a securitização de créditos públicos. Situa-se, assim, na tradicional fronteira entre o Direito Público e o Direito Privado. Essa circunstância não intimidou Victoria. Ao contrário, a instigou a ir mais longe. Como cantou Jorge Drexler,[*] ela sabiamente duvidou das certezas e fez mover a fronteira. Espero que os leitores possam, como eu, apreciar a importante contribuição de Victoria.

Juliana Krueger Pela

Professora Doutora do Departamento de Direito Comercial da Faculdade de Direito da Universidade de São Paulo. Doutora em Direito Comercial pela Faculdade de Direito da Universidade de São Paulo.

---

[*] Frontera, álbum de mesmo nome, 1999.

NOTA DA AUTORA

Esta pesquisa foi premiada no âmbito do "XVI Prêmio ANBIMA de Mercado de Capitais", contando com apoio da Associação Brasileira das Entidades dos Mercados Financeiro e de Capitais – ANBIMA.

APRESENTAÇÃO

A quase bicentenária Faculdade de Direito do Largo de São Francisco propicia a seu alunato, sob a luz da autonomia universitária e da plena liberdade de cátedra, a oportunidade de desenvolvimento do interesse científico e do espírito crítico. Disso dá prova material o livro cuja apresentação coube honrosamente a mim e que enriquece a literatura jurídica nacional, ao discutir em profundidade operação econômica sofisticada e de grande relevância prática: a securitização de créditos públicos.

Tive o privilégio de acompanhar os primeiros passos da vida acadêmica de sua autora, ainda na graduação. Victória Baruselli Cabral de Melo destacava-se nas aulas de Direito Empresarial e deixava antever sua vocação precoce de comercialista.

O tema da securitização dos créditos públicos já a instigava. Foi o tema de seu trabalho de conclusão de curso, defendido perante banca de que fiz parte, em novembro de 2016. Tratava-se de um estudo profundo, de marcada interdisciplinaridade, embora sem perder o foco primordial nas questões de Direito Comercial e de mercado de capitais.

Na pós-graduação, Victória prosseguiu aprofundando o estudo e a reflexão sobre o assunto, desta vez sob a orientação sempre relevante da Professora Juliana Krueger Pela. O convite a mim dirigido pela professora Juliana para participar da banca de defesa de mestrado do trabalho, ao lado de Luciana Dias e Otavio Yazbek, iluminou um momento em que ainda grassava a pandemia.

Participar da banca de julgamento de um bom trabalho é uma experiência fascinante para aqueles que gostam de livros. Afinal, que leitor não sonha com a oportunidade de ser um dos primeiros a travar contato com uma obra relevante, acrescida da prerrogativa de dialogar e questionar seu autor?

Com a presente publicação da sua dissertação de mestrado, Victória amplia o alcance de suas ideias e de suas descobertas, compartilhando com a comunidade jurídica os frutos de tantos anos de incessante pesquisa, realizada no Brasil e na França. Durante seus estudos em Paris, a autora teve a oportunidade de publicar importante reflexão sobre o regime jurídico europeu da proteção dos investidores na securitização. Trata-se de artigo bem argumentado e redigido em francês elegante. Ao lê-lo, brinquei com a autora que minha única ressalva era quanto à necessidade de usar o vocábulo *titrisation*, empregado pelos franceses para fugir a anglicismos ao se referir à securitização: esta deve ser uma das palavras mais feias da língua de Proust...

O livro que o leitor tem diante de si é muito bem escrito, apresentando um estilo claro e preciso. A estrutura da obra é rigorosa. Na banca, disse à candidata que parecia uma tese da Sorbonne, pois sabemos como a literatura jurídica francesa segue ordem de exposição rigorosa, quase cartesiana. Tudo se encaixa, e nada é ocioso ou irrelevante para o desenvolvimento seguro e sistemático das ideias da autora.

O tema é de absoluta importância. A história do Direito Comercial é marcada pela mobilização e circulação do crédito desde seus primórdios, com a criação dos títulos de crédito. A securitização, ao lastrear valores mobiliários com créditos, representou um salto quântico neste processo, acelerando o processo de concessão e formação de créditos, rapidamente escoados pelos originadores para veículos de investimento, atraindo capitais especulativos. O emprego dessa operação para mobilizar e alienar créditos públicos abre perspectivas inovadoras para o Direito Financeiro, revelando novas dimensões para o fenômeno da "fuga para o Direito Privado" tão bem descrito pela administrativista portuguesa Maria João Estorninho.

A primeira parte da obra constitui um dos melhores textos que já li sobre securitização e servirá a todos os professores de Direito Comercial como material didático para desvendar a seus alunos a lógica de funcionamento dessa operação.

O capítulo inicial segue a lição vivanteana e explica o conceito de securitização partindo de sua função econômica. Revela como a operação revolucionou o mercado de capitais, esboçando sua evolução histórica até se constituir na grande causa da crise dos subprime de 2008, pelo desalinhamento de interesses entre originadores de créditos e investidores, pela assimetria informacional e pela difusão de riscos por todo o setor bancário, exponencializando o risco sistêmico. A autora apresenta a estrutura da operação e sua dinâmica, tratando dos interesses e dos riscos de cada uma das *dramatis personae*: o devedor, o originador do crédito, o veículo de securitização e os investidores. Define, ainda, com precisão o regime jurídico da operação no Brasil.

O segundo capítulo trata com a mesma clareza do principal veículo securitizador no Brasil: o Fundo de Investimento em Direitos Creditórios (FIDC). A exposição das normas sobre a constituição, o funcionamento e a governança desses fundos é fascinante, pois a autora não quer elencar burocraticamente as regras aplicáveis, mas sim demonstrar quais seus objetivos e sua razão de ser. Essa leitura funcional da regulação exige uma inteligência profunda, pois há de se ter clareza sobre os problemas efetivos que podem comprometer a securitização, para se compreenderem e se criticarem as regras existentes, avaliando se protegem os interesses relevantes.

Após a parte introdutória, a autora ingressa no núcleo da obra, desenvolvendo o tema da securitização dos créditos públicos. Neste tópico, o livro passa a se constituir como a principal referência sobre a matéria no Direito Brasileiro, a meu sentir. E a escolha metodológica da autora também foi criativa e inovadora, pois optou por fazer um estudo aprofundado de caso: a experiência de securitização do Estado de São Paulo, através da emissão de debêntures pela Companhia Paulista de Securitização, lastreadas na cessão de créditos do Programa de Parcelamento Incentivado (PPI) e do Programa Especial de Parcelamento (PEP).

Esta operação foi bem-sucedida do ponto de vista financeiro, com a colocação dos valores mobiliários, bem aceitos pelo mercado, e seu perfeito adimplemento, a tempo e modo. Mas a autora critica a operação sob o prisma do Direito Comercial e do mercado de capitais, por desconsiderar o acervo de soluções já consolidadas pela regulação da CVM.

Neste ponto, a arquitetura do livro revela todo o seu equilíbrio e sua racionalidade. A esmerada exposição do regime jurídico da securitização no Direito Privado fez-se exatamente para servir de contraponto às fragilidades que a autora vislumbra na operação paulista. Em sua conclusão, postula Victória o aprimoramento das futuras operações de securitização de créditos públicos, idealmente com a utilização de um FIDC-NP como veículo, com garantia de segregação de ativos e de fluxo de caixa, melhor alinhamento de interesses entre originador e investidores e maior transparência.

Em síntese, o livro que você está a ler agora não apenas ensina com detalhes a lógica da securitização, mas o faz com o intuito de defender o aprimoramento institucional da operação quando tiver por objeto créditos públicos. Há, portanto, uma contribuição importante à evolução do Direito Brasileiro. E você, ao refletir e debater as ideias aqui postas, para com elas concordar ou delas discordar, também contribuirá com esse mesmo objetivo.

Ruy Pereira Camilo Junior

Professor Doutor do Departamento de Direito Comercial da Faculdade de Direito da Universidade de São Paulo. Mestre e doutor em Direito Comercial pela Faculdade de Direito da Universidade de São Paulo. Pós-graduado em Análise econômica pela FIPE, com extensão na Universidade de Grenoble II.

INTRODUÇÃO

A securitização é um mecanismo que foi desenvolvido no âmbito do mercado de capitais, tornando-se uma relevante alternativa de financiamento, de gerenciamento de risco e de investimento. Apesar dos potenciais riscos associados ao seu uso, a importância desse mecanismo para o funcionamento da economia é reafirmada pelos reguladores do mercado de capitais, os quais se dedicam ao desenvolvimento da regulação em torno da securitização para mitigar esses riscos, bem como para resguardar os interesses eleitos como dignos de proteção.

Observa-se uma expansão do uso da securitização em diversos segmentos do setor privado da economia, com diferentes finalidades. Diante de uma conjuntura de pressão sobre o orçamento público, passa-se a discutir o uso da securitização também pelo setor público como ferramenta de captação de recursos, por meio da securitização de créditos públicos.[1]

Na presente pesquisa, as referências à *securitização no setor privado* dizem respeito ao uso dessa ferramenta por entes privados,[2] considerando as preocupações e os interesses próprios do setor privado da economia. Trata-se de operações de securitização cujos participantes estruturais (incluindo o originador/cedente dos créditos securitizados) são entes privados, ainda que o devedor dos créditos seja eventualmente um ente público (por exemplo, no caso da securitização de precatórios). O foco da regulação da securitização encontra-se justamente no âmbito do setor privado, no qual é predominantemente utilizada.

---

[1] Cf. ARELLANO, Luis Felipe Vidal. Securitização de ativos e endividamento no setor público. *Revista Fórum de Direito Financeiro e Econômico*, Belo Horizonte, ano 8, n. 12, p. 229-252, set./fev. 2017. A respeito das vantagens econômicas do acesso ao mercado de capitais pelos entes públicos (incluindo por meio da securitização de créditos públicos), ver SILVA FILHO, Edison Benedito da. *Securitização de ativos públicos para financiamento de projetos de infraestrutura*: o caso brasileiro e a experiência dos BRICS. Texto para discussão. Instituto de Pesquisa Econômica Aplicada. Brasília, jul. 2014.

[2] Inclui, além das pessoas jurídicas de Direito Privado, os fundos de investimento.

Uma particular operação que também merece atenção do ponto de vista da regulação do mercado de capitais consiste na securitização de créditos públicos. Neste trabalho, adota-se o termo créditos públicos para designar os créditos cujo credor seja um ente público. Assim, a expressão *securitização de créditos públicos* aqui utilizada refere-se à operação que tenha um ente público como um de seus participantes estruturais (na figura de originador/cedente dos créditos) e que seja arquitetada com a finalidade de captação de recursos por tal ente (através da securitização de seus créditos públicos). Na linguagem corrente do mercado, essas operações são denominadas de diferentes maneiras, utilizando-se sobretudo a expressão securitização de *dívida ativa*. No entanto, observa-se que os ativos a serem securitizados não se limitam aos créditos inscritos em dívida ativa, mas incluem geralmente outros cujo credor seja um ente público, como aqueles reconhecidos pelo contribuinte mediante a formalização de parcelamento.[3] Dessa forma, optou-se por utilizar na presente pesquisa a expressão securitização de *créditos públicos*, por parecer mais abrangente e melhor caracterizar os ativos subjacentes às operações em estudo. Ressalta-se que não se inclui nesse conceito – e fica, portanto, fora do escopo desta pesquisa – a eventual securitização realizada no setor público em um contexto de emissão de títulos públicos (na qual o Estado está na posição de devedor, e não de credor originário).[4-5]

A presente pesquisa busca estudar a securitização de créditos públicos sob a perspectiva do Direito Comercial e da regulação do mercado de capitais. O Direito Comercial dedica-se especialmente à organização dos mercados, incluindo as regras sobre o mercado de capitais.[6] A regulação do mercado de capitais, no Brasil, cabe à Comissão de

---

[3] Como poderá ser observado no Capítulo 3 deste trabalho.

[4] De acordo com Márcio Ferro Catapani, os títulos públicos "relacionados a créditos securitizados são aqueles emitidos em virtude da assunção, pela União, de dívidas de outros entes, ou pela transformação de dívida contratual federal em dívida mobiliária." (*O mercado de títulos públicos*: desmaterialização e circulação. 2011. Tese [Doutorado em Direito Comercial] – Faculdade de Direito, Universidade de São Paulo, São Paulo, 2011, p. 395). Apesar de tal securitização também ser realizada no setor público, aqui o Estado se encontra na posição de devedor. Assim, não seria caracterizada como uma operação de securitização de créditos públicos (na qual o Estado está na posição de originador/cedente), objeto desta pesquisa.

[5] Também não se encontra abarcada pelo escopo da presente pesquisa a securitização de *royalties* de petróleo, a qual tem regras específicas na Resolução do Senado Federal nº 43/01. A respeito, ver SOUTO, Marcos Juruena Villela; ROCHA, Henrique Bastos. Securitização de recebíveis de *royalties* do petróleo. *Revista de Direito Bancário, do Mercado de Capitais e da Arbitragem*, São Paulo, v. 5, n. 16, p. 60-82, abr./jun. 2002.

[6] Cf. SALOMÃO FILHO, Calixto. *Teoria crítico-estruturalista do Direito Comercial*. São Paulo: Marcial Pons, 2015, p. 35-36.

INTRODUÇÃO | 23

Valores Mobiliários (CVM), autarquia especial responsável por editar as normas regulatórias aplicáveis e por fiscalizar esse mercado.[7] Este trabalho procura analisar a securitização de créditos públicos justamente sob a ótica das preocupações desse regulador e dos investidores, considerando as normas[8] (e os respectivos fundamentos) sobre a securitização em geral.[9]

Parte-se da hipótese de que essa operação traz particularidades quando comparada com a securitização realizada no setor privado, decorrentes da natureza dos créditos públicos que serão securitizados e do fato de seu originador ser um ente público. Os objetivos principais do trabalho serão, assim: a) identificar as particularidades da securitização de créditos públicos, quando comparada com a securitização no setor privado; e b) avaliar quais seriam os impactos dessas especificidades, do ponto de vista do Direito Comercial e da regulação do mercado de capitais.

Em uma delimitação do tema de pesquisa, ressalta-se que esses objetivos serão desenvolvidos da perspectiva do mercado de capitais e de seu órgão regulador, e não da Administração Pública ou dos órgãos de controle da Administração. Não se ignora que o tema da securitização de créditos públicos envolva questões de cunho multidisciplinar, contando com debates e discussões em outros campos do Direito – notadamente o Direito Financeiro, o Direito Tributário e o Direito Administrativo. Porém, apesar de ser necessário utilizar alguns conceitos e apresentar algumas reflexões referentes ao Direito Público ao longo do presente trabalho, não faz parte de seu escopo tratar de tais aspectos, tampouco esgotar a identificação de todas as questões relacionadas ao tema.

Cabe observar que a distinção entre Direito Público e Direito Privado é utilizada nesta pesquisa para a melhor organização das diferentes perspectivas de análise da securitização de créditos públicos,

---

[7] Conforme competência conferida à CVM pela Lei nº 6.385/76. A respeito da CVM, ver EIZIRIK, Nelson et al. *Mercado de capitais*: regime jurídico. 3. ed. Rio de Janeiro: Renovar, 2011, capítulo 7; PARENTE, Norma Jonssen. Mercado de Capitais. In: CARVALHOSA, Modesto (Coord.). *Tratado de Direito Empresarial*. São Paulo: Revista dos Tribunais, 2016, v. 6, capítulo 2.

[8] O presente trabalho considera as normas editadas até 8.4.2022 (data da última atualização da pesquisa).

[9] A respeito das discussões em torno do conceito e dos objetivos da regulação do mercado de capitais de forma geral, ver EIZIRIK, Nelson et al. *Mercado de capitais*: regime jurídico. 3. ed. Rio de Janeiro: Renovar, 2011, capítulo 2; YAZBEK, Otavio. *Regulação do mercado financeiro e de capitais*. 2. ed. Rio de Janeiro: Elsevier, 2009, especialmente o capítulo 4.

apesar de se reconhecer que os critérios dessa divisão gerem discussões.[10] Partindo da premissa de que o Direito Comercial (no qual se insere o estudo da regulação do mercado de capitais) se encontra dentro do Direito Privado,[11] as menções ao Direito Público feitas ao longo deste trabalho fazem referência às questões próprias dos campos do Direito Financeiro (tanto com relação aos fundamentos quanto ao controle dessas operações), do Direito Tributário e do Direito Administrativo, bem como de suas repercussões constitucionais, ilustradas a seguir.

O estudo da securitização de créditos públicos sob a perspectiva do Direito Público ainda está em seu início, apesar de já existirem alguns trabalhos dedicados ao tema.[12] Nessa perspectiva, por exemplo,

---

[10] A respeito, ver CAMILO JUNIOR, Ruy Pereira. *Direito Societário e regulação econômica*. Barueri: Manole, 2018 [*e-book*], capítulo 2, item "Função regulatória do direito privado, conforme o critério adotado para a *summa divisio*".

[11] Cf. ASCARELLI, Tullio. Evolução e papel do Direito Comercial. In: ASCARELLI, Tullio. *Panorama do Direito Comercial*. São Paulo: Saraiva, 1947, p. 11-52.

[12] Ver, por exemplo: AFONSO, José Roberto Rodrigues; CASTO, Kleber Pacheco de. Securitização de recebíveis: uma avaliação de créditos tributários e dívida ativa no setor público brasileiro. *Economic Analysis of Law Review*, Brasília, v. 9, n. 2, p. 5-34, maio/ago. 2018; AFONSO, José Roberto Rodrigues; RIBEIRO, Leonardo. Securitização de créditos tributários, um primeiro passo. *Revista Conjuntura Econômica*, Rio de Janeiro, p. 18-20, jan. 2018; ARELLANO, Luis Felipe Vidal. Securitização de ativos e endividamento no setor público. *Revista Fórum de Direito Financeiro e Econômico*, Belo Horizonte, ano 8, n. 12, p. 229-252, set./fev. 2017; ARELLANO, Luis Felipe Vidal. *Teoria jurídica do crédito público e operações estruturadas*: empréstimos públicos, securitizações, PPPs, garantias e outras operações estruturadas no direito financeiro. São Paulo: Blucher Open Access, 2020, p. 200-225; FERREIRA, Cláudio de Araújo. *As operações de securitização de dívida ativa*: equacionando as contas públicas. São Paulo: Quartier Latin, 2019; HARADA, Kiyoshi. Cessão de crédito tributário. *Revista Fórum de Direito Tributário*, Belo Horizonte, ano 8, n. 43, jan./fev. 2010; MARTYNYCHEN, Marina Michel de Macedo. *Securitização e o Estado brasileiro*: o fluxo dos recebíveis tributários e os impactos no federalismo fiscal. 2020. Tese (Doutorado em Direito Econômico, Financeiro e Tributário) – Faculdade de Direito, Universidade de São Paulo, São Paulo, 2020; MELO, Victória Baruselli Cabral de; SOUZA, Allan Crocci; VIDIGAL NETO, Rubens. FIDC-NP: o injustiçado da securitização de dívida ativa. *TLON (UQBAR)*, ago. 2016. Disponível em: <http://www.tlon. com.br/fidc/jornal/opiniao/12509-fidc-np-o-injusticado-da-securitizacao-de-divida-ativa>. Acesso em: 8 abr. 2022; PEREIRA, Evaristo Dumont de Lucena. Fundos de investimento em direitos creditórios (FIDC): um veículo para securitização de créditos tributários. In: FREITAS, Bernardo Vianna; VERSIANI, Fernanda Valle (Coord.). *Fundos de investimento*: aspectos jurídicos, regulamentares e tributários. São Paulo: Quartier Latin, 2015, p. 229-253; PINTO JUNIOR, Mario Engler. Fundo de investimento em direitos creditórios: alternativa de financiamento pelo mercado de capitais. In: LIMA, Maria Lúcia L. M. Pádua (Org.). *Direito e economia*: 30 anos de Brasil – Agenda Contemporânea. São Paulo: Saraiva, 2012, v. 2, p. 47-79; RIBEIRO, Erick Tavares. Autonomia e federalismo: a securitização de ativos como alternativa para a obtenção de receita por Estados e Municípios. *Revista de Direito da Procuradoria Geral do Estado do Rio de Janeiro*, Rio de Janeiro, n. 68, p. 113-137, 2014; SILVA FILHO, Edison Benedito da. *Securitização de ativos públicos para financiamento de projetos de infraestrutura*: o caso brasileiro e a experiência dos BRICS. Texto para discussão. Instituto de Pesquisa Econômica Aplicada. Brasília, jul. 2014; SILVEIRA, Francisco Secaf Alves. *O estado econômico de emergência e as transformações do Direito Financeiro brasileiro*. Tese (Doutorado

INTRODUÇÃO | 25

discutem-se as operações de securitização de créditos públicos sob a ótica da intergeracionalidade,[13] avaliando seus impactos no orçamento público e nas próximas gerações. De acordo com a forma como são encaradas, tais operações podem ser consideradas impactantes nos exercícios subsequentes, o que apresenta consequências relevantes no tocante ao Direito Financeiro. Ainda nesse contexto, entram em jogo os interesses públicos que justificam operações dessa natureza, inclusive no tocante à sua conveniência e oportunidade sob o ponto de vista do Estado.[14] Igualmente, consideram-se suas influências e consequências quanto ao federalismo fiscal,[15] visto que, numa perspectiva mais ampla, vislumbram-se iniciativas não apenas da União,[16] mas também de estados e municípios[17] no sentido da securitização de seus créditos públicos.

---

em Direito Econômico, Financeiro e Tributário) – Faculdade de Direito, Universidade de São Paulo, São Paulo, 2018, p. 166-185.

[13] A respeito da intergeracionalidade no Direito Financeiro, por exemplo: ARELLANO, Luis Felipe Vidal. O problema da representação das futuras gerações no endividamento público: repercussões para o princípio jurídico de equilíbrio intergeracional. In: José Maurício Conti. (Coord.). *Dívida pública*. São Paulo: Blucher Open Access, 2019, p. 337-361; MARQUES, Rogério Cesar. *O conflito intergeracional do crédito público*. 2016. Dissertação (Mestrado em Direito Econômico, Financeiro e Tributário) – Faculdade de Direito, Universidade de São Paulo, São Paulo, 2016; SCAFF, Fernando Facury. Crédito público e sustentabilidade financeira. *Revista Fórum de Direito Financeiro e Econômico*, Belo Horizonte, v. 3, n. 5, p. 55-70, 2014; SCAFF, Fernando Facury. Equilíbrio orçamentário, sustentabilidade financeira e justiça intergeracional. *Interesse Público*, Belo Horizonte, ano 21, n. 85, p. 37-50, maio/jun. 2014.

[14] A respeito, ver SILVEIRA, Francisco Secaf Alves. *O estado econômico de emergência e as transformações do Direito Financeiro brasileiro*. Tese (Doutorado em Direito Econômico, Financeiro e Tributário) – Faculdade de Direito, Universidade de São Paulo, São Paulo, 2018, p. 166-185.

[15] A respeito, ver MARTYNYCHEN, Marina Michel de Macedo. *Securitização e o Estado brasileiro*: o fluxo dos recebíveis tributários e os impactos no federalismo fiscal. 2020. Tese (Doutorado em Direito Econômico, Financeiro e Tributário) – Faculdade de Direito, Universidade de São Paulo, São Paulo, 2020.

[16] Destaca-se que ainda não foi editada lei federal para autorizar a União a securitizar seus créditos públicos. Em 1990, foi editada a Medida Provisória nº 178/90, que permitia à União ceder créditos inscritos em dívida ativa. Porém, esgotado o seu prazo de vigência, esta não foi convertida em lei e perdeu sua eficácia. Atualmente, tramita no Congresso Nacional o Projeto de Lei Complementar nº 459/17, originado do Projeto de Lei do Senado nº 204/16, que pretende autorizar a cessão desses créditos pela União (além de trazer limites e condições às securitizações feitas pelos entes de todos os níveis da federação), encontrando-se pendente de discussão e deliberação (CONGRESSO NACIONAL. *Projeto de Lei Complementar nº 459, de 2017*. Disponível em: <https://www.camara.leg.br/proposicoesWeb/fichadetramitacao?idProposicao=2166464>. Acesso em: 8 abr. 2022). A respeito desse projeto de lei, ver AFONSO, José Roberto Rodrigues; CASTO, Kleber Pacheco de. Securitização de recebíveis: uma avaliação de créditos tributários e dívida ativa no setor público brasileiro. *Economic Analysis of Law Review*, Brasília, v. 9, n. 2, p. 5-34, maio/ago. 2018; AFONSO, José Roberto Rodrigues; RIBEIRO, Leonardo. Securitização de créditos tributários, um primeiro passo. *Revista Conjuntura Econômica*, Rio de Janeiro, p. 18-20, jan. 2018).

[17] Por exemplo, ver as leis que autorizam a securitização de créditos públicos pelos seguintes entes federativos: Estado de São Paulo (Lei Estadual nº 13.723/09), Município de São Paulo/SP

Além das questões relativas ao fundamento e à conveniência da medida, também se colocam em questão as formas de controle dessas operações pelo Direito Financeiro. Afinal, a depender de sua qualificação, diferentes consequências jurídicas se colocarão: seja como operações de crédito, nos termos definidos pela Lei Complementar nº 101/00 (Lei de Responsabilidade Fiscal), seja como mera forma de alienação de ativos.[18] Ainda no tocante ao controle no âmbito do Direito Financeiro, também se coloca em discussão a qualificação do veículo de securitização utilizado – por exemplo, se seria ou não uma empresa estatal dependente do Tesouro, nos termos da Lei de Responsabilidade Fiscal – e a regularidade de sua constituição.[19] Devem ser analisadas, igualmente, as classificações orçamentária e contábil das despesas e receitas oriundas dessas operações, incluindo-se a questão da caracterização ou não de vinculação orçamentária das receitas obtidas.[20]

(Lei Municipal nº 15.406/11), Estado de Minas Gerais (Lei Estadual nº 19.266/10), Município de Goiânia/GO (Lei Municipal nº 9.524/14), Estado do Rio de Janeiro (Lei Estadual nº 7040/15), Estado de Goiás (Lei Estadual nº 18.873/15), Município de Nova Iguaçu/RJ (Lei Municipal nº 3.878/07), Município de Belo Horizonte/MG (Lei Municipal nº 7.932/99) e Distrito Federal (Lei nº 5.424/14, do Distrito Federal).

[18] A respeito, ver ARELLANO, Luis Felipe Vidal. *Teoria jurídica do crédito público e operações estruturadas*: empréstimos públicos, securitizações, PPPs, garantias e outras operações estruturadas no direito financeiro. São Paulo: Blucher Open Access, 2020, p. 200-225; ARELLANO, Luis Felipe Vidal. Securitização de ativos e endividamento no setor público. *Revista Fórum de Direito Financeiro e Econômico*, Belo Horizonte, ano 8, n. 12, p. 229-252, set./fev., 2017; COÊLHO, Sacha Calmon Navarro. A questão da cessibilidade a terceiros, pelo Município, de créditos tributários inscritos em dívida ativa ou parcelados administrativamente. *Revista Dialética de Direito Tributário*, São Paulo, n. 128, p. 117-137, maio 2016; FERREIRA, Cláudio de Araújo. *As operações de securitização de dívida ativa*: equacionando as contas públicas. São Paulo: Quartier Latin, 2019; HARADA, Kiyoshi. Cessão de crédito tributário. *Revista Fórum de Direito Tributário*, Belo Horizonte, ano 8, n. 43, jan./fev. 2010; PEREIRA, Evaristo Dumont de Lucena. Fundos de investimento em direitos creditórios (FIDC): um veículo para securitização de créditos tributários. In: FREITAS, Bernardo Vianna; VERSIANI, Fernanda Valle (Coord.). *Fundos de investimento*: aspectos jurídicos, regulamentares e tributários. São Paulo: Quartier Latin, 2015, p. 229-253; PINTO JUNIOR, Mario Engler. Fundo de investimento em direitos creditórios: alternativa de financiamento pelo mercado de capitais. In: LIMA, Maria Lúcia L. M. Pádua (Org.). *Direito e economia*: 30 anos de Brasil – Agenda Contemporânea. São Paulo: Saraiva, 2012, v. 2, p. 47-79; RIBEIRO, Erick Tavares. Autonomia e federalismo: a securitização de ativos como alternativa para a obtenção de receita por Estados e Municípios. *Revista de Direito da Procuradoria Geral do Estado do Rio de Janeiro*, Rio de Janeiro, n. 68, p. 113-137, 2014. Ver, ainda, os questionamentos ao caso do Estado de São Paulo no Capítulo 3 (item 3.2).

[19] Ver os questionamentos ao caso do Estado de São Paulo no Capítulo 3 (item 3.2).

[20] A respeito, ver PEREIRA, Evaristo Dumont de Lucena. Fundos de investimento em direitos creditórios (FIDC): um veículo para securitização de créditos tributários. In: FREITAS, Bernardo Vianna; VERSIANI, Fernanda Valle (Coord.). *Fundos de investimento*: aspectos jurídicos, regulamentares e tributários. São Paulo: Quartier Latin, 2015, p. 229-253. Ver, ainda, os questionamentos ao caso do Estado de São Paulo no Capítulo 3 (item 3.2).

INTRODUÇÃO | **27**

O tema também repercute no âmbito do Direito Tributário. Sob essa perspectiva, discute-se acerca da possibilidade de cessão do crédito tributário em si (ou não tributário, em certos casos) e de transferência de sua cobrança.[21] Uma das discussões sobre o assunto se encontra no Congresso Nacional, onde se debate a viabilidade do Projeto de Lei Complementar nº 181/15[22] e do Projeto de Lei nº 3.337/15[23] (ambos da Câmara dos Deputados), os quais dispõem, em linhas gerais, sobre a cessão de créditos inscritos em dívida ativa da União para instituições privadas que, a partir de então, ficariam incumbidas de realizar a sua cobrança. Outras questões se colocam a partir do ponto de vista do Direito Tributário, especialmente relacionadas ao sigilo fiscal assegurado ao contribuinte, dentro das especificidades do caso concreto.[24]

Além disso, outras questões inerentes ao Direito Administrativo também se apresentam, como a necessidade de licitação para a contratação de prestadores de serviços que irão estruturar a operação ou mesmo para a cessão do crédito e as especificidades desse procedimento licitatório,[25] dentre outras.

Como não poderia deixar de ser, todas essas questões envolvem discussões constitucionais, na medida em que se coloca em questão a

---

[21] A respeito, ver COÊLHO, Sacha Calmon Navarro. A questão da cessibilidade a terceiros, pelo Município, de créditos tributários inscritos em dívida ativa ou parcelados administrativamente. *Revista Dialética de Direito Tributário*, São Paulo, n. 128, p. 117-137, maio 2016; HARADA, Kiyoshi. Cessão de crédito tributário. *Revista Fórum de Direito Tributário*, Belo Horizonte, ano 8, n. 43, jan./fev. 2010; PEREIRA, Evaristo Dumont de Lucena. Fundos de investimento em direitos creditórios (FIDC): um veículo para securitização de créditos tributários. In: FREITAS, Bernardo Vianna; VERSIANI, Fernanda Valle (Coord.). *Fundos de investimento*: aspectos jurídicos, regulamentares e tributários. São Paulo: Quartier Latin, 2015, p. 229-253; RAMOS FILHO, Carlos Alberto de Moraes. Da impossibilidade de cessão de créditos tributários no Direito brasileiro. *Revista Tributária e de Finanças Públicas*, São Paulo, v. 66, p. 78-88, jan./fev. 2006.

[22] CÂMARA DOS DEPUTADOS. *Projeto de Lei Complementar nº 181, de 2015*. Disponível em: <https://www.camara.leg.br/proposicoesWeb/fichadetramitacao?idProposicao=2018511>. Acesso em: 8 abr. 2022.

[23] CÂMARA DOS DEPUTADOS. *Projeto de Lei nº 3.337, de 2015*. Disponível em: <https://www.camara.leg.br/proposicoesWeb/fichadetramitacao?idProposicao=2018512>. Acesso em: 8 abr. 2022.

[24] A respeito, ver FERREIRA, Cláudio de Araújo. *As operações de securitização de dívida ativa*: equacionando as contas públicas. São Paulo: Quartier Latin, 2019, p. 161-166.

[25] A respeito, ver FERREIRA, Cláudio de Araújo. *As operações de securitização de dívida ativa*: equacionando as contas públicas. São Paulo: Quartier Latin, 2019, p. 159-161; PEREIRA, Evaristo Dumont de Lucena. Fundos de investimento em direitos creditórios (FIDC): um veículo para securitização de créditos tributários. In: FREITAS, Bernardo Vianna; VERSIANI, Fernanda Valle (Coord.). *Fundos de investimento*: aspectos jurídicos, regulamentares e tributários. São Paulo: Quartier Latin, 2015, p. 229-253. Ver, ainda, os questionamentos ao caso do Estado de São Paulo no Capítulo 3 (item 3.2).

constitucionalidade das leis que autorizam as operações[26] – em respeito ao princípio da legalidade da Administração Pública, inscrito no artigo 37 da Constituição Federal. Todavia, nesse ponto, importa que, sem a declaração de sua inconstitucionalidade pelo Supremo Tribunal Federal ou a suspensão de sua execução pelo Senado Federal, adota-se, neste trabalho, a presunção geral de constitucionalidade das leis e dos atos do Poder Público.[27]

Como se pode verificar a partir da amplitude das questões e da extensão da bibliografia acima elencada – às quais diversas outras poderiam ser enumeradas –, a abordagem holística do tema implicaria uma interdisciplinaridade num grau de incursão em institutos de outros segmentos do Direito positivo que transborda os limites ora propostos ao tema. Vale, aqui, o "princípio fundamental" de Umberto Eco: "quanto mais se restringe o campo, melhor e com mais segurança se trabalha".[28] Afinal, a perspectiva proposta para o presente estudo é sob o viés do mercado de capitais e de seu órgão regulador, e não da Administração Pública ou de seus órgãos de controle. A pesquisa aqui desenvolvida, então, busca analisar essas operações sob a outra ótica que também se faz necessária: a do Direito Privado e, mais especificamente, a do Direito Comercial.

Por essa razão, as referências às questões de Direito Público serão realizadas, de forma pontual e preliminar, na análise das especificidades da securitização de créditos públicos. Uma vez identificada cada uma dessas especificidades, serão apresentadas questões de Direito Público com a finalidade de se compreender a razão de se adotar determinada estrutura no modelo de securitização de créditos públicos. Em outras palavras, colhem-se considerações próprias do Direito Público como base para analisar tais especificidades da perspectiva do órgão de regulação do mercado, não fazendo parte do escopo do estudo o seu juízo qualitativo (sua conveniência, legalidade ou constitucionalidade).

Em síntese, o presente trabalho, o método e a perspectiva propostos justificam-se pela importância de se estudar também sob a ótica do Direito Comercial essa estrutura que, apesar de ligada a aspectos de Direito Público, traz preocupações importantes da perspectiva da

---

[26] Ver os questionamentos ao caso do Estado de São Paulo no Capítulo 3 (item 3.2).

[27] A respeito desse princípio de interpretação, ver BARROSO, Luís Roberto. *Interpretação e aplicação da Constituição*: fundamentos de uma dogmática constitucional transformadora. 7. ed. São Paulo: Saraiva, 2009, p. 178-193.

[28] ECO, Umberto. *Como se faz uma tese*. 23. ed. São Paulo: Perspectiva, 2010, p. 10.

regulação do mercado de capitais. Entende-se que as discussões sobre esse tema não poderiam passar sem o olhar do Direito Comercial, considerando sua importância no estudo de meios e estruturas de captação de recursos, de um lado, e de investimento, de outro, em busca do desenvolvimento do mercado de capitais. O Direito Comercial possui grande potencial criativo, tendo o exercício da "engenharia" dos comercialistas – na expressão de Tullio Ascarelli[29] – contribuído para a evolução da economia e para o aumento da circulação de riquezas. Ainda nas palavras desse autor, cabe também aos "engenheiros comercialistas" estudar os "freios" que conferem maior segurança às "máquinas jurídicas" criadas. A presente pesquisa busca avaliar justamente se os "freios" da regulação do mercado de capitais estão presentes na securitização de créditos públicos.

Para se atingir os objetivos da presente pesquisa, primeiramente será analisada a securitização no setor privado (Parte I). A Parte I está dividida em dois capítulos, sendo que serão apresentados: a) no Capítulo 1, o funcionamento da securitização no setor privado e os riscos envolvidos, de forma geral; e b) no Capítulo 2, o modelo de securitização no setor privado brasileiro por meio de seu principal veículo de securitização – o Fundo de Investimento em Direitos Creditórios (FIDC). Na investigação desse veículo de securitização, buscar-se-á não apenas a apresentação da estrutura e das normas existentes, mas também a análise dos fundamentos por trás de tais normas, identificando-se os interesses protegidos e os riscos considerados pelo regulador do mercado de capitais. Ressalta-se que o foco da presente pesquisa está no estudo da regulação, pela CVM, das estruturas de securitização no Brasil (especialmente dos FIDC). Essa regulação visa à proteção de diversos interesses, como a integridade e a confiabilidade do mercado de capitais e a proteção dos investidores. Assim, não se realizará um estudo exaustivo da proteção desses interesses que não seja própria das estruturas de securitização.

Em seguida, será investigada a securitização de créditos públicos (Parte II). Para tanto, optou-se por realizar um estudo de caso das operações de securitização do Estado de São Paulo. Como consequência, a análise de operações realizadas (ou pretendidas) por outros entes federativos não integra o escopo deste trabalho. A presente pesquisa

---

[29] Cf. ASCARELLI, Tullio. Varietà di titoli di credito e investimento. In: ASCARELLI, Tullio. *Problemi giuridici*. Milano: Dott. A Giuffrè, 1959, t. II, p. 685-702 (702).

adotará, do ponto de vista de sua metodologia, o estudo desse caso em particular com o objetivo de, num raciocínio indutivo[30] – próprio do Direito Comercial[31] –, compreender as particularidades de uma estrutura de securitização de créditos públicos. Diante de uma complexa realidade,[32] o caso servirá para identificar os principais questionamentos a serem desenvolvidos, ilustrar reflexões, bem como extrair elementos para se fazer a abstração necessária à compreensão das particularidades da securitização de créditos públicos, a fim de atingir os objetivos da pesquisa destacados acima. Trata-se, efetivamente, de um primeiro olhar para a realidade para uma posterior reflexão sobre o Direito.

A escolha das operações do Estado de São Paulo como caso objeto de estudo deve-se, primeiramente, ao fato de essas operações terem sido iniciadas e – em parte – concluídas, além de terem sido alvo de questionamentos, o que parece enriquecer o material para as reflexões pretendidas nesta pesquisa.[33] Em seguida, a escolha desse caso em especial se deve também à maior disponibilidade de informações e de documentos[34] de fontes públicas relacionados a tais operações.[35]

Nesse contexto, serão objeto de estudo os documentos listados no Apêndice relativos à securitização de créditos públicos realizada pelo Estado de São Paulo, disponíveis para consulta em fontes públicas. Esses documentos incluem normas autorizadoras da operação, pareceres que a embasaram, contratos celebrados, escrituras de emissão de

---

[30] Cf. MARCHI, Eduardo C. Silveira. *Guia de metodologia jurídica*: teses, monografias e artigos. São Paulo: Saraiva, 2009, p. 87.

[31] Cf. FORGIONI, Paula Andrea. *A evolução do Direito Comercial brasileiro*: da mercancia ao mercado. 3. ed. São Paulo: Revista dos Tribunais, 2016, p. 22.

[32] Cf. YIN, Robert K. *Estudo de caso*: planejamento e métodos. 2. ed. Porto Alegre: Bookman, 2001, p. 21.

[33] Em pesquisa não exaustiva, foram localizadas leis que autorizam a operação nos seguintes entes federativos: Estado de São Paulo (Lei Estadual nº 13.723/09), Município de São Paulo/SP (Lei Municipal nº 15.406/11), Estado de Minas Gerais (Lei Estadual nº 19.266/10), Município de Goiânia/GO (Lei Municipal nº 9.524/14), Estado do Rio de Janeiro (Lei Estadual nº 7040/15), Estado de Goiás (Lei Estadual nº 18.873/15), Município de Nova Iguaçu/RJ (Lei Municipal nº 3.878/07), Município de Belo Horizonte/MG (Lei Municipal nº 7.932/99) *e Distrito Federal* (Lei nº 5.424/14, do Distrito Federal). Desses entes federativos, apenas três concluíram a terceira fase da securitização, referente à emissão de valores mobiliários lastreados nos créditos públicos, com captação de recursos junto aos investidores no mercado de capitais: o Estado de São Paulo, o Estado de Minas Gerais e o Município de Belo Horizonte/MG.

[34] Cf. PINTO JUNIOR, Mario Engler. Pesquisa jurídica no mestrado profissional. *Revista Direito GV*, São Paulo, v. 14, n. 1, p. 27-48 (41), jan./abr. 2018.

[35] Apenas os documentos publicamente disponíveis referentes ao Estado de São Paulo permitem uma análise completa da operação, tendo sido considerados insuficientes aqueles encontrados relativos aos demais entes federativos, incluindo-se o Estado de Minas Gerais e o Município de Belo Horizonte/MG.

debêntures, documentos das ofertas públicas, assim como os autos e as decisões das ações que questionam a operação.[36]

O estudo de um caso divide-se em duas partes essenciais: o relato (ou a narrativa) do caso e sua análise crítica.[37] Assim sendo, a Parte II deste trabalho decompõe-se em dois capítulos. No Capítulo 3, será apresentado o relato do caso das operações de securitização de créditos públicos do Estado de São Paulo, ou seja, a descrição do caso objeto de estudo, com seus elementos essenciais sistematizados para a compreensão do caso e para possibilitar as reflexões e os questionamentos que seguirão. Tais reflexões e questionamentos serão realizados especialmente no Capítulo 4, no qual o caso será analisado criticamente – do ponto de vista do Direito Comercial e da regulação do mercado de capitais – para identificar e avaliar as especificidades encontradas em comparação com a securitização no setor privado analisada na Parte I (especialmente com relação ao modelo de securitização por meio dos FIDC, explorado no Capítulo 2). No setor privado, a regulação da securitização foi – e ainda é – objeto de reflexão, debates e evolução normativa. Assim, no Capítulo 4 será investigado o impacto das especificidades da securitização de créditos públicos com relação aos interesses protegidos e aos riscos considerados quando da regulação da securitização.

---

[36] A última atualização da pesquisa por informações e documentos relacionados às operações de securitização de créditos públicos do Estado de São Paulo data de 8.4.2022.

[37] Cf. GHIRARDI, José Garcez; PALMA, Juliana Bonacorsi de; VIANA, Manuela Trindade. Posso fazer um trabalho inteiro sobre um caso específico? In: FEFERBAUM, Marina; QUEIROZ, Rafael Mafei Rabelo (Coord.). *Metodologia jurídica*: um roteiro prático para trabalhos de conclusão de curso. São Paulo: Saraiva, 2012, p. 177-190 (178).

PARTE I

A SECURITIZAÇÃO NO SETOR PRIVADO

A securitização no setor privado será objeto de estudo da Parte I da presente pesquisa. A securitização é um importante mecanismo para o setor privado, utilizado especialmente como forma de financiamento, de gerenciamento de risco e de investimento. Apesar de sua importância, há riscos associados à sua utilização. No setor privado, o regulador do mercado de capitais vem discutindo e desenvolvendo a regulação em torno da securitização, com o objetivo de mitigar os riscos envolvidos e de resguardar os interesses sob proteção.

No Capítulo 1, serão apresentados, de forma geral, o funcionamento e os riscos envolvidos na securitização no setor privado. No Capítulo 2, será analisado de forma mais aprofundada o modelo de securitização no setor privado brasileiro por meio do FIDC, atualmente considerado o principal veículo de securitização do Brasil.

CAPÍTULO 1

SECURITIZAÇÃO NO SETOR PRIVADO: FUNCIONAMENTO E RISCOS ENVOLVIDOS

No presente Capítulo 1 serão feitas considerações a respeito do funcionamento da securitização no setor privado, de forma geral, bem como dos riscos envolvidos na securitização. Passando pela sua origem e pela estrutura de seu funcionamento, serão retratadas as principais discussões em torno dos riscos ligados ao uso da securitização trazidos à tona pela crise dos *subprime*, para então apresentar uma visão geral do funcionamento da securitização no setor privado brasileiro.

1.1 Conceito e breve histórico da securitização

O termo securitização vem da expressão *securitization*, em inglês, criada no ambiente prático dos agentes do mercado financeiro norte-americano.[38] Essa expressão, por sua vez, decorre da palavra *security*, a qual se aproxima do conceito brasileiro de valor mobiliário.[39] Esse

---

[38] Cf. ODITAH, Fidelis. Selected issues in securitization. In: ODITAH, Fidelis (Org.). *The future for the global securities market*: legal and regulatory aspects. Oxford: Clarendon Press, 1996, p. 83-94 (83).

[39] De acordo com Paulo Fernando Campos Salles de Toledo, apesar de não haver uma perfeita correlação entre o conceito de *security* e o de valor mobiliário do Direito brasileiro, pode-se fazer uma aproximação entre os dois conceitos (cf. Valores mobiliários – inteligência do artigo 2º, n. III, da Lei 6.385, de 1976. *Justitia*, São Paulo, v. 45, n. 122, p. 176-184 (181), jul./ set. 1983). A esse respeito, ver ainda LEÃES, Luiz Gastão Paes de Barros. O conceito de *"security"* no direito norte americano e o conceito análogo no Direito brasileiro. *Revista de Direito Mercantil*, São Paulo, v. 13, n. 14, p. 41-60, abr./jun. 1974. Sobre o conceito de valores mobiliários, ver EIZIRIK, Nelson et al. *Mercado de capitais*: regime jurídico. 3. ed. Rio de Janeiro: Renovar, 2011, p. 25-59; PARENTE, Norma Jonssen. Mercado de Capitais. In: CARVALHOSA, Modesto (Coord.). *Tratado de Direito Empresarial*. São Paulo: Revista dos Tribunais, 2016, v. 6, p. 133-139.

neologismo foi formado devido ao fato de, na securitização, ocorrer a conversão de determinado ativo em lastro para a emissão de *securities* (ou valores mobiliários).[40]

A securitização pode ser entendida de duas formas: em sentido amplo e em sentido estrito. No primeiro caso, ela é vista como o fenômeno da desintermediação financeira e, no segundo, como um instrumento desse fenômeno.[41]

De forma simplificada, no financiamento bancário, a instituição financeira atua como intermediária: a) de um lado, captando recursos da poupança popular, principalmente por meio de depósitos remunerados; e b) de outro, concedendo empréstimos e financiamentos. Nesse modelo, a instituição financeira assume integralmente o risco de crédito dos tomadores de recursos. Para a assunção desse risco, ela é remunerada através do *spread* bancário, equivalente à diferença entre a taxa de juros cobrada dos tomadores e a remuneração paga aos poupadores. Já no mercado de capitais, a transferência de riquezas é realizada – observadas as regras desse mercado – diretamente entre os poupadores (no caso, os investidores) e os tomadores de recursos (aqui, os emissores de valores mobiliários), sem a intermediação das instituições financeiras (as quais poderão atuar nesse mercado como intervenientes ou fiduciárias, mas não assumirão o risco de crédito).[42]

---

[40] O Brasil adotou o termo securitização como uma tradução literal da expressão de língua inglesa, porém sem raiz semântica correspondente na língua portuguesa (cf. PENTEADO JUNIOR, Cassio Martins C. A securitização de recebíveis de créditos gerados em operações dos bancos: a Resolução nº 2.493 e sua perspectiva jurídica. *Revista de Direito Mercantil, Industrial, Econômico e Financeiro*, São Paulo, v. 36, n. 111, p. 120-124 (120), jul./set. 1998). Por isso, Armindo Saraiva Matias prefere a expressão titularização, hoje adotada em Portugal (Titularização: um novo instrumento financeiro. *Revista de Direito Mercantil, Industrial, Econômico e Financeiro*, São Paulo, v. 36, n. 112, p. 48-54 (48), out./dez. 1998). Na França, de forma semelhante, a securitização é conhecida como *titrisation* (nos termos do artigo L214-168 do *Code Monétaire et Financier*). De todo modo, na presente pesquisa, será utilizado o termo securitização, tendo em vista seu uso corrente na doutrina brasileira e no mercado financeiro nacional.

[41] Cf. CAMINHA, Uinie. *Securitização*. 2. ed. São Paulo: Saraiva, 2007, p. 37-38; COELHO, Livia Alves Visnevski Fróes. *Securitização*. 2007. Dissertação (Mestrado em Direito Comercial) – Pontifícia Universidade Católica de São Paulo, São Paulo, 2007, p. 9; MUNIZ, Igor; VASCONCELLOS, Bernardo Fabião Barbeito de. Securitização. In: COMISSÃO DE VALORES MOBILIÁRIOS. *Direito do mercado de valores mobiliários*. Rio de Janeiro: Comissão de Valores Mobiliários, 2017, p. 691-746 (692-693).

[42] Cf. EIZIRIK, Nelson et al. *Mercado de capitais*: regime jurídico. 3. ed. Rio de Janeiro: Renovar, 2011, p. 1-13. A respeito da distinção clássica entre mercado financeiro e mercado de capitais, bem como das limitações dessa distinção, ver YAZBEK, Otavio. *Regulação do mercado financeiro e de capitais*. 2. ed. Rio de Janeiro: Elsevier, 2009, p. 123-128.

A securitização em sentido amplo representa, assim, o acesso ao mercado de capitais como meio de financiamento e de investimento, em alternativa a outras opções ligadas ao mercado financeiro tradicional (notadamente o financiamento bancário). Nesse sentido, a securitização em sentido amplo implica a substituição da sistemática de financiamento por meio da intermediação financeira, na qual o intermediário concentra a absorção dos riscos envolvidos em seu capital, dispersando-os entre diversos investidores no mercado de capitais. Já a securitização em sentido estrito, isto é, a operação propriamente dita, é um importante instrumento desse fenômeno de desintermediação financeira.[43] É nesse sentido estrito que se pretende empregar o termo securitização, uma vez que o objeto da presente pesquisa diz respeito, justamente, à operação em si.

A securitização consiste na segregação de determinados ativos em veículo próprio para que sirvam de lastro à emissão de valores mobiliários por esse mesmo veículo, podendo apresentar diferentes estruturas.[44] Assim, securitizar significa converter ativos em lastro para a emissão de valores mobiliários. Não se trata de uma conversão direta do ativo em um valor mobiliário, mas sim do seu uso como suporte para essa emissão e como origem das receitas que remunerarão os investidores.[45] Com isso, transformam-se ativos com pouca ou nenhuma liquidez em ativos de maior liquidez, aptos a circular no mercado de capitais.[46-47]

O modelo atual de securitização[48] surgiu a partir da prática dos agentes do mercado imobiliário dos Estados Unidos na década

---

[43] Cf. CAMINHA, Uinie. *Securitização*. 2. ed. São Paulo: Saraiva, 2007, p. 37-38.

[44] Cf. CAMINHA, Uinie. Securitização. In: COELHO, Fabio Ulhoa (Coord.). *Tratado de Direito Comercial*. São Paulo: Saraiva, 2015, v. 4, p. 265-297 (268).

[45] Cf. PENTEADO JUNIOR, Cassio Martins C. A securitização de recebíveis de créditos gerados em operações dos bancos: a Resolução nº 2.493 e sua perspectiva jurídica. *Revista de Direito Mercantil, Industrial, Econômico e Financeiro*, São Paulo, v. 36, n. 111, p. 120-124 (120), jul./set. 1998.

[46] Cf. QUIQUEREZ, Alexandre. *Droit et techniques internationales de la titrisation*. Bruxelles: Larcier, 2018, §8.

[47] Observadas as regras para a oferta e a negociação de valores mobiliários, as quais podem incluir certas restrições à negociação desses ativos (por exemplo, as restrições à negociação dos valores mobiliários objeto de oferta pública com esforços restritos, nos termos dos artigos 13 a 15 da Instrução CVM nº 476/09).

[48] Destaca-se que Meir G. Kohn considera as *compera*, surgidas no século XII na cidade-estado de Gênova, como um primeiro exemplo do que hoje se entende por securitização (cf. *The capital market before 1600*. Dartmouth College, Department of Economics, working paper n. 99-06, fev. 1999, p. 9. Disponível em: <https://papers.ssrn.com/sol3/papers.cfm?abstract_id=151868>. Acesso em: 8 abr. 2022).

de 1970, como resposta a uma necessidade de fontes alternativas ao financiamento tradicional em um cenário de pouco capital disponível e de crescente demanda por recursos para o subsídio da habitação.[49] A partir da bem-sucedida experiência dentro do mercado imobiliário (como opção de financiamento e oportunidade de investimento), a securitização passou a ser adotada em outros mercados dentro dos Estados Unidos e, em seguida, teve seu uso difundido para diversas economias mundiais, inclusive a brasileira.[50] Com essa expansão, o modelo de securitização foi sendo adaptado às particularidades de cada região e de cada mercado de capitais, considerando o arcabouço regulatório existente e as características dos ativos securitizados e dos participantes envolvidos.

A securitização chegou ao Brasil no final da década de 1980, destinando-se inicialmente às operações de exportação.[51] Seu desenvolvimento se deu na década de 1990, a partir da expansão de seu uso para o mercado imobiliário, inicialmente no âmbito do financiamento privado de projetos empresariais e, em um segundo momento, como estratégia do governo para o fomento ao financiamento habitacional (por meio da Lei nº 9.514/97).[52] Nessa época, houve ainda o marco inicial da securitização de recebíveis empresariais no Brasil, com a emissão de debêntures pela sociedade de propósito específico Mesbla Trust de Recebíveis de Cartão de Crédito S.A., lastreadas em créditos gerados pelas compras de clientes por meio de cartões de crédito da loja de departamento Mesbla S.A.[53]

---

[49] Cf. FAVERO JUNIOR, Osvaldo Zanetti. *Securitização de ativos e transferência de risco*: evidências do mercado de capitais brasileiro. 2014. Dissertação (Mestrado em Contabilidade e Controladoria) – Faculdade de Economia, Administração e Contabilidade, Universidade de São Paulo, São Paulo, 2014, p. 27-32.

[50] Cf. COELHO, Livia Alves Visnevski Fróes. *Securitização*. 2007. Dissertação (Mestrado em Direito Comercial) – Pontifícia Universidade Católica de São Paulo, São Paulo, 2007, p. 13-14.

[51] "O primeiro diploma legal a tratar da securitização, apesar de não utilizar essa palavra em seu texto, foi a Resolução do Conselho Monetário Nacional nº 1.834/91, [...] que trata da securitização de ativos oriundos de exportação." (CAMINHA, Uinie. Securitização. In: COELHO, Fabio Ulhoa (Coord.). *Tratado de Direito Comercial*. São Paulo: Saraiva, 2015, v. 4, p. 265-297 [284-285]).

[52] Cf. CAMINHA, Uinie. *Securitização*. 2. ed. São Paulo: Saraiva, 2007, p. 40.

[53] Cf. TROVO, Beatriz Villas Boas Pimentel. *Captação de recursos por empresas em recuperação judicial e fundos de investimento em direitos creditórios (FIDC)*. 2013. Dissertação (Mestrado em Direito Comercial) – Faculdade de Direito, Universidade de São Paulo, São Paulo, 2013, p. 50-51.

No Brasil, não há legislação sobre a securitização em geral,[54] mas apenas normas específicas ligadas a determinados tipos de ativos e veículos de securitização.[55] Assim, a securitização não conta com uma estrutura única definida pela regulação, sendo que o mercado dela se utiliza com finalidades diversificadas.[56] Atualmente, vê-se uma expansão do uso da securitização para diversos setores da economia no Brasil, considerando-se especialmente os altos custos do financiamento bancário tradicional.[57]

1.2 Fluxo operacional e estrutura da securitização

Observadas as especificidades de cada caso, uma operação de securitização pode ter seu fluxo operacional, de forma geral, assim demonstrado:

FIGURA 1 – Fluxograma de uma operação de securitização

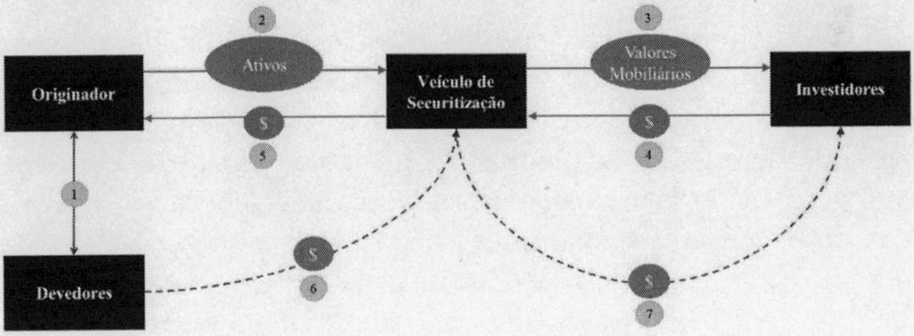

Fonte: elaboração própria.

1. o originador (ou originadores, conforme o caso), a partir das relações mantidas com os seus devedores, origina os ativos que servirão de lastro para a securitização;

---

[54] Como é o caso, por exemplo, da União Europeia (nos termos do Regulamento [UE] 2017/2402 do Parlamento Europeu e do Conselho, de 12.12.2017).

[55] Ver item 1.4 e Capítulo 2 a seguir.

[56] Cf. CAMINHA, Uinie. Securitização. In: COELHO, Fabio Ulhoa (Coord.). *Tratado de Direito Comercial*. São Paulo: Saraiva, 2015, v. 4, p. 265-297 (284-285; 296-297).

[57] No Brasil, as taxas de juros praticadas pelas instituições financeiras estão entre as maiores do mundo. De acordo com os dados disponíveis no site do Banco Mundial, em 2019, a taxa de juros real do Brasil (de 32%) era a segunda maior do mundo (WORLD BANK. *Word Bank Open Data*. Disponível em: <https://data.worldbank.org/>. Acesso em: 8 abr. 2022).

2. o originador constitui (ou seleciona) um veículo de securitização e segrega a parcela do seu patrimônio referente aos ativos transferindo-a ao veículo;

3. o veículo de securitização emite valores mobiliários lastreados nesses ativos e os oferta aos investidores;

4. os investidores subscrevem e integralizam os valores mobiliários;

5. o veículo de securitização paga ao originador pela transferência dos ativos com os recursos captados por meio da integralização dos valores mobiliários;

6. o fluxo de pagamento dos ativos securitizados é transferido ao veículo de securitização; e

7. o veículo de securitização paga aos investidores dos valores mobiliários a remuneração prevista e o valor de seu principal (observado seu prazo de vencimento) com os montantes recebidos a partir da realização dos ativos.

A partir desse fluxograma, é possível notar que, por meio da securitização, o originador antecipa uma receita que só no futuro seria realizada, deixando ainda de se sujeitar ao risco de inadimplemento de seus devedores.[58] Os investidores, por sua vez, assumem o risco de crédito da operação, visto que somente serão remunerados se os resultados da carteira dos ativos adquiridos pelo veículo de securitização assim permitirem (observadas as eventuais garantias apostas à estrutura). Tal risco de crédito corresponde, aqui, ao risco dos ativos transferidos ao veículo, e não àquele da atividade do originador, mitigando-se, assim, os riscos da operação. Essa mitigação de risco percebida pelos investidores, aliada à ausência de intermediação financeira, permite a captação de recursos com menor custo pelo originador.[59] Dessa forma, a

---

[58] Exceto se o originador assumir expressamente a coobrigação pelo pagamento dos créditos pelos devedores.

[59] Cf. SILVA, Ricardo Maia da. *Securitização de recebíveis:* uma visão sobre o mercado dos fundos de investimento em direitos creditórios (FIDC). 2010. Dissertação (Mestrado em Engenharia de Produção) – Universidade Federal Fluminense, Niterói, 2010, p. 18-19; VIDIGAL NETO, Rubens. A securitização e a indústria dos fundos de investimento em direitos creditórios. In: COMISSÃO DE VALORES MOBILIÁRIOS. *Direito do mercado de valores mobiliários.* Rio de Janeiro: Comissão de Valores Mobiliários, 2017, p. 626-643 (628-630).

securitização permite que o originador financie suas atividades e melhor administre a exposição ao risco de crédito no curso de seus negócios.[60]

É possível dividir a estrutura da securitização em três fases, agrupadas de acordo com suas características: a) constituição do veículo de securitização; b) segregação do ativo; e c) emissão e subscrição dos valores mobiliários.[61]

O veículo de securitização, constituído especialmente para esse propósito,[62] tem, em regra, por únicas finalidades a aquisição de ativos a serem securitizados e a emissão dos valores mobiliários neles lastreados.[63] Nos países de sistema jurídico anglo-saxão, além das sociedades e dos fundos de investimento, tem-se o *trust* como forma de veículo de securitização.[64] No Brasil, os veículos de securitização normalmente utilizados são a companhia securitizadora e o FIDC (o qual é considerado atualmente como o principal veículo de securitização brasileiro[65]). A escolha da forma do veículo dependerá dos objetivos e das particularidades de cada operação.

---

[60] Cf. YAZBEK, Otavio. *Regulação do mercado financeiro e de capitais*. 2. ed. Rio de Janeiro: Elsevier, 2009, p. 92.

[61] Cf. QUIQUEREZ, Alexandre. *Droit et techniques internationales de la titrisation*. Bruxelles: Larcier, 2018, §27.

[62] É importante destacar que a constituição do veículo de securitização não será necessariamente feita a partir da iniciativa do originador, podendo a operação ser estruturada por outros participantes do mercado. O originador, nesse caso, selecionará (ou será selecionado por) um veículo de securitização já existente. Dessa forma, ocorreria o encontro entre, de um lado, originadores em busca de antecipar recursos por meio da transferência de seus ativos e, de outro, veículos visando a aplicar os recursos de seus investidores em ativos para sua posterior remuneração.

[63] Cf. CAMINHA, Uinie. Securitização. In: COELHO, Fabio Ulhoa (Coord.). *Tratado de Direito Comercial*. São Paulo: Saraiva, 2015, v. 4, p. 265-297 (275).

[64] A respeito da definição de *trust*, ver CHALHUB, Melhim Namem. *Trust*: breves considerações sobre sua adaptação aos sistemas jurídicos de tradição romana. *Revista dos Tribunais*, São Paulo, v. 790, p. 79-113, ago. 2001, item 3. Sobre o instituto do *trust* e o Direito brasileiro, ver OLIVA, Milena Donato. O *trust* e o Direito brasileiro: patrimônio separado e titularidade fiduciária. *Revista Semestral de Direito Empresarial*, Rio de Janeiro, n. 6, p. 149-177, jan./ jun. 2010; SALOMÃO NETO, Eduardo. *O trust e o Direito brasileiro*. São Paulo: Trevisan, 2016. Sobre o uso do *trust* na securitização, ver COELHO, Livia Alves Visnevski Fróes. *Securitização*. 2007. Dissertação (Mestrado em Direito Comercial) – Pontifícia Universidade Católica de São Paulo, São Paulo, 2007, p. 22-25; CAMINHA, Uinie. *Securitização*. 2. ed. São Paulo: Saraiva, 2007, p. 101-104.

[65] Cf. CAMINHA, Uinie. Securitização. In: COELHO, Fabio Ulhoa (Coord.). *Tratado de Direito Comercial*. São Paulo: Saraiva, 2015, v. 4, p. 265-297 (293-294); PARENTE, Norma Jonssen. Mercado de Capitais. In: CARVALHOSA, Modesto (Coord.). *Tratado de Direito Empresarial*. São Paulo: Revista dos Tribunais, 2016, v. 6, p. 264; VIDIGAL NETO, Rubens. A securitização e a indústria dos fundos de investimento em direitos creditórios. In: COMISSÃO DE VALORES MOBILIÁRIOS. *Direito do mercado de valores mobiliários*. Rio de Janeiro: Comissão de Valores Mobiliários, 2017, p. 626-643 (626).

A existência da fase da segregação do ativo, lastro dos valores mobiliários emitidos, representa uma das principais vantagens da securitização. A segregação do ativo relaciona-se intrinsecamente com a segregação de risco feita pela securitização. O que se busca com essa fase é evitar que eventuais obrigações do originador afetem os ativos securitizados, ou que os passivos do originador contaminem esses ativos.[66]

A segregação do risco de obrigações do originador pode ser qualificada como efetiva, relativa ou tênue. Na segregação efetiva, as prestações devidas pelo originador já foram cumpridas e resta apenas ao devedor realizar o pagamento – estando o risco, nesse caso, unicamente no inadimplemento do devedor. Por sua vez, na segregação relativa, apesar do liame obrigacional entre o originador e o devedor já ter sido constituído, existindo a obrigação de pagar por parte do devedor, o originador ainda deverá cumprir sua obrigação e resta, portanto, tanto o risco de inadimplemento do devedor como o do originador. Já na segregação tênue não está sequer constituída a relação obrigacional entre o originador e o devedor, havendo apenas uma projeção de recebíveis a serem gerados pelo originador a partir de seu histórico.[67]

Ainda, é possível verificar os impactos que o ativo em si, o seu devedor e o seu originador têm na operação de securitização como um todo. Os valores mobiliários emitidos terão as mesmas características da carteira de ativos que lhes servem de lastro, sobretudo quanto ao prazo e aos rendimentos. Sob o aspecto econômico-financeiro da securitização, a situação dos devedores é de grande relevância, ainda que não façam parte, em regra, da estruturação da operação.[68] Os créditos

---

[66] Cf. CAMINHA, Uinie. Securitização. In: COELHO, Fabio Ulhoa (Coord.). *Tratado de Direito Comercial*. São Paulo: Saraiva, 2015, v. 4, p. 265-297 (278-282).

[67] Cf. BORGES, Luís Ferreira Xavier. Securitização como parte da segregação do risco empresarial. *Revista do Direito Bancário, do Mercado de Capitais e da Arbitragem*, São Paulo, v. 10, p. 257-267, out/dez. 2000, item 2.3.

[68] Algumas operações de securitização, no entanto, podem ser estruturadas pelo próprio devedor. É o caso, por exemplo, dos FIDC estruturados por grandes empresas para o financiamento de seus fornecedores. Como exemplo, tem-se o SCE II Fundo de Investimento de Investimento em Direitos Creditórios Não Padronizados, estruturado pela Volkswagen para adquirir créditos detidos pelos seus fornecedores contra a própria Volkswagen (cf. *"Regulamento" do SCE II Fundo de Investimento de Investimento em Direitos Creditórios Não-Padronizados, datado de 28 de janeiro de 2019*. Disponível em: <http://conteudo.cvm.gov.br/menu/regulados/fundos/consultas/fundos.html>. Acesso em: 8 abr. 2022). A respeito, ver LIMA, Stefan Lourenço de; WAISBERG, Ivo. Os fundos de investimento em direitos creditórios como estratégia de *funding* na atividade empresária. In: BOTREL, Sérgio; BARBOSA, Henrique Cunha. *Finanças corporativas*: aspectos jurídicos e estratégicos. São Paulo: Atlas, 2015, p. 515-532 (527-528).

cedidos, que deverão ser adimplidos pelos devedores, constituem a principal ou mesmo a única garantia dos títulos emitidos na securitização. Assim, a qualidade dos títulos dependerá da situação em que se encontram os devedores. Já com relação ao originador, sua importância precípua está na natureza da atividade que desempenha, a qual se refletirá na natureza dos ativos originados e da própria operação de securitização, podendo inclusive atrair a incidência de regimes regulatórios específicos.[69]

A situação econômico-financeira do originador, por sua vez, não costuma ter a mesma relevância que a dos devedores em relação à qualidade dos créditos, já que normalmente seu patrimônio não pode ser acionado como forma de garantir a remuneração dos investidores. Como mencionado, busca-se, na securitização, evitar que eventuais passivos do originador contaminem os ativos securitizados. Não estão afastadas, porém, as discussões sobre a possibilidade de consolidação do patrimônio do originador e do veículo de securitização. Tendo-se em vista que, como regra, o patrimônio do originador constitui a garantia comum de seus credores, o risco de consolidação diz respeito à eventualidade de reunião dos patrimônios do veículo e do originador, caso este não seja suficiente para satisfazer suas próprias dívidas.[70] Isso poderia ocorrer, por exemplo, no caso de o negócio jurídico que realizou a transferência dos ativos ao veículo de securitização ser impugnado e declarado ineficaz, visto que os negócios jurídicos celebrados na securitização estão sujeitos ao arcabouço normativo que repreende a fraude.[71] Daí a importância da correta formalização da transferência

---

[69] Cf. CAMINHA, Uinie. *Securitização*. 2. ed. São Paulo: Saraiva, 2007, p. 108-111.

[70] Cf. CAMINHA, Uinie. Securitização. In: COELHO, Fabio Ulhoa (Coord.). *Tratado de Direito Comercial*. São Paulo: Saraiva, 2015, v. 4, p. 265-297 (280-281).

[71] Qual seja: o Código Civil, na ação pauliana, o Código de Processo Civil, que regula a fraude à execução, e a Lei nº 11.101/05, que trata da ação revocatória e da declaração de ineficácia (cf. THEODORO JÚNIOR, Humberto. Fraude contra credores e fraude de execução. *Revista dos Tribunais*, São Paulo, v. 776, p. 11-33, jun. 2000). Essa última trata de forma especial a cessão de créditos feita no âmbito da securitização no caso de falência do cedente, trazendo maior segurança jurídica à operação: "Na hipótese de securitização de créditos do devedor, não será declarada a ineficácia ou revogado o ato de cessão em prejuízo dos direitos dos portadores de valores mobiliários emitidos pelo securitizador." (artigo 136, §1º, da Lei nº 11.101/05). A esse respeito, ver MENDES, Hélio Rubens de Oliveira. *Securitização de créditos e a Lei 11.101/05*. 2014. Tese (Doutorado em Direito Comercial) – Faculdade de Direito, Universidade de São Paulo, São Paulo, 2014.

dos ativos do originador ao veículo de securitização, a fim de afastar os riscos de questionamento dessa segregação patrimonial.[72]

Na fase de emissão dos valores mobiliários tem-se a efetiva realização da securitização, quando os ativos que lhe servem de lastro transformam-se em títulos negociáveis.[73] Essa fase pode ainda ser acompanhada – por exigências regulatórias ou estratégias comerciais – pela classificação de risco desses valores mobiliários.

Os valores mobiliários emitidos são os instrumentos jurídicos aptos a transferir os ganhos gerados pelos ativos securitizados aos investidores. A emissão desses valores mobiliários deve ser estruturada tendo-se em vista os objetivos e características de cada operação de securitização. Do ponto de vista conceitual, as emissões feitas na securitização diferenciam-se pelo fato de o originador ser o beneficiário mediato dos recursos captados, já que as emissões serão feitas – e, portanto, os valores imediatamente recebidos – pelo veículo de securitização, que só então repassará os valores ao originador.[74]

As ofertas públicas de valores mobiliários, por meio das quais os recursos dos investidores são captados, deverão observar as normas da CVM, bem como deverão, em regra, ser previamente registradas junto à CVM.[75] Nesse sentido, as operações de securitização deverão respeitar toda a regulação da CVM aplicável, de forma a assegurar a transparência e a segurança exigidas para a proteção dos investidores.

---

[72] Cf. DUFLOTH, Rodrigo. *A proteção do investidor em fundos de investimento*. Rio de Janeiro: Lumen Juris, 2017, item 1.2.6; PINTO JUNIOR, Mario Engler. Fundo de investimento em direitos creditórios: alternativa de financiamento pelo mercado de capitais. In: LIMA, Maria Lúcia L. M. Pádua (Org.). *Direito e economia*: 30 anos de Brasil – Agenda Contemporânea. São Paulo: Saraiva, 2012, v. 2, p. 47-79 (53-54).

[73] Cf. CAMINHA, Uinie. Securitização. In: COELHO, Fabio Ulhoa (Coord.). *Tratado de Direito Comercial*. São Paulo: Saraiva, 2015, v. 4, p. 265-297 (282).

[74] Cf. CAMINHA, Uinie. *Securitização*. 2. ed. São Paulo: Saraiva, 2007, p. 41; 112.

[75] Há, todavia, exceções. As normas da CVM preveem a dispensa automática do registro para as ofertas públicas destinadas a um número limitado de investidores e cujos valores mobiliários ofertados sujeitem-se a determinadas restrições para negociação posterior (por exemplo, no caso das ofertas com esforços restritos de colocação, nos termos da Instrução CVM nº 476/09). Ademais, é facultado à autarquia dispensar o registro de ofertas públicas, a depender das suas características específicas, do interesse público, da adequada informação e da proteção aos investidores (nos termos do artigo 4º da Instrução CVM nº 400/03).

1.3 A crise dos *subprime* e as reflexões sobre a securitização

O estudo da securitização normalmente suscita discussões a respeito do seu papel na crise financeira de 2007/2008, conhecida como a crise dos *subprime*. Os riscos ligados aos processos inovadores do mercado financeiro,[76] dentre os quais está incluída a securitização, foram trazidos à tona por tal acontecimento. Apesar de a análise da crise dos *subprime* não integrar o escopo do presente trabalho, merecem ser feitas algumas breves considerações sobre as reflexões em torno do mecanismo de securitização que sucederam à crise.[77]

No período que antecedeu a crise, observou-se nos Estados Unidos o aumento do volume dos créditos *subprime*, que consistiam em créditos hipotecários de maior risco em comparação àqueles *prime*. Os créditos *subprime* eram concedidos a devedores que muitas vezes não tinham condições de arcar com os respectivos financiamentos imobiliários.[78] No entanto, havia estímulos para a concessão dos créditos *subprime*,

---

[76] Para uma visão crítica sobre os potenciais efeitos negativos da securitização e de outras inovações financeiras, bem como sobre o papel do Direito na consagração dessas inovações, ver PISTOR, Katharina. *The code of capital*: how the law creates wealth and inequality. Princeton: Princeton University Press, 2019 [*e-book*], capítulo 4.

[77] No presente item 1.3, pretende-se fazer algumas considerações introdutórias especificamente sobre o papel da securitização na crise dos *subprime* (deixando de abordar suas demais causas e complexidades), para, em seguida, tratar de algumas das discussões pós-crise sobre a regulação de mercado de capitais em torno da securitização (não tratando das discussões de regulação bancária). A respeito das causas da crise dos *subprime*, bem como do papel da securitização nessa crise, ver, dentre outros: BARRIÈRE, François. Une cause de la crise financière: un défaut de réglementation? *La Semaine Juridique Entreprise et Affaires*, Paris, n. 23, 1571, 4 jun. 2009; BENZINE, Lamia; PIETRANCOSTA, Alain. Titrisation, vecteur de propagation de la crise financière. *Revue Droit & Affaires*, Paris, n. 7, p. 4, dez. 2009; BORÇA JUNIOR, Gilberto Rodrigues; TORRES FILHO, Ernani Teixeira. Analisando a crise do *subprime*. *Revista do BNDES*, Rio de Janeiro, v. 15, n. 30, p. 129-159, dez. 2008; KRUGMAN, Paul. *The return of depression economics and the crisis of 2008*. New York: W. W. Norton & Company, 2009, especialmente o capítulo 7; POSNER, Richard A. *A failure of capitalism*: the crisis of '08 and the descent into depression. Cambridge: Harvard University Press, 2009, especialmente os capítulos 1, 2 e 3; STIGLITZ, Joseph E. *Freefall*: America, free markets, and the sinking of the world economy. New York: W. W. Norton & Company, 2010 [*e-book*], especialmente os capítulos 1 e 4; YAZBEK, Otavio. *Regulação do mercado financeiro e de capitais*. 2. ed. Rio de Janeiro: Elsevier, 2009, p. 93; 177-180.

[78] Os créditos *subprime* eram concedidos a devedores de baixa renda (ou mesmo sem qualquer comprovação de renda, no caso dos devedores "*ninja*": "*no income, no job, no assets*", na expressão de Richard A. Posner), com histórico de crédito problemático ou que não apresentavam a documentação necessária para a abertura do crédito. Cf. BORÇA JUNIOR, Gilberto Rodrigues; TORRES FILHO, Ernani Teixeira. Analisando a crise do *subprime*. *Revista do BNDES*, Rio de Janeiro, v. 15, n. 30, p. 129-159 (135-136), dez. 2008; POSNER, Richard A. *A failure of capitalism*: the crisis of '08 and the descent into depression. Cambridge: Harvard University Press, 2009, p. 23-24.

incluindo os incentivos da política governamental americana para promover o acesso à propriedade imobiliária, bem como a crescente valorização dos preços dos imóveis, que figuravam como garantia aos credores.[79] Aliado a esses fatores, a ampliação da securitização dos créditos *subprime* também se mostrou um importante estímulo, ao permitir às instituições financeiras que concediam tais créditos transferir, a princípio, o risco de seu inadimplemento a investidores.[80]

Como as instituições financeiras securitizavam a maioria dos créditos *subprime* que concediam, passaram a se tornar menos vigilantes com relação à qualidade desses créditos e de seus devedores. Em alguns casos, o crédito sequer seria concedido se a instituição tivesse de assumir, por si, o risco de seu inadimplemento. As instituições passaram de um modelo de originar para ficar (com o risco) para um de originar para distribuir (o risco), no qual os originadores adotavam critérios frágeis de concessão de crédito já que sabiam, desde o início, que os riscos ligados ao crédito concedido seriam transferidos a terceiros.[81] Enquanto os créditos *subprime* encontravam compradores, os originadores não tinham incentivos fortes para se preocupar com a sua qualidade, tendo em vista seu baixo interesse econômico no adimplemento desses créditos.

Havia, ainda, uma assimetria de informação[82] entre os originadores e os investidores, já que os originadores tinham (ou deveriam ter) mais informações sobre a qualidade dos créditos securitizados e sobre a diligência por eles empregada para a concessão dos créditos.[83]

---

[79] Cf. GRANIER, Thierry et al. *Droit commercial:* Instruments de paiement et de crédit. Titrisation. 9. ed. Paris: Dalloz, 2017, §§647-648; KRUGMAN, Paul. *The return of depression economics and the crisis of 2008*. New York: W. W. Norton & Company, 2009, p. 149; QUIQUEREZ, Alexandre. *Droit et techniques internationales de la titrisation*. Bruxelles: Larcier, 2018, §3.

[80] Cf. YAZBEK, Otavio. *Regulação do mercado financeiro e de capitais*. 2. ed. Rio de Janeiro: Elsevier, 2009, p. 177.

[81] Cf. KRUGMAN, Paul. *The return of depression economics and the crisis of 2008*. New York: W. W. Norton & Company, 2009, p. 148-150; QUIQUEREZ, Alexandre. *Droit et techniques internationales de la titrisation*. Bruxelles: Larcier, 2018, §3; STIGLITZ, Joseph E. *Freefall*: America, free markets, and the sinking of the world economy. New York: W. W. Norton & Company, 2010 [*e-book*], capítulo 4, item *"Securitization"*.

[82] A respeito da assimetria de informação sob um ponto de vista econômico ver, dentre outros, AKERLOF, George A. The market for "lemons": quality uncertainty and the market mechanism. *The Quarterly Journal of Economics*, Cambridge, v. 84, n. 3, p. 488-500, ago. 1970; CAMILO JUNIOR, Ruy Pereira. *Direito Societário e regulação econômica*. Barueri: Manole, 2018 [*e-book*], capítulo 1, item "Imperfeições da informação".

[83] Cf. ASSESSORIA DE ANÁLISE E PESQUISA (ASA) DA COMISSÃO DE VALORES MOBILIÁRIOS. *Retenção de risco na securitização*: um estudo a partir da metodologia de análise de impacto regulatório. Comissão de Valores Mobiliários, Trabalhos para Discussão,

CAPÍTULO 1
SECURITIZAÇÃO NO SETOR PRIVADO: FUNCIONAMENTO E RISCOS ENVOLVIDOS

A assimetria de informação na cadeia de securitização agravou-se ainda mais com o aumento da complexidade e da opacidade das estruturas de securitização dos créditos *subprime*, dificultando a real avaliação dos riscos envolvidos no investimento.[84] Além de os investidores não receberem informações suficientes sobre os títulos adquiridos, as agências de classificação de risco[85] – nas quais os investidores depositavam excessiva confiança – atribuíam a esses títulos notas elevadas apesar do grau de risco dos créditos que compunham, ao final, seu lastro.[86] Tendo em vista sua perspectiva de retorno interessante e a classificação de risco favorável que recebiam, esses títulos passaram a ser adquiridos em grande escala.

Diante da desaceleração da economia e do mercado imobiliário americano, o preço dos imóveis diminuiu e a inadimplência dos créditos *subprime* aumentou. Com a difícil execução das hipotecas em um mercado em declínio, junto da insolvência dos devedores *subprime*, esses

---

dez. 2014. Disponível em: <http://conteudo.cvm.gov.br/export/sites/cvm/menu/acesso_informacao/serieshistoricas/estudos/anexos/AIR_retencao-de-riscos.pdf>. Acesso em: 8 abr. 2022, p. 19-20; STIGLITZ, Joseph E. *Freefall*: America, free markets, and the sinking of the world economy. New York: W. W. Norton & Company, 2010 [*e-book*], capítulo 4, item "*Securitization*".

[84] Certos títulos lastreados diretamente em créditos hipotecários (denominados *mortgage-backed securities* – MBS) passaram a ser combinados em diferentes arranjos, surgindo os títulos lastreados em carteiras compostas por MBS de diferentes níveis de risco (conhecidos por *collateralized debt obligations* – CDO), de maior complexidade e opacidade (cf. DEMERS, Jonathan S. L. Towards a new regulatory approach for mortgage-backed securities. *Journal of Law in Society*, Cardiff, v. 18, n 2, p. 266-290 (276-280), 2018).

[85] Para uma visão crítica sobre o papel das agências de classificação de risco, ver, dentre outros: COFFEE, John C. *Ratings reform*: the good, the bad, and the ugly. Columbia Law and Economics, working paper nº 375; set. 2010. Disponível em: <https://papers.ssrn.com/sol3/papers.cfm?abstract_id=1650802>. Acesso em: 8 abr. 2022; HUNT, John P. Credit rating agencies and the worldwide credit crisis: the limits of reputation, the insufficiency of reform, and a proposal for improvement. *Columbia Business Law Review*, New York, v. 2009, n. 1, jan. 2009; PARLÉANI, Gilbert. La responsabilité civile des agences de notation. In: GOURIO, Alain; DAIGRE, Jean-Jacques (Coord.). *Droit bancaire et financier*. Paris: RB Éditions, Mélanges AEDBF-France VI, 2013, p. 555-580.

[86] Além da dificuldade (ou mesmo inabilidade) das agências de classificação de risco em avaliar os títulos lastreados nos créditos *subprime*, havia questões de conflito de interesses entre elas e os emissores desses títulos. No caso da avaliação dos títulos *subprime*, esse conflito ia além da questão do modelo de remuneração das agências (as quais, a partir dos anos 1970, passaram a ser contratadas e pagas pelos emissores objeto de sua avaliação), visto que chegavam a atuar de certa forma como conselheiras na estruturação desses produtos (cf. PARLÉANI, Gilbert. La responsabilité civile des agences de notation. In: GOURIO, Alain; DAIGRE, Jean-Jacques (Coord.). *Droit bancaire et financier*. Paris: RB Éditions, Mélanges AEDBF-France VI, 2013, p. 555-580; PARTNOY, Frank. How and why credit rating agencies are not like other gatekeepers. In: FUCHITA, Yasuyuki; LITAN, Robert E (Ed.). *Financial gatekeepers*: can they protect investors? Washington, D.C.: Brookings Institution Press, 2006, p. 59-102).

créditos não puderam ser recuperados. Os títulos lastreados nesses créditos perderam seu valor, deteriorando as carteiras dos investidores em tais títulos – que incluíam as próprias instituições financeiras, fundos de investimento, fundos de pensão, companhias seguradoras e outros investidores institucionais de diversos países.[87] Apesar de a dispersão do risco ser uma das principais vantagens da securitização, no contexto da crise dos *subprime* espalhou-se de forma sistêmica o risco adverso de um mercado – o de créditos hipotecários *subprime* nos Estados Unidos – para outros que não estavam originalmente expostos a tal risco. De forma simplificada, a crise que a princípio surgiu no mercado imobiliário americano transformou-se, assim, em uma crise financeira de proporção mundial.[88]

No período anterior à crise dos *subprime*, havia um certo otimismo com relação à securitização, sendo pouco regulada e contando com o incentivo de políticas públicas. A crise demonstrou as insuficiências da regulação da securitização, invertendo essa tendência. Discute-se, porém, se a culpada por tal acontecimento teria sido a própria securitização ou o seu uso de forma inadequada.[89] Ademais, cabe ressaltar que os problemas revelados pela crise não se deram no mercado de securitização como um todo, mas em um segmento específico e marcado por diversas particularidades (o da securitização dos créditos hipotecários *subprime* nos Estados Unidos).[90] Mesmo nesse caso, o mecanismo em si não seria o responsável pela crise, mas sim a conduta dos agentes que dele se utilizaram, bem como a postura leniente dos reguladores.[91] Um dos principais problemas da crise encontra-se nos créditos de má qualidade

---

[87] Cf. KERGOMMEAUX, Xavier de. Titrisation. *Répertoire de Droit Commercial*. Paris, jan. 2010, §§12-18.; YAZBEK, Otavio. *Regulação do mercado financeiro e de capitais*. 2. ed. Rio de Janeiro: Elsevier, 2009, p. 178.

[88] Cf. POSNER, Richard A. *A failure of capitalism*: the crisis of '08 and the descent into depression. Cambridge: Harvard University Press, 2009, p. 54-55.

[89] Alguns autores, inclusive, entendem que o papel atribuído à securitização na formação da crise dos *subprime* teria sido exagerado (cf. PIETRANCOSTA, Alain. Titrisation, vecteur de propagation de la crise financière. *Revue Droit & Affaires*, Paris, n. 7, p. 4, dez. 2009; POSNER, Richard A. *A failure of capitalism*: the crisis of '08 and the descent into depression. Cambridge: Harvard University Press, 2009, p. 53-54).

[90] Cf. BLANKENHEIM, Johannes et al. *Securitization*: lessons learned and the road ahead. International Monetary Fund, IMF working paper nº 13/255, nov. 2013. Disponível em: <https://www.imf.org/external/pubs/ft/wp/2013/wp13255.pdf>. Acesso em: 8 abr. 2022, p. 9.

[91] Cf. GRANIER, Thierry et al. *Droit commercial:* Instruments de paiement et de crédit. Titrisation. 9. ed. Paris: Dalloz, 2017, §§632, 648, 687; QUIQUEREZ, Alexandre. *Droit et techniques internationales de la titrisation*. Bruxelles: Larcier, 2018, §3; YAZBEK, Otavio. *Regulação do mercado financeiro e de capitais*. 2. ed. Rio de Janeiro: Elsevier, 2009, p. 93.

gerados em grande volume pelos originadores. Além disso, os agentes envolvidos na estruturação das operações de securitização montaram produtos complexos e opacos, de difícil avaliação, os quais recebiam notas excessivamente positivas por parte das agências de classificação de risco. Por sua vez, os investidores optaram por assumir riscos em grandes volumes sem corretamente entendê-los ou administrá-los. Ressalta-se que o simples fato de um investimento apresentar um alto risco não significa que ele não seja adequado às necessidades de um investidor. O problema verificado na crise refere-se ao fato de os investidores institucionais (como as próprias instituições financeiras, quando atuam como investidoras) não terem dimensionado corretamente os riscos de seu investimento.[92]

Apesar dos potenciais riscos associados ao uso da securitização trazidos à tona pela crise dos *subprime*, trata-se de um mecanismo importante para o funcionamento do sistema financeiro. Ainda que tal acontecimento tenha afetado sua imagem e desacelerado sua utilização, diversas instituições financeiras[93] e empresas de diferentes portes contam com a securitização como uma ferramenta de financiamento e de gerenciamento de risco. Assim, admite-se que a securitização pode ser um instrumento útil para melhorar a eficiência do sistema financeiro, aumentar e baratear as possibilidades de financiamento e criar oportunidades interessantes de investimento, contribuindo para o desenvolvimento da economia como um todo.[94] Tendo em vista sua

---

[92] A respeito do dever de diligência dos investidores institucionais na securitização, especialmente em uma perspectiva da regulação da União Europeia, ver MELO, Victória Baruselli Cabral. La protection des investisseurs dans la titrisation. *Sorbonne Student Law Review – Revue juridique des étudiants de la Sorbonne*, Paris, v. 3, n. 1, p. 103-149, dez. 2020.

[93] As instituições financeiras utilizam a securitização também para se adequar à regulação bancária, na medida em que a transferência de risco de sua carteira pode ser uma forma de se encaixar nos requerimentos mínimos de capital exigidos pelos órgãos de regulação. Além disso, como as exigências prudenciais se fortaleceram após a crise dos *subprime*, a securitização se mostrou uma ferramenta especialmente importante para estimular a concessão de crédito pelas instituições financeiras. A respeito da securitização como instrumento de administração do risco de crédito pelas instituições financeiras, ver: YAZBEK, Otavio. O risco de crédito e os novos instrumentos: uma análise funcional. In: FONTES, Marcos Rolim Fernandes; WAISBERG, Ivo (Coord.). *Contratos bancários*. São Paulo: Quartier Latin, 2006, p. 309-337; YAZBEK, Otavio. *Regulação do mercado financeiro e de capitais*. 2. ed. Rio de Janeiro: Elsevier, 2009, p. 281-282.

[94] Cf. BLANKENHEIM, Johannes et al. *Securitization*: lessons learned and the road ahead. International Monetary Fund, IMF working paper nº 13/255, nov. 2013. Disponível em: <https://www.imf.org/external/pubs/ft/wp/2013/wp13255.pdf>. Acesso em: 8 abr. 2022, p. 3; COMISSÃO EUROPEIA. *Proposta de Regulamento do Parlamento Europeu e do Conselho que estabelece regras comuns para a titularização e cria um quadro europeu para a titularização simples, transparente e normalizada e que altera as diretivas 2009/65/CE, 2009/138/CE, 2011/61/*

importância sistêmica, a reação dos reguladores à crise dos *subprime* não consistiu na vedação ao uso da securitização, mas sim na intensificação de sua regulação.[95] A questão está em como regulá-la para evitar que seja novamente utilizada de forma inadequada, assegurando estabilidade para o sistema financeiro, mas também preservando seus aspectos positivos e estimulando o desenvolvimento saudável do mercado de securitização.[96]

Nesse contexto, a *International Organization of Securities Commissions* (IOSCO) – órgão internacional que reúne os reguladores de valores mobiliários, incluindo a CVM – publicou um relatório em 2012[97] com recomendações para o mercado de securitização em resposta às falhas observadas na crise dos *subprime*.[98] A IOSCO reafirma a importância da securitização para o crescimento econômico, destacando a relevância de restabelecer a confiança dos investidores na securitização, abalada pela crise.

No relatório, a IOSCO recomenda aos reguladores a adoção de mecanismos para o alinhamento de interesses e de incentivos entre, de um lado, os atores ligados à originação e à estruturação da operação e, de outro, os investidores. Esse alinhamento visaria não apenas a proteger os investidores contra as consequências da assimetria de informação, mas principalmente desincentivar a adoção, por parte dos originadores, de critérios frágeis na concessão de crédito. O mecanismo recomendado pela IOSCO para promover esse alinhamento seria, preferencialmente,

---

UE e os Regulamentos (CE)nº 1060/2009 e (UE) nº 648/2012, 30 nov. 2015, nº COM (2015) 472 final 2015/0226 (COD). Disponível em: <https://eur-lex.europa.eu/legal-content/PT/TXT/PDF/?uri=CELEX:52015PC0472&from=PT>. Acesso em: 8 abr. 2022, p. 2.

[95] Cf. QUIQUEREZ, Alexandre. *Droit et techniques internationales de la titrisation*. Bruxelles: Larcier, 2018, §4.

[96] Cf. BLANKENHEIM, Johannes et al. *Securitization*: lessons learned and the road ahead. International Monetary Fund, IMF working paper nº 13/255, nov. 2013. Disponível em: <https://www.imf.org/external/pubs/ft/wp/2013/wp13255.pdf>. Acesso em: 8 abr. 2022, p. 3; 25; 41.

[97] INTERNATIONAL ORGANIZATION OF SECURITIES COMMISSIONS. *Global developments in securitization regulation*: final report, 16 nov. 2012. Disponível em: <https://www.iosco.org/library/pubdocs/pdf/IOSCOPD394.pdf>. Acesso em: 8 abr. 2022. A respeito, ver BONNEAU, Thierry. Titrisation. *Revue de Droit Bancaire et Financier*. Paris, n. 2, mar. 2013, com. 75.

[98] Esse relatório está em linha com (e aprofunda) as recomendações feitas no relatório publicado anteriormente pelo *Joint Forum*, que reúne o *Basel Committee on Banking Supervision*, a própria IOSCO e a *International Association of Insurance Supervisors* (*Report on asset securitization incentives*, jul. 2011. Disponível em: <https://www.bis.org/publ/joint26.pdf>. Acesso em: 8 abr. 2022). A respeito, ver BONNEAU, Thierry. Titrisation. *Revue de Droit Bancaire et Financier*. Paris, n. 6, nov. 2011, com. 215.

a retenção obrigatória do risco pelo originador,[99] garantindo que ele continue economicamente exposto ao risco dos créditos securitizados. Destaca-se que a CVM, na análise dessa recomendação da IOSCO, observou que a prática da indústria de securitização no Brasil já se utilizava desses mecanismos (através da aquisição de valores mobiliários subordinados ou da coobrigação na cessão do crédito pelo originador), optando, assim, por não estabelecer uma obrigação formal de retenção de risco.[100-101] A IOSCO recomendou ainda reforçar a transparência nas operações de securitização, destacando a importância de uma divulgação de informações de forma clara e efetiva aos investidores.[102] Essa divulgação de informações aos investidores – tanto no momento anterior quanto ao longo do investimento – é essencial para que eles possam tomar suas decisões de investimento de forma consciente e fundamentada, conhecendo e avaliando os riscos inerentes.[103]

De forma concreta, as autoridades regulatórias do mercado de capitais ao redor do mundo tomaram medidas para regular a securitização após a crise dos *subprime*. Nos Estados Unidos, essa regulação se deu especialmente por meio do *Dodd-Frank Wall Street Reform and Consumer Protection Act*, de 21 de julho de 2010, que promoveu uma reforma global das atividades financeiras, incluindo a securitização.[104]

---

[99] Ou ainda pelo cedente, estruturador ou emissor dos títulos.

[100] "[N]a avaliação sobre a disciplina do mercado no Brasil, o capítulo traz a constatação de que os próprios participantes já se ajustaram por si, adotando o mecanismo de retenção de riscos, inclusive, em patamares acima dos 5% adotados nos EUA e na Europa. [...] [O] mais relevante no caso concreto é a consideração sobre consequências indesejadas (ou não-intencionais). [...] A fixação do patamar de 5% (ou de qualquer outro) poderia sinalizar aos participantes que esse seria o nível aceitável, trazendo risco da indústria ajustar-se para baixo." (ASSESSORIA DE ANÁLISE E PESQUISA [ASA] DA COMISSÃO DE VALORES MOBILIÁRIOS. *Retenção de risco na securitização*: um estudo a partir da metodologia de análise de impacto regulatório. Comissão de Valores Mobiliários, Trabalhos para Discussão, dez. 2014. Disponível em: <http://conteudo.cvm.gov.br/export/sites/cvm/menu/acesso_informacao/serieshistoricas/estudos/anexos/AIR_retencao-de-riscos.pdf>. Acesso em: 8 abr. 2022, p. 3-5).

[101] Ressalta-se que a Instrução CVM nº 489/11 estabelece uma diferenciação contábil entre as operações com e sem aquisição substancial dos riscos e benefícios dos direitos creditórios pelos FIDC.

[102] Para se atingir essa transparência, a IOSCO sugere também a padronização da forma de divulgação de informações.

[103] No referido relatório, a IOSCO chama atenção ainda para algumas questões adicionais a respeito da regulação das operações de securitização que mereceriam ser aprofundadas, incluindo o tratamento prudencial dessas operações, questões contábeis, o caráter transfronteiriço das operações, formas de aumentar a liquidez do mercado secundário e a melhora das práticas relativas aos créditos hipotecários.

[104] A respeito, ver CAMILO JUNIOR, Ruy Pereira. A reforma do sistema financeiro norte-americano. *Revista de Direito Bancário e do Mercado de Capitais*, São Paulo, v. 54, p. 59-95, out./dez. 2011.

Na União Europeia, depois da edição de normas esparsas regulando o tratamento da securitização em setores específicos,[105] o Regulamento (UE) nº 2017/2402 do Parlamento Europeu e do Conselho, de 12 de dezembro de 2017, foi adotado para estabelecer as regras comuns para as operações de securitização na União Europeia.[106] Já no Brasil, a regulação da CVM em torno do principal veículo de securitização brasileiro – o FIDC – passou por seguidos aprimoramentos para torná-lo mais transparente e seguro.[107]

1.4 Securitização no setor privado brasileiro

Originalmente, as operações de securitização seriam realizadas no Brasil por meio de sociedade de propósito específico, constituída sob a forma de sociedade anônima, emitindo debêntures lastreadas nos ativos a ela transferidos pelos originadores.[108] No entanto, apesar de ter sido utilizado inicialmente em algumas operações,[109] esse modelo de securitização não foi largamente adotado no Brasil.[110] Isso se deve

---

[105] Como o Regulamento (UE) nº 575/2013 do Parlamento Europeu e do Conselho, de 26 de junho de 2013, a Diretiva nº 2009/138/CE do Parlamento Europeu e do Conselho, de 25.11.2009, a Diretiva nº 2009/65/CE do Parlamento Europeu e do Conselho, de 13.7.2009, e a Diretiva nº 2011/61/UE do Parlamento Europeu e do Conselho, de 8.6.2011.

[106] A respeito, ver BENTEUX, Grégory; LEGRAND, Estelle; TACHET, Charlotte. Le nouveau cadre prudentiel de la titrisation au sein de l'Union européenne (commentaires sur le règlement (UE) nº 2017/2402 du 12 décembre 2017). *Bulletin Joly Bourse*. Issy-les-Moulineaux, n. 2, 1º mar. 2018, p. 100; FAURE-DAUPHIN, Fabrice. Le nouveau cadre réglementaire européen de la titrisation. *Revue Lamy Droit des Affaires*. Paris, n. 135, 1º mar. 2018; MELO, Victória Baruselli Cabral. La protection des investisseurs dans la titrisation. *Sorbonne Student Law Review – Revue juridique des étudiants de la Sorbonne*, Paris, v. 3, n. 1, p. 103-149, dez. 2020; MULLER, Anne-Catherine. Règlement (UE) 2017/2402 du 12 décembre 2017 créant un cadre général pour la titrisation, ainsi qu'un cadre spécifique pour les titrisations simples, transparentes et standardisées. *Revue de Droit Bancaire et Financier*. Paris, n. 2, mar. 2018, com. 58.

[107] Conforme será exposto no Capítulo 2 abaixo.

[108] Cabe ressaltar que uma sociedade de propósito específico se trata não de um tipo societário, mas sim de uma sociedade – constituída sob qualquer tipo societário – designada à realização de um negócio ou objetivo específico. No caso de ser utilizada como um veículo de securitização, o tipo societário escolhido para a sociedade de propósito específico seria a sociedade anônima (cf. CAMINHA, Uinie. *Securitização*. 2. ed. São Paulo: Saraiva, 2007, p. 106-107).

[109] Como no caso da Mesbla Trust de Recebíveis de Cartão de Crédito S.A., mencionado no item 1.1 acima.

[110] Na presente pesquisa, verificou-se que não corresponde à realidade atual da securitização no Brasil a descrição feita por Uinie Caminha, em 2007 (*Securitização*. 2. ed. São Paulo: Saraiva, 2007, p. 103-104; 112-113), no sentido de que o principal veículo de securitização brasileiro seria a sociedade anônima, e o mais relevante título emitido em operações de securitização no Brasil seria a debênture. Os seguintes artigos (publicados antes da criação

especialmente aos empecilhos encontrados em tal modelo, como os custos relacionados à montagem e à manutenção dessa estrutura, inclusive os tributários.[111-112]

As limitações da securitização por meio de sociedade de propósito específico e de debêntures foram em grande parte superadas com a criação de novos instrumentos que a impulsionaram no Brasil. Trata-se especialmente dos FIDC[113] – hoje considerados como o principal veículo de securitização no Brasil[114] –, mas também dos Certificados de Recebíveis Imobiliários (CRI)[115] e dos Certificados de Recebíveis do

---

dos FIDC) traziam descrição semelhante: BORGES, Luís Ferreira Xavier. Securitização como parte da segregação do risco empresarial. *Revista do Direito Bancário, do Mercado de Capitais e da Arbitragem*, São Paulo, v. 10, p. 257-267, out/dez. 2000; PENTEADO JUNIOR, Cassio Martins C. A securitização de recebíveis de créditos gerados em operações dos bancos: a Resolução nº 2.493 e sua perspectiva jurídica. *Revista de Direito Mercantil, Industrial, Econômico e Financeiro*, São Paulo, v. 36, n. 111, p. 120-124, jul./set. 1998. Ressalta-se que Uinie Caminha, em trabalho mais recente (Securitização. In: COELHO, Fabio Ulhoa [Coord.]. *Tratado de Direito Comercial*. São Paulo: Saraiva, 2015, v. 4, p. 265-297 [293-294]), chegou a afirmar que "[o]s FIDCs representam, atualmente, o principal veículo de securitização do mercado brasileiro".

[111] Cf. ASSOCIAÇÃO BRASILEIRA DAS ENTIDADES DOS MERCADOS FINANCEIROS E DE CAPITAIS. *Fundos de investimento em direitos creditórios*. Rio de Janeiro: ANBIMA, 2015, p. 13; PIRES, Daniela Marin. *Os fundos de investimento em direitos creditórios (FIDC)*. São Paulo: Almedina, 2013, p. 68-69; 73.

[112] Além da questão dos custos, Otavio Yazbek aponta como empecilho "sobretudo quando se está tratando de relações bancárias, os riscos decorrentes da caracterização da sociedade de propósito específico como controlada da instituição cedente dos créditos, com a possibilidade de responsabilização desta última." (O risco de crédito e os novos instrumentos: uma análise funcional. In: FONTES, Marcos Rolim Fernandes; WAISBERG, Ivo [Coord.]. *Contratos bancários*. São Paulo: Quartier Latin, 2006, p. 309-337 [324]).

[113] Os custos incorridos pelos FIDC, quando comparados aos das sociedades de propósito específico como veículos de securitização, são mais baixos, incluindo-se os encargos tributários incidentes (cf. SILVA, Ricardo Maia da. *Securitização de recebíveis*: uma visão sobre o mercado dos fundos de investimento em direitos creditórios [FIDC]. 2010. Dissertação [Mestrado em Engenharia de Produção] – Universidade Federal Fluminense, Niterói, 2010, p. 90; YAZBEK, Otavio. O risco de crédito e os novos instrumentos: uma análise funcional. In: FONTES, Marcos Rolim Fernandes; WAISBERG, Ivo [Coord.]. *Contratos bancários*. São Paulo: Quartier Latin, 2006, p. 309-337 [324-325]; VIDIGAL NETO, Rubens. A securitização e a indústria dos fundos de investimento em direitos creditórios. In: COMISSÃO DE VALORES MOBILIÁRIOS. *Direito do mercado de valores mobiliários*. Rio de Janeiro: Comissão de Valores Mobiliários, 2017, p. 626-643 [633-634]).

[114] Cf. CAMINHA, Uinie. Securitização. In: COELHO, Fabio Ulhoa (Coord.). *Tratado de Direito Comercial*. São Paulo: Saraiva, 2015, v. 4, p. 265-297 (293-294); PARENTE, Norma Jonssen. Mercado de Capitais. In: CARVALHOSA, Modesto (Coord.). *Tratado de Direito Empresarial*. São Paulo: Revista dos Tribunais, 2016, v. 6, p. 264; VIDIGAL NETO, Rubens. A securitização e a indústria dos fundos de investimento em direitos creditórios. In: COMISSÃO DE VALORES MOBILIÁRIOS. *Direito do mercado de valores mobiliários*. Rio de Janeiro: Comissão de Valores Mobiliários, 2017, p. 626-643 (626).

[115] Para um aprofundamento a respeito da securitização de créditos imobiliários ver, dentre outros: ASSOCIAÇÃO BRASILEIRA DAS ENTIDADES DOS MERCADOS FINANCEIROS E DE CAPITAIS. *Certificados de Recebíveis Imobiliários*. Rio de Janeiro: ANBIMA, 2015;

Agronegócio (CRA).[116-117] Cabe ressaltar que há previsão na regulação bancária para que a securitização de créditos financeiros possa ser feita através de sociedade de propósito específico e da correspondente emissão de debêntures lastreadas nos créditos a ela cedidos por instituições financeiras, observadas as regras trazidas pela Resolução nº 2.686/00, do Conselho Monetário Nacional.[118] No entanto, mesmo para a securitização desses créditos, esse modelo não foi amplamente adotado,[119] sendo os FIDC[120] os veículos mais utilizados também para a securitização de créditos financeiros. A título de ilustração, enquanto constavam apenas

---

CAMINHA, Uinie. Securitização. In: COELHO, Fabio Ulhoa (Coord.). *Tratado de Direito Comercial*. São Paulo: Saraiva, 2015, v. 4, p. 265-297 (285-292); CHALHUB, Melhim Namem. *Negócio fiduciário*: alienação fiduciária, cessão fiduciária, securitização, Decreto-Lei nº 911, de 1969, Lei nº 8.668, de 1993, Lei nº 9.514, de 1997, Lei nº 10.931/2004. Rio de Janeiro: Renovar, 2006, especialmente p. 401-411; MOURA, Paulo Sérgio. *Securitização de créditos imobiliários*: aspectos jurídicos. 2007. Dissertação (Mestrado em Direito Comercial) – Faculdade de Direito, Universidade de São Paulo, São Paulo, 2007; OLIVA, Milena Donato. *Patrimônio separado*: herança, massa falida, securitização de créditos imobiliários, incorporação imobiliária, fundos de investimento imobiliário, *trust*. Rio de Janeiro: Renovar, 2009.

[116] Para um aprofundamento a respeito da securitização de créditos do agronegócio, ver, dentre outros: BURANELLO, Renato; OIOLI, Erik. *Certificado de recebíveis do agronegócio*: os sistemas agroindustriais e o mercado de capitais. Londrina: Thoth, 2019 [*e-book*]; CAMPOS, Eduardo Paschoin de Oliveira. *Aspectos jurídicos da securitização de direitos creditórios do agronegócio no mercado de capitais brasileiro*. 2019. Dissertação (Mestrado em Direito Comercial) – Faculdade de Direito, Universidade de São Paulo, São Paulo, 2019; RICARDO, Márcio Moura de Paula. *A securitização no agronegócio*: análise crítica da securitização de recebíveis agrícolas – CRA (certificado de recebíveis do agronegócio). 2019. Dissertação (Mestrado em Direito Comercial) – Faculdade de Direito, Universidade de São Paulo, São Paulo, 2019.

[117] Ressalta-se que os FIDC também podem ser utilizados como veículos para a securitização de créditos originados do setor imobiliário ou do agronegócio. De acordo com a classificação da ANBIMA: a) a carteira dos FIDC da categoria "Crédito Imobiliário" seria composta por "recebíveis (direitos ou títulos) originários de operações de financiamento relacionadas ao setor imobiliário, tais como, mas não se limitando a, Certificados de Recebíveis Imobiliários (CRI) e Cédula de Crédito Imobiliário (CCI) [...]"; e b) a carteira dos FIDC da categoria "Agronegócio" seria composta por "recebíveis (direitos ou títulos) originários de operações de financiamento relacionadas ao setor do agronegócio, tais como, mas não se limitando a, (i) Certificado de Direitos Creditórios do Agronegócio (CDCA), (ii) Certificado de Recebíveis do Agronegócio (CRA), (iii) Certificado de Depósito Agropecuário (CDA), (iv) Cédula de Produto Rural (CPR), (v) Warrant e (vi) Nota de Crédito do Agronegócio (NCA)" (cf. *Regras e Procedimentos ANBIMA para Classificação do FIDC nº 08*, de 23 de maio de 2019. Disponível em: <https://www.anbima.com.br/data/files/0A/C6/4C/FA/31B797109C2486976B2BA2A8/2.%20 Regras_procedimentos_Codigo_ART_vigente%20a%20partir%20de%2017.05.21.pdf>. Acesso em: 8 abr. 2022.).

[118] A respeito, v. AVELINO, Luiz Filipi de Cristófaro. *Aspectos jurídicos da securitização no Brasil*. 2014. Dissertação (Mestrado em Direito Comercial) – Faculdade de Direito, Universidade de São Paulo, São Paulo, 2014, p. 67-72; 93-94.

[119] Cf. YAZBEK, Otavio. O risco de crédito e os novos instrumentos: uma análise funcional. In: FONTES, Marcos Rolim Fernandes; WAISBERG, Ivo (Coord.). *Contratos bancários*. São Paulo: Quartier Latin, 2006, p. 309-337 (324).

[120] A cessão de créditos de instituições financeiras aos FIDC é permitida pela regulação bancária (nos termos do artigo 2º da Resolução nº 2.907/01, do Conselho Monetário Nacional).

16 companhias securitizadoras de créditos financeiros no cadastro geral da CVM,[121] o patrimônio líquido dos FIDC do tipo "Financeiro" consistia em aproximadamente R$61,3 bilhões.[122]

Na presente pesquisa, a análise do modelo de securitização no setor privado brasileiro concentrar-se-á, assim, no estudo do modelo de securitização por meio dos FIDC, realizado no Capítulo 2. Esse foco de estudo justifica-se, primeiramente, pelo FIDC consistir no veículo de securitização mais utilizado no Brasil. Conforme os dados disponibilizados pela UQBAR, ao final de 2021: a) o mercado de FIDC apresentava R$223,62 bilhões em patrimônio líquido consolidado, tendo sido emitidos nesse ano R$101,53 bilhões em cotas de FIDC; b) o mercado de CRI contava com R$107,41 bilhões em estoque, com a emissão de R$40,53 bilhões em CRI; e c) o mercado de CRA apresentava R$64,15 bilhões em estoque, tendo sido emitidos R$25,26 bilhões em CRA.[123]

Tal foco também encontra justificativa no fato de as principais discussões da regulação da securitização no Brasil terem se dado no âmbito da norma da CVM que regula os FIDC e da jurisprudência de seu Colegiado envolvendo os FIDC, enriquecendo o material para as reflexões pretendidas nesta pesquisa. A Instrução CVM nº 356/01, que dispõe sobre os FIDC, já passou por 15 alterações,[124] tendo sido editada norma específica para reger os FIDC não padronizados,[125] além de se encontrar atualmente em audiência pública uma nova revisão completa da regulação dos FIDC.[126] Por sua vez, a norma que regulava os CRI foi

---

[121] Conforme informações verificadas em 8.4.2022 no cadastro geral da CVM (Disponível em: <http://sistemas.cvm.gov.br/?cadcias>. Acesso em: 8 abr. 2022).

[122] De acordo com os dados disponibilizados pela Associação Brasileira das Entidades dos Mercados Financeiro e de Capitais (ANBIMA), referentes a março de 2022 (Disponível em: <https://www.anbima.com.br/pt_br/informar/estatisticas/fundos-de-investimento/fi-consolidado-historico.htm>. Acesso em: 8 abr. 2022.). Para o detalhamento da classificação de um FIDC como "Financeiro" pela ANBIMA, ver *Regras e Procedimentos ANBIMA para Classificação do FIDC nº 08*, de 23 de maio de 2019 (Disponível em: <https://www.anbima.com.br/data/files/0A/C6/4C/FA/31B797109C2486976B2BA2A8/2.%20Regras_procedimentos_Codigo_ART_vigente%20a%20partir%20de%2017.05.21.pdf>. Acesso em: 8 abr. 2022).

[123] Cf. UQBAR. *Anuário Uqbar FIDC 2022*. Disponível em: <https://lp.uqbar.com.br/anuarios2022/fidc.php>. Acesso em: 8 abr. 2022; UQBAR. *Anuário Uqbar CRI 2022*. Disponível em: <https://lp.uqbar.com.br/anuarios2022/cri.php>. Acesso em: 8 abr. 2022; UQBAR. *Anuário Uqbar CRA 2022*. Disponível em: <https://lp.uqbar.com.br/anuarios2022/cra.php>. Acesso em: 8 abr. 2022.

[124] Por meio das Instruções CVM nº 393/03, 435/06, 442/06, 446/06, 458/07, 484/10, 489/11, 498/11, 510/11, 531/13, 545/14, 554/14, 558/15, 609/19 e 615/19.

[125] A Instrução CVM nº 444/06, alterada pela Instrução CVM nº 555/14.

[126] Cf. Edital de Audiência Pública SDM nº 08/20. Disponível em: <http://conteudo.cvm.gov.br/audiencias_publicas/ap_sdm/2020/sdm0820.html>. Acesso em: 8 abr. 2022.

alterada 8 vezes,[127] e aquela que regulava os CRA, uma vez[128] antes da revogação de ambas pela Resolução CVM nº 60/21, que passou a dispor sobre as companhias securitizadoras em geral.[129] Com relação à jurisprudência da CVM, a título de ilustração, verificou-se na base de decisões do Colegiado da CVM: a) 518 resultados de decisões na pesquisa pelo termo "FIDC"; b) 130 resultados de decisões na pesquisa pelo termo "CRI"; e c) 64 resultados de decisões na pesquisa pelo termo "CRA".[130]

Feitas essas considerações a respeito da securitização no setor privado, de forma geral, passa-se à análise do modelo de securitização no setor privado brasileiro tendo os FIDC como veículo.

---

[127] A Instrução CVM nº 414/04, que regulava os CRI, foi alterada pelas Instruções CVM nº 443/06, 446/06, 480/09, 554/14, 583/16, 600/18, 603/18 e 604/18.

[128] A Instrução CVM nº 600/18, que regulava os CRA, foi alterada pela Instrução CVM nº 603/18.

[129] Conforme informações disponíveis no *site* da CVM. Disponível em: <http://conteudo.cvm. gov.br/legislacao/index.html>. Acesso em: 8 abr. 2022.

[130] Conforme informações verificadas em 8.4.2022 na base de decisões do Colegiado da CVM (Disponível em: <http://conteudo.cvm.gov.br/decisoes/index.html>. Acesso em: 8 abr. 2022.).

CAPÍTULO 2

SECURITIZAÇÃO NO SETOR PRIVADO: FUNDOS DE INVESTIMENTO EM DIREITOS CREDITÓRIOS

O presente Capítulo 2 propõe-se a apresentar o modelo de securitização por meio do principal veículo de securitização brasileiro: o FIDC. Além de apresentar questões relacionadas à sua estrutura, pretende-se analisar os fundamentos por trás das normas que o regulam, a fim de se identificar os interesses protegidos e os riscos considerados pelo regulador do mercado de capitais.

2.1 Criação e regulação dos FIDC

Os FIDC foram criados por meio da Resolução nº 2.907/01, do Conselho Monetário Nacional, como um instrumento próprio para a securitização de créditos. Esses fundos inserem-se dentre os mecanismos propostos pelo Banco Central do Brasil, à época, para reduzir o *spread* bancário e as taxas de juros das instituições financeiras, de forma a facilitar o acesso ao crédito.[131] A Resolução nº 2.907/01, do Conselho Monetário Nacional, remeteu à CVM o papel de regular os FIDC,[132] o que foi feito através da Instrução CVM nº 356/01.

---

[131] Cf. BANCO CENTRAL DO BRASIL. *Economia bancária e crédito*: avaliação de 3 anos do projeto Juros e *Spread* Bancário. Banco Central do Brasil, dez. 2002. Disponível em: <https://www.bcb.gov.br/ftp/jurospread122002.pdf>. Acesso em: 8 abr. 2022, p. 3-6; 32-36; YAZBEK, Otavio. O risco de crédito e os novos instrumentos: uma análise funcional. In: FONTES, Marcos Rolim Fernandes; WAISBERG, Ivo (Coord.). *Contratos bancários*. São Paulo: Quartier Latin, 2006, p. 309-337 (313-314; 320).

[132] Nos termos do artigo 1º da Resolução nº 2.907/01, do Conselho Monetário Nacional.

Com a criação do FIDC, introduziu-se no ordenamento brasileiro uma ferramenta especialmente pensada para a securitização de direitos creditórios em geral, reduzindo custos e superando obstáculos dos mecanismos de securitização existentes até então.[133] Como já mencionado,[134] o FIDC é considerado atualmente o principal veículo de securitização do Brasil, podendo ser utilizado para realizar diversos tipos de operações de securitização e contando com um arcabouço regulatório em estágio desenvolvido.[135]

O FIDC consiste em um fundo de investimento que destina a parcela preponderante de seu patrimônio para a aplicação em direitos creditórios.[136] Sendo uma categoria de fundo de investimento, é considerado uma comunhão de recursos, constituído sob a forma de condomínio de natureza especial – nos termos do artigo 1.368-C, *caput*, do Código Civil, introduzido pela Lei nº 13.874/19 (Lei de Liberdade Econômica)[137] –, estando sob a competência da CVM.[138-139]

---

[133] Cf. DUFLOTH, Rodrigo. *A proteção do investidor em fundos de investimento*. Rio de Janeiro: Lumen Juris, 2017, item 1.2.6; LIMA, Adelaide Motta de; OLIVEIRA, Sandra Cristina Santos. Securitização no Brasil: caracterização normativa e evolução dos FIDC. *Revista Desenbahia*, Salvador, v. 11, p. 39-66 (48), set. 2009; PINTO JUNIOR, Mario Engler. Fundo de investimento em direitos creditórios: alternativa de financiamento pelo mercado de capitais. In: LIMA, Maria Lúcia L. M. Pádua (Org.). *Direito e economia*: 30 anos de Brasil – Agenda Contemporânea. São Paulo: Saraiva, 2012, v. 2, p. 47-79 (61).

[134] Ver item 1.4 acima.

[135] Cf. ASSOCIAÇÃO BRASILEIRA DAS ENTIDADES DOS MERCADOS FINANCEIROS E DE CAPITAIS. *Fundos de investimento em direitos creditórios*. Rio de Janeiro: ANBIMA, 2015, p. 10; 116; VIDIGAL NETO, Rubens. A securitização e a indústria dos fundos de investimento em direitos creditórios. In: COMISSÃO DE VALORES MOBILIÁRIOS. *Direito do mercado de valores mobiliários*. Rio de Janeiro: Comissão de Valores Mobiliários, 2017, p. 626-643 (626; 643).

[136] Conforme artigo 2º, inciso III, da Instrução CVM nº 356/01.

[137] A respeito da natureza jurídica dos fundos de investimento a partir da Lei de Liberdade Econômica, ver, dentre outros: MARTINS NETO, Carlos. Natureza jurídica dos fundos de investimento e responsabilidade de seus cotistas à luz da Lei de Liberdade Econômica: como ficou e como poderia ter ficado. In: HANSZMANN, Felipe; HERMETO, Lucas (Org.). *Atualidades em direito societário e mercado de capitais*: fundos de investimento. Rio de Janeiro: Lumen Juris, 2021, v. V, p. 55-72; YAZBEK, Otavio. A Lei nº 13.874/2019 e os fundos de investimento. In: CUEVA, Ricardo Villas Bôas; FRAZÃO, Ana; SALOMÃO, Luis Felipe (Coord.). *Lei de Liberdade Econômica e seus impactos no Direito brasileiro*. São Paulo: Thomas Reuters Brasil, 2020, p. 551-570. Sobre as discussões anteriores à Lei de Liberdade Econômica acerca da natureza jurídica dos fundos de investimento, ver, dentre outros: CARVALHO, Mário Tavernard Martins de. *Regime jurídico dos fundos de investimento*. São Paulo: Quartier Latin, 2012, p. 181-199.

[138] Nos termos do artigo 1.368-C, *caput* e §2º, do Código Civil (introduzidos pela Lei de Liberdade Econômica).

[139] A Lei de Liberdade Econômica introduziu um regime legal específico para os fundos de investimento nos artigos 1.368-C a 1.368-F do Código Civil. Tal regime representa um passo importante para a indústria dos fundos de investimento, mas não passou ileso a

Os FIDC são atualmente disciplinados, essencialmente, pela Instrução CVM nº 356/01. A norma geral da CVM sobre os fundos de investimento – a Instrução CVM nº 555/14 – também incide sobre os FIDC e seus prestadores de serviços, observadas as disposições de sua norma específica.[140] O FIDC é objeto, ainda, de autorregulação pelo mercado: os participantes da indústria desses fundos, ao aderirem à autorregulação da Associação Brasileira das Entidades dos Mercados Financeiro e de Capitais (ANBIMA), comprometem-se a cumprir as regras de melhores práticas da ANBIMA relativas aos FIDC.[141]

A norma que rege os FIDC foi por diversas vezes debatida e alterada pela CVM, desde sua edição.[142] Uma das principais alterações da Instrução CVM nº 356/01 se deu através da Instrução CVM nº 531/13. Tal norma foi um marco regulatório na governança dos FIDC, sendo uma resposta da CVM tanto às experiências após a crise dos *subprime* quanto a casos de fraude identificados no mercado de FIDC.[143] Além disso, está atualmente em discussão uma nova revisão completa da regulação dos FIDC (e, ainda, dos fundos de investimento em geral[144]),

---

críticas. Para uma visão crítica a esse respeito, ver, dentre outros: MARTINS NETO, Carlos. Natureza jurídica dos fundos de investimento e responsabilidade de seus cotistas à luz da Lei de Liberdade Econômica: como ficou e como poderia ter ficado. In: HANSZMANN, Felipe; HERMETO, Lucas (Org.). *Atualidades em direito societário e mercado de capitais*: fundos de investimento. Rio de Janeiro: Lumen Juris, 2021, v. V, p. 55-72; OLIVA, Milena Donato; RENTERIA, Pablo. Notas sobre o regime jurídico dos fundos de investimento. In: HANSZMANN, Felipe; HERMETO, Lucas (Org.). *Atualidades em direito societário e mercado de capitais*: fundos de investimento. Rio de Janeiro: Lumen Juris, 2021, v. V, p. 13-29; YAZBEK, Otavio. A Lei nº 13.874/2019 e os fundos de investimento. In: CUEVA, Ricardo Villas Bôas; FRAZÃO, Ana; SALOMÃO, Luis Felipe (Coord.). *Lei de Liberdade Econômica e seus impactos no Direito brasileiro*. São Paulo: Thomas Reuters Brasil, 2020, p. 551-570.

[140] De acordo com o artigo 1º da Instrução CVM nº 555/14.

[141] Especialmente as regras do Código ANBIMA de Regulação e Melhores Práticas para Administração de Recursos de Terceiros (cujo Anexo II é destinado às regras específicas aos FIDC). Ressalta-se que as considerações do presente trabalho se concentram na regulação dos FIDC pela CVM, de modo que não integra o seu escopo a análise das disposições da autorregulação desses fundos pela ANBIMA.

[142] Conforme mencionado no item 1.4 acima, a Instrução CVM nº 356/01 passou por 15 alterações desde sua edição (por meio das Instruções CVM nº 393/03, 435/06, 442/06, 446/06, 458/07, 484/10, 489/11, 498/11, 510/11, 531/13, 545/14, 554/14, 558/15, 609/19 e 615/19).

[143] A respeito, ver item 2.5 abaixo.

[144] Visa, inclusive, introduzir a regulamentação da CVM em torno do novo regime legal dos fundos de investimento trazido pela Lei de Liberdade Econômica. A respeito, ver BERNARDO, Daniel Walter Maeda; SANTOS, Alexandre Pinheiro dos. Notas sobre os fundos de investimento à luz da Lei de Liberdade Econômica. In: HANSZMANN, Felipe; HERMETO, Lucas (Org.). *Atualidades em direito societário e mercado de capitais*: fundos de investimento. Rio de Janeiro: Lumen Juris, 2021, v. V, p. 31-42.

no âmbito da Audiência Pública SDM nº 08/20, iniciada pela CVM em dezembro de 2020.[145]

2.2 Constituição e funcionamento dos FIDC

O FIDC é constituído por meio de deliberação de seu administrador, na qual deve ser aprovado o regulamento que irá regê-lo.[146] O FIDC pode ser constituído sob a forma de condomínio aberto ou de condomínio fechado. No FIDC aberto, é permitida a solicitação de resgate de cotas a qualquer tempo, observados as regras e os eventuais prazos estabelecidos no regulamento.[147] Já no caso do FIDC fechado, as cotas somente poderão ser resgatadas ao final do prazo de duração do fundo (ou da respectiva classe ou série de cotas) ou na hipótese de sua liquidação.[148] Neste caso, permite-se a realização da amortização de cotas,[149] bem como a sua negociação no mercado secundário.

Previamente ao início de suas atividades, o administrador deve solicitar à CVM o registro de funcionamento do FIDC.[150] A captação de recursos junto a investidores no âmbito do mercado de capitais, para aquisição dos direitos creditórios a serem securitizados, se dá através da emissão pública de cotas. Enquanto a distribuição de cotas dos FIDC abertos independe de prévio registro,[151] a oferta de cotas dos

---

[145] A minuta de norma em audiência pública é estruturada da seguinte forma: a) uma resolução com regras gerais aplicáveis a todos os fundos de investimento; b) um anexo normativo com regras aplicáveis aos fundos de investimento financeiro (correspondentes aos fundos hoje regulados apenas pela Instrução CVM nº 555/14); e c) um anexo normativo com regras aplicáveis aos FIDC (cf. Edital de Audiência Pública SDM nº 08/20. Disponível em: <http://conteudo.cvm.gov.br/audiencias_publicas/ap_sdm/2020/sdm0820.html>. Acesso em: 8 abr. 2022). Na última verificação (datada de 8.4.2022), ainda não havia sido publicada a norma definitiva resultante dessa audiência pública.

[146] Nos termos do artigo 7º da Instrução CVM nº 356/01.

[147] Conforme o artigo 2º, inciso V, da Instrução CVM nº 356/01.

[148] Segundo o artigo 2º, inciso VI, da Instrução CVM nº 356/01.

[149] A amortização de cotas corresponde ao pagamento ao cotista de parcela do valor de suas cotas sem redução de seu número (nos termos do artigo 2º, inciso XIV, da Instrução CVM nº 356/01), havendo, assim, a diminuição proporcional do valor individual da cota, mas sem a redução do número total de cotas do cotista. Já o resgate de cotas corresponde ao pagamento ao cotista com a diminuição proporcional do número total de cotas por ele detidas, mas sem a redução de seu valor individual.

[150] Nos termos do artigo 8º da Instrução CVM nº 356/01.

[151] Conforme o artigo 21 da Instrução CVM nº 356/01. No entanto, caso um FIDC aberto apresente prazo para pagamento dos resgates solicitados superior a 30 dias, deverão ser observados os procedimentos para a distribuição pública de cotas dos FIDC fechados (nos termos do artigo 21, §1º, da Instrução CVM nº 356/01).

FIDC fechados deverá ser registrada na CVM,[152] com observância das regras aplicáveis às ofertas públicas,[153] podendo tal registro ser dispensado em hipóteses específicas.[154] Além disso, a classe ou série de cotas destinada à colocação pública deve ser classificada por agência de classificação de risco.[155]

Atualmente, os FIDC são destinados exclusivamente a investidores qualificados,[156] conforme definidos pelo artigo 12 da Resolução CVM nº 30/21. Caso um FIDC seja classificado como um fundo de investimento em direitos creditórios não padronizados (FIDC-NP), regido também pela Instrução CVM nº 444/06, o investimento ficará restrito aos investidores profissionais,[157] conforme descritos no artigo 11 da Resolução CVM nº 30/21. Em 2018, a Resolução nº 2.907/01, do Conselho Monetário Nacional,[158] passou a permitir que a regulamentação da CVM estabeleça hipóteses para o investimento em FIDC por investidores não qualificados. De acordo com a minuta de norma objeto da Audiência Pública SDM nº 08/20,[159] seria permitido o investimento por investidores de varejo em cotas de FIDC que cumpram determinados requisitos adicionais.

Os cotistas são os legítimos proprietários do patrimônio do FIDC, na proporção das cotas de sua titularidade, atuando o administrador, em nome do fundo, como representante dos cotistas.[160] A assembleia geral de cotistas tem importantes competências e poderes dentro do FIDC, sendo suas deliberações soberanas e vinculantes com relação aos

---

[152] Segundo o artigo 20 da Instrução CVM nº 356/01.

[153] As regras gerais de ofertas públicas encontram-se, atualmente, na Instrução CVM nº 400/03.

[154] Por exemplo, nas ofertas públicas com esforços restritos realizadas nos termos da Instrução CVM nº 476/09.

[155] De acordo com o artigo 3º, inciso III, da Instrução CVM nº 356/01, observada a hipótese de dispensa de classificação de risco trazida em seu artigo 23-A. Na minuta de norma objeto da Audiência Pública SDM nº 08/20, nota-se que a classificação de risco seria obrigatória apenas para as cotas destinadas ao público em geral (cf. Edital de Audiência Pública SDM nº 08/20. Disponível em: <http://conteudo.cvm.gov.br/audiencias_publicas/ap_sdm/2020/sdm0820.html>. Acesso em: 8 abr. 2022).

[156] Nos termos do artigo 3º, inciso II, da Instrução CVM nº 356/01.

[157] Conforme o artigo 4º da Instrução CVM nº 444/06.

[158] Segundo o artigo 1º, §2º, inciso I, da Resolução nº 2.907/01, do Conselho Monetário Nacional (com a redação dada pela Resolução nº 4.694/18, do Conselho Monetário Nacional).

[159] Cf. Edital de Audiência Pública SDM nº 08/20. Disponível em: <http://conteudo.cvm.gov.br/audiencias_publicas/ap_sdm/2020/sdm0820.html>. Acesso em: 8 abr. 2022.

[160] Cf. VIDIGAL NETO, Rubens. A securitização e a indústria dos fundos de investimento em direitos creditórios. In: COMISSÃO DE VALORES MOBILIÁRIOS. *Direito do mercado de valores mobiliários*. Rio de Janeiro: Comissão de Valores Mobiliários, 2017, p. 626-643 (637-638).

cotistas e aos prestadores de serviços do fundo (desde que observadas as disposições do regulamento e as normas aplicáveis).[161] Além de tomar anualmente as contas do fundo, a assembleia pode ser reunida mediante convocação[162] para deliberar sobre as matérias de sua competência privativa[163] e sobre os demais assuntos de interesse dos cotistas.

As cotas representam frações ideais do patrimônio do fundo, sendo escriturais e nominativas.[164] As cotas de um FIDC podem ser divididas em uma classe sênior e em uma ou mais classes subordinadas. As cotas seniores são aquelas que têm preferência em relação àquelas das demais classes na ordem de pagamento de amortização e de resgate pelo fundo.[165] Em um FIDC fechado, a classe sênior pode se dividir em diferentes séries, distinguidas exclusivamente por prazos e valores para amortização, resgate e remuneração, mas tendo todas elas a mesma prioridade na ordem de pagamento pelo fundo.[166-167] Já as cotas subordinadas são aquelas que se subordinam às seniores para efeitos de amortização e de resgate.[168] Podem ser instituídas, em um mesmo FIDC, mais de uma classe de cotas subordinadas (com a pactuação de uma ordem de subordinação entre elas, mas sempre subordinadas às cotas seniores).[169] Em um jargão de mercado, é comum referir-se à

---

[161] Cf. MUNIZ, Igor; VASCONCELLOS, Bernardo Fabião Barbeito de. Securitização. In: COMISSÃO DE VALORES MOBILIÁRIOS. *Direito do mercado de valores mobiliários*. Rio de Janeiro: Comissão de Valores Mobiliários, 2017, p. 691-746 (719-720); TROVO, Beatriz Villas Boas Pimentel. *Captação de recursos por empresas em recuperação judicial e fundos de investimento em direitos creditórios (FIDC)*. 2013. Dissertação (Mestrado em Direito Comercial) – Faculdade de Direito, Universidade de São Paulo, São Paulo, 2013, p. 91.

[162] Mediante convocação do administrador ou de cotistas representando, no mínimo, 5% do total das cotas em circulação (artigo 27 da Instrução CVM nº 356/01), observadas as demais hipóteses eventualmente previstas no regulamento.

[163] Além de tomar as contas do fundo e aprovar as demonstrações financeiras anualmente, são de competência privativa da assembleia geral de cotista as seguintes matérias: alteração do regulamento, substituição do administrador, elevação da taxa de administração e incorporação, fusão, cisão ou liquidação do fundo (artigo 26 da Instrução CVM nº 356/01), bem como as demais matérias assim previstas no regulamento.

[164] Nos termos do artigo 11, *caput*, da Instrução CVM nº 555/14 e do artigo 11, *caput*, da Instrução CVM nº 356/01.

[165] Segundo o artigo 2º, inciso XI, da Instrução CVM nº 356/01.

[166] Conforme o artigo 2º, inciso XIII, da Instrução CVM nº 356/01.

[167] A possibilidade de emissão de diferentes séries de cotas seniores nos FIDC fechados foi introduzida, na Instrução CVM nº 356/01, pela Instrução CVM nº 393/03, com o objetivo de atrair diferentes tipos de investidores e estimular o crescimento dos FIDC (cf. FAGUNDES, João Paulo F. A. Os fundos de investimento em direitos creditórios à luz das alterações promovidas pela Instrução CVM 393. *Revista de Direito Mercantil, Industrial, Econômico e Financeiro*, São Paulo, v. 42, nº 132, p. 96-105 (100), out./dez. 2003).

[168] Nos termos do artigo 2º, inciso XII, da Instrução CVM nº 356/01.

[169] De acordo com o artigo 12 da Instrução CVM nº 356/01.

SECURITIZAÇÃO NO SETOR PRIVADO: FUNDOS DE INVESTIMENTO EM DIREITOS CREDITÓRIOS

classe de cotas que está em último lugar na ordem de pagamento do FIDC como a das cotas subordinadas juniores, e àquelas que estão entre as cotas seniores e as cotas subordinadas juniores como as das cotas subordinadas mezanino.[170]

A prioridade ou a subordinação estabelecida entre as classes de cotas do FIDC referem-se ao desempenho da integralidade de sua carteira, não sendo permitida a afetação ou a vinculação de parcela do patrimônio do FIDC a uma determinada classe ou série de cotas.[171] Nota-se que a Lei de Liberdade Econômica introduziu no artigo 1.368-D, inciso III, do Código Civil, a possibilidade de criação de classes de cotas com patrimônios segregados em um mesmo fundo de investimento.[172] De acordo com o desenho proposto pela CVM na Audiência Pública SDM nº 08/20,[173] os FIDC passariam a ter a faculdade de constituir classes de cotas com patrimônios segregados, podendo cada uma dessas classes contar com uma subclasse sênior (com uma ou mais séries) e com subclasses subordinadas. Também não haveria a afetação ou a vinculação do patrimônio (no caso, da respectiva classe de cotas) a uma determinada subclasse, havendo, assim, um paralelo entre as atuais classes de cotas do FIDC e as subclasses propostas pela CVM na minuta de norma em audiência pública.

Em geral,[174] as cotas seniores contam com uma remuneração alvo predefinida, usualmente chamada de *benchmark*.[175] Dessa forma, se o patrimônio do fundo permitir, as cotas serão valorizadas de acordo com o *benchmark*, observado o disposto no regulamento.[176] Já as cotas subordinadas terão valor correspondente ao resultado da divisão do

---

[170] Cf. RIBEIRO JUNIOR, José Alves. *Elementos constitutivos da securitização de recebíveis no Direito brasileiro*. 2019. Dissertação (Mestrado Profissional) – Escola de Direito de São Paulo da Fundação Getulio Vargas, São Paulo, 2019, p. 74-75.

[171] Conforme o artigo 12, §4º, da Instrução CVM nº 356/01.

[172] Para uma visão crítica a respeito, ver YAZBEK. Otavio. A Lei nº 13.874/2019 e os fundos de investimento. In: CUEVA, Ricardo Villas Bôas; FRAZÃO, Ana; SALOMÃO, Luis Felipe (Coord.). *Lei de Liberdade Econômica e seus impactos no Direito brasileiro*. São Paulo: Thomas Reuters Brasil, 2020, p. 551-570 (566-568).

[173] Cf. Edital de Audiência Pública SDM nº 08/20. Disponível em: <http://conteudo.cvm.gov. br/audiencias_publicas/ap_sdm/2020/sdm0820.html>. Acesso em: 8 abr. 2022.

[174] Para melhor compreensão, as considerações a seguir levam em conta um FIDC com uma classe de cotas seniores, em uma única série, e com uma única classe de cotas subordinadas.

[175] Cf. UQBAR. *Manual Uqbar de securitização:* um glossário de termos. Rio de Janeiro: Uqbar Educação, 2006, p. 24.

[176] Cf. ASSOCIAÇÃO BRASILEIRA DAS ENTIDADES DOS MERCADOS FINANCEIROS E DE CAPITAIS. *Fundos de investimento em direitos creditórios*. Rio de Janeiro: ANBIMA, 2015, p. 15-16.

patrimônio líquido do fundo, deduzido o valor total de todas as cotas seniores em circulação, pelo número de cotas subordinadas.[177] Assim, após a valorização das cotas seniores até o teto do seu *benchmark*, todo eventual excedente de rendimentos do fundo será acrescido ao valor das cotas subordinadas. Do mesmo modo, caso a carteira do fundo não apresente a rentabilidade esperada, as cotas subordinadas serão as primeiras a absorver os prejuízos e apenas quando seu valor for reduzido a zero é que os cotistas seniores iniciarão a perceber a redução do valor de suas cotas.[178]

As cotas seniores do FIDC são, normalmente, aquelas ofertadas publicamente junto aos investidores no âmbito do mercado de capitais, visando à captação de recursos para a securitização dos direitos creditórios. Já as cotas subordinadas são, em geral, subscritas por certos participantes ligados à estruturação da operação do FIDC. Por exemplo, essas cotas podem ser subscritas por prestadores de serviços do fundo (como o gestor) ou pelo cedente dos direitos creditórios[179] – nesse caso, podem inclusive ser integralizadas mediante a cessão dos direitos creditórios ao fundo.[180]

Uma primeira função das cotas subordinadas é funcionar como um "colchão" para as seniores. Assim, seriam utilizadas em uma securitização como um instrumento de proteção dos cotistas seniores – os reais investidores do FIDC – contra determinados níveis de perda da carteira de créditos sendo securitizada.[181] A razão de subordinação,

---

[177] Cf. UQBAR. *Manual Uqbar de securitização:* um glossário de termos. Rio de Janeiro: Uqbar Educação, 2006, p. 105.

[178] Cf. VIDIGAL NETO, Rubens. A securitização e a indústria dos fundos de investimento em direitos creditórios. In: COMISSÃO DE VALORES MOBILIÁRIOS. *Direito do mercado de valores mobiliários.* Rio de Janeiro: Comissão de Valores Mobiliários, 2017, p. 626-643 (640-642).

[179] Cf. LIMA, Stefan Lourenço de; WAISBERG, Ivo. Os fundos de investimento em direitos creditórios como estratégia de *funding* na atividade empresária. In: BOTREL, Sérgio; BARBOSA, Henrique Cunha. *Finanças corporativas:* aspectos jurídicos e estratégicos. São Paulo: Atlas, 2015, p. 515-532 (525-526); PINTO JUNIOR, Mario Engler. Fundo de investimento em direitos creditórios: alternativa de financiamento pelo mercado de capitais. In: LIMA, Maria Lúcia L. M. Pádua (Org.). *Direito e economia:* 30 anos de Brasil – Agenda Contemporânea. São Paulo: Saraiva, 2012, v. 2, p. 47-79 (55-57); YAZBEK. Otavio. A Lei nº 13.874/2019 e os fundos de investimento. In: CUEVA, Ricardo Villas Bôas; FRAZÃO, Ana; SALOMÃO, Luis Felipe (Coord.). *Lei de Liberdade Econômica e seus impactos no Direito brasileiro.* São Paulo: Thomas Reuters Brasil, 2020, p. 551-570 (567).

[180] Nos termos do artigo 15, §2º, da Instrução CVM nº 356/01.

[181] Cf. PINTO JUNIOR, Mario Engler. Fundo de investimento em direitos creditórios: alternativa de financiamento pelo mercado de capitais. In: LIMA, Maria Lúcia L. M. Pádua (Org.).

inclusive, deve constar do regulamento do FIDC, para melhor informação dos investidores.[182] Uma segunda função é viabilizar a devolução do excedente de rendimento da operação ao cedente ou ao participante da estruturação do FIDC, enquanto cotista subordinado.[183] Uma terceira e importante função é garantir o alinhamento de interesses entre os investidores (titulares das cotas seniores) e o cedente ou o participante da estruturação do FIDC (titular das cotas subordinadas). Isso porque ambos os grupos estariam economicamente expostos ao sucesso ou ao fracasso da operação, assegurando o *skin in the game* dos envolvidos na estruturação da operação de securitização.[184] Esse alinhamento de interesses é especialmente importante quando se pensa nas fragilidades identificadas na securitização no âmbito da crise dos *subprime*, sendo a retenção da exposição ao risco um dos mecanismos recomendados na sequência da crise.[185]

Além da emissão de cotas subordinadas, há outros mecanismos que podem ser utilizados para gerir o risco de crédito da carteira de direitos creditórios do FIDC. A remuneração dos investidores está atrelada à realização dos créditos que integram a carteira do fundo, dependendo, assim, do adimplemento dos respectivos devedores. O risco de inadimplemento estará presente em qualquer carteira, em maior ou menor grau. Na estruturação de uma operação de securitização, nem sempre serão securitizados créditos de baixo risco[186] – a questão está

---

[182] *Direito e economia*: 30 anos de Brasil – Agenda Contemporânea. São Paulo: Saraiva, 2012, v. 2, p. 47-79 (56-57).

[182] Nos termos do artigo 24, inciso XV, da Instrução CVM nº 356/01.

[183] Cf. LIMA, Stefan Lourenço de; WAISBERG, Ivo. Os fundos de investimento em direitos creditórios como estratégia de *funding* na atividade empresária. In: BOTREL, Sérgio; BARBOSA, Henrique Cunha. *Finanças corporativas*: aspectos jurídicos e estratégicos. São Paulo: Atlas, 2015, p. 515-532 (526).

[184] Cf. YAZBEK. Otavio. A Lei nº 13.874/2019 e os fundos de investimento. In: CUEVA, Ricardo Villas Bôas; FRAZÃO, Ana; SALOMÃO, Luis Felipe (Coord.). *Lei de Liberdade Econômica e seus impactos no Direito brasileiro*. São Paulo: Thomas Reuters Brasil, 2020, p. 551-570 (567).

[185] A respeito, ver item 1.3 acima.

[186] Há FIDC, inclusive, que securitizam créditos já vencidos e pendentes de pagamento pelos devedores. Nesse caso, esses créditos mais arriscados (visto que já estão inadimplidos) são comprados pelo fundo com um relevante deságio, permitindo que a carteira como um todo gere uma remuneração interessante para os seus investidores. Ressalta-se que para a securitização desses créditos deve ser utilizado um FIDC-NP (nos termos do artigo 1º, §1º, inciso I, da Instrução CVM nº 444/06). A respeito, ver ROQUE, Pamela Romeu. *Securitização de créditos vencidos e pendentes de pagamento e risco judicial*. São Paulo: Almedina, 2014, especialmente p. 47-50.

em corretamente mensurar e precificar esse risco.[187] Primeiramente, os direitos creditórios deverão ser verificados pelos prestadores de serviços do FIDC, bem como devidamente segregados ao fundo.[188] Há, ainda, mecanismos adicionais que podem ser adotados para proteção contra o risco de crédito da carteira, como a aquisição dos créditos com um *spread* excedente, decorrente da taxa de desconto aplicada sobre o valor de face do crédito (a qual deve ser calculada de acordo com o risco de inadimplência dos créditos e com a estrutura de remuneração dos investidores prevista para o fundo).[189] Podem ainda ser constituídas garantias, incluindo a pactuação de coobrigação do cedente pelo adimplemento dos devedores[190-191] – o que também se enquadraria como um mecanismo de retenção de risco pelo cedente na operação de securitização. Além disso, o regulamento do FIDC deve prever eventos que ensejam a liquidação antecipada do fundo. Como exemplo, caso determinados índices de acompanhamento da performance da carteira mantenham-se desenquadrados ou caso algum dos participantes essenciais da operação entre em processo de recuperação judicial ou de falência, os cotistas serão chamados a deliberar em assembleia geral a respeito da liquidação do fundo,[192] o que permitiria uma melhor delimitação do risco pelo investidor.[193]

---

[187] Cf. LIMA, Stefan Lourenço de; WAISBERG, Ivo. Os fundos de investimento em direitos creditórios como estratégia de *funding* na atividade empresária. In: BOTREL, Sérgio; BARBOSA, Henrique Cunha. *Finanças corporativas*: aspectos jurídicos e estratégicos. São Paulo: Atlas, 2015, p. 515-532 (529).

[188] Ver item 2.5 abaixo.

[189] Cf. TROVO, Beatriz Villas Boas Pimentel. *Captação de recursos por empresas em recuperação judicial e fundos de investimento em direitos creditórios (FIDC).* 2013. Dissertação (Mestrado em Direito Comercial) – Faculdade de Direito, Universidade de São Paulo, São Paulo, 2013 p. 88.

[190] Pela regra geral de cessão de crédito, o cedente não responde pelo adimplemento do devedor, permitindo-se, por outro lado, que seja pactuada contratualmente a coobrigação do cedente (nos termos do artigo 296 do Código Civil).

[191] Cf. AZEVEDO, Luís André Negrelli de Moura; PATELLA, Laura Amaral. A transferência de créditos na securitização. In: CASTRO, Leandro Freitas e Moraes e (Org.). *Mercado financeiro & de capitais*: regulação e tributação. São Paulo: Quartier Latin, 2015, p. 391-410 (407).

[192] Na ocorrência de um evento de liquidação antecipada, caso a assembleia geral delibere pela não liquidação do fundo, os cotistas seniores dissidentes poderão solicitar o resgate de suas cotas (nos termos do artigo 24, inciso XVI, da Instrução CVM nº 356/01).

[193] Cf. ASSOCIAÇÃO BRASILEIRA DAS ENTIDADES DOS MERCADOS FINANCEIROS E DE CAPITAIS. *Fundos de investimento em direitos creditórios.* Rio de Janeiro: ANBIMA, 2015, p. 28; PIRES, Daniela Marin. *Os fundos de investimento em direitos creditórios (FIDC).* São Paulo: Almedina, 2013, p. 75.

CAPÍTULO 2
SECURITIZAÇÃO NO SETOR PRIVADO: FUNDOS DE INVESTIMENTO EM DIREITOS CREDITÓRIOS

2.3 Carteira dos FIDC

O FIDC deve manter, no mínimo, 50% do seu patrimônio líquido em direitos creditórios.[194] O conceito de direitos creditórios trazido pela Instrução CVM nº 356/01 abrange direitos e títulos representativos de crédito, originários de operações realizadas nos segmentos financeiro, comercial, industrial, imobiliário, de hipotecas, de arrendamento mercantil e de prestação de serviços.[195] A norma também inclui nesse conceito os *warrants*,[196] os contratos mercantis de compra e venda de produtos, mercadorias e/ou serviços para entrega ou prestação futura, e os títulos ou certificados representativos desses contratos.[197]

De acordo com julgados do Colegiado da CVM,[198] o conceito de direitos creditórios abarca tanto os créditos performados como os créditos não performados. Os créditos não performados seriam aqueles de existência futura, sendo que normalmente representam a contraprestação por uma posterior entrega de produtos ou prestação de serviços pelo originador. Para que possam ser adquiridos por qualquer FIDC, os créditos não performados devem contar com uma relação contratual que permita a identificação do seu montante, ainda que a constituição do crédito referente à obrigação de pagamento pelo devedor dependa de uma prestação futura do originador. Já nos créditos performados, a obrigação de pagamento pelo devedor já está constituída (ainda que seja exigível apenas no seu vencimento), não dependendo de qualquer

---

[194] Essa alocação mínima em direitos creditórios deve ser observada após 90 dias do início das atividades do FIDC. O restante do patrimônio do FIDC pode ser alocado em títulos de emissão do Tesouro Nacional, de emissão do Banco Central do Brasil, créditos securitizados pelo Tesouro Nacional, títulos de emissão de estados e municípios, certificados e recibos de depósito bancário e demais títulos, valores mobiliários e ativos financeiros de renda fixa, exceto cotas do Fundo de Desenvolvimento Social (nos termos do artigo 40, *caput* e §1º, da Instrução CVM nº 356/01).

[195] Nos termos do artigo 2º, inciso I, da Instrução CVM nº 356/01.

[196] A respeito dos *warrants*, ver MIRANDA, Pontes de (atualizado por GUEDES, Jefferson Carús; RODRIGUES JR., Otavio Luiz). *Tratado de Direito Privado*. São Paulo: Revista dos Tribunais, 2013, tomo XV, §§1.830-1.832, p. 662-693.

[197] Nos termos do artigo 2º, inciso I, e do artigo 40, §8º, da Instrução CVM nº 356/01.

[198] Cf. COMISSÃO DE VALORES MOBILIÁRIOS. Colegiado. *Processo CVM nº RJ2004/6913*. Relator Presidente Marcelo Trindade. Rio de Janeiro, 4 de outubro de 2005. Disponível em: <http://conteudo.cvm.gov.br/decisoes/2005/20051004_R1/20051004_D03.html>. Acesso em: 8 abr. 2022; COMISSÃO DE VALORES MOBILIÁRIOS. Colegiado. *Processo CVM nº RJ2009/9811*. Relator Diretor Eli Loria. Rio de Janeiro, 19 de outubro de 2010. Disponível em: <http://conteudo.cvm.gov.br/decisoes/2010/20101019_R1/20101019_D01.html>. Acesso em: 8 abr. 2022.

prestação do originador.[199] Permite-se também a securitização de direitos creditórios de existência futura e de montante desconhecido, sob a condição de que sejam emergentes de relações já constituídas. Tais direitos creditórios, no entanto, são considerados não padronizados e só podem ser adquiridos pelos FIDC-NP.[200] Podem corresponder, por exemplo, ao fluxo esperado de receitas futuras decorrentes da continuidade da relação comercial do originador com um parceiro.

Nota-se que os riscos relativos ao originador variam entre esses tipos de direitos creditórios[201] e podem: a) não abranger os riscos do originador, mas se limitar ao risco de inadimplemento do devedor (no caso dos direitos creditórios performados); b) incluir o risco de inadimplemento do originador na prestação devida para a constituição do crédito (no caso dos direitos creditórios não performados) e; c) abarcar ainda a continuidade da capacidade operacional e das relações comerciais do originador (no caso de direitos creditórios de existência futura e de montante desconhecido). Além disso, na hipótese de a carteira de direitos creditórios do FIDC ser "revolvente" (isto é, quando houver a contínua aquisição de novos créditos com os recursos do fundo ao longo do seu prazo de duração), a continuidade das atividades do originador e de sua capacidade de originar novos direitos creditórios também se mostra relevante.[202]

Um fundo será classificado como um FIDC-NP caso sua política de investimento permita a aquisição de direitos creditórios não padronizados, quais sejam: a) de existência futura e montante desconhecido, desde que emergentes de relações já constituídas, mencionados acima; b) vencidos e pendentes de pagamento; c) decorrentes de receitas públicas originárias ou derivadas da União, dos estados, do Distrito Federal e dos municípios, bem como de suas autarquias e fundações; d) que resultem

---

[199] De acordo com os referidos julgados do Colegiado da CVM, o conceito de "direitos creditórios" seria mais amplo do que o de "créditos", ao abranger tanto os créditos já constituídos (performados) como os futuros (não performados), sendo que o conceito de "crédito" seria mais restrito e faria referência especificamente aos créditos já existentes. Porém, tendo-se em vista que a própria regulação da CVM (por exemplo, no artigo 38, §1º, da Instrução CVM nº 356/01) e o mercado utilizam ambas as expressões sem rigor com essa distinção, o presente trabalho adota o uso dos termos "direitos creditórios" e "créditos" indistintamente.

[200] Segundo o artigo 1º, §1º, inciso VI, da Instrução CVM nº 444/06.

[201] A respeito da segregação do risco na securitização em geral, ver item 1.2 acima.

[202] Cf. ASSOCIAÇÃO BRASILEIRA DAS ENTIDADES DOS MERCADOS FINANCEIROS E DE CAPITAIS. *Fundos de investimento em direitos creditórios*. Rio de Janeiro: ANBIMA, 2015, p. 26.

de ações judiciais em curso, constituam seu objeto de litígio, ou tenham sido judicialmente penhorados ou dados em garantia; e) cuja constituição ou validade jurídica da cessão para o fundo seja considerada um fator preponderante de risco; f) originados de empresas em processo de recuperação judicial ou extrajudicial; ou g) de natureza diversa e não enquadráveis no conceito de direitos creditórios da Instrução CVM nº 356/01.[203] Dessa forma, na estruturação de uma operação de securitização, deve-se avaliar a situação dos originadores e dos ativos a serem securitizados antes da constituição do veículo: caso se enquadrem nas hipóteses acima mencionadas, deverá ser constituído um FIDC-NP.

Os FIDC-NP são regidos por norma específica – a Instrução CVM nº 444/06 –, bem como pela Instrução CVM nº 356/01.[204] Permite-se que a CVM dispense, a seu critério, o cumprimento de dispositivos da Instrução CVM nº 356/01 por um FIDC-NP, desde que observados o interesse público, a adequada informação e a proteção ao investidor.[205] Como mencionado acima,[206] os FIDC-NP têm um público-alvo mais restrito, sendo destinados exclusivamente a investidores profissionais.[207]

Para o registro de funcionamento de um FIDC-NP na CVM, exige-se que seja apresentado parecer de advogado acerca da validade da constituição e da cessão dos direitos creditórios ao fundo.[208] Caso o

---

[203] Nos termos do artigo 1º, §1º, da Instrução CVM nº 444/06. Também serão enquadrados como FIDC-NP os fundos cuja carteira de direitos creditórios tenha seu rendimento exposto a ativos que não os próprios direitos creditórios, tais como derivativos de crédito, quando não utilizados para proteção ou mitigação de risco (nos termos do artigo 1º, §2º, inciso I, da Instrução CVM nº 444/06).

[204] O Anexo Normativo II da minuta de norma objeto da Audiência Pública SDM nº 08/20 seria aplicável a todos os FIDC, substituindo tanto a Instrução CVM nº 356/01 quanto a Instrução CVM nº 444/06. De todo modo, a minuta ainda prevê o conceito de direitos creditórios não padronizados, restringindo igualmente o público-alvo dos FIDC que invistam nesses direitos creditórios aos investidores profissionais (cf. Edital de Audiência Pública SDM nº 08/20. Disponível em: <http://conteudo.cvm.gov.br/audiencias_publicas/ap_sdm/2020/sdm0820.html>. Acesso em: 8 abr. 2022).

[205] Conforme o artigo 9º da Instrução CVM nº 444/06.

[206] Ver item 2.2 acima.

[207] Quando de sua edição, a Instrução CVM nº 444/06 restringia o público-alvo dos FIDC-NP aos então investidores qualificados que aportassem no mínimo R$1.000.000,00 (um milhão de reais) no fundo. Com a reforma da qualificação dos investidores feita pela Instrução CVM nº 554/14 (a qual alterou o conceito de "investidores qualificados", criou a categoria de "investidores profissionais" e eliminou as regras de investimento mínimo nas normas da CVM), os FIDC-NP passaram a ser destinados exclusivamente aos investidores profissionais, conforme então definidos no artigo 9-A da Instrução CVM nº 539/13 (introduzido pela Instrução CVM nº 554/14). Atualmente, os investidores profissionais são definidos no artigo 11 da Resolução CVM nº 30/21.

[208] Nos termos do artigo 7º, §1º, da Instrução CVM nº 444/06.

FIDC-NP invista em direitos creditórios decorrentes de receitas públicas originárias ou derivadas da União, dos estados, do Distrito Federal, dos municípios, de suas autarquias ou de suas fundações, também deverão ser apresentados:[209] a) parecer do órgão jurídico competente; e b) manifestação acerca da existência de compromisso financeiro que se caracterize como operação de crédito, para efeito do disposto na Lei de Responsabilidade Fiscal, devendo, em caso positivo, também ser apresentada a respectiva autorização do Ministério da Fazenda (atual Ministério da Economia[210]).[211] Não obstante essas exigências de apresentação de documentos, nota-se que não foi criada uma estrutura diferenciada nem foram instituídas regras de governança adicionais para os fundos que invistam em direitos creditórios não padronizados. A principal regra estabelecida pela CVM consistiu em restringir o acesso a esses fundos apenas aos investidores mais sofisticados.

Conforme exposto no edital da Audiência Pública SDM nº 04/06,[212] que deu origem, dentre outras, à Instrução CVM nº 444/06, tal restrição de público-alvo decorreria da percepção, pela CVM, de ser necessário "instituir tratamento diferenciado para os FIDC que apresentem riscos de natureza jurídica ou operacional relevantes que exijam do investidor mais do que a expertise financeira usualmente empregada na análise de modalidades de investimento já assimiladas pelo mercado". Esses riscos seriam provenientes da possibilidade de aplicação, pelo FIDC-NP, em direitos creditórios com características especiais, "que os diferenciam dos direitos creditórios gerados de operações regularmente realizadas nos segmentos financeiro, comercial, industrial, imobiliário, de hipotecas, de arrendamento mercantil e de prestação de serviços". Depreende-se que o interesse protegido pela CVM com a criação do FIDC-NP e com a restrição de seu público-alvo seria especialmente a proteção dos investidores menos sofisticados diante de um produto considerado de maior complexidade e, potencialmente, de maior risco quando comparado às demais operações de securitização.

---

[209] Segundo o artigo 7º, §§1º e 9º, da Instrução CVM nº 444/06.

[210] O Ministério da Fazenda foi transformado no Ministério da Economia pelo artigo 57, inciso I, da Lei nº 13.844/19.

[211] Essa última exigência aplica-se também aos FIDC-NP que invistam em direitos creditórios cedidos ou originados por empresas controladas pelo poder público (nos termos do artigo 7º, §9º, da Instrução CVM nº 444/06).

[212] Cf. Edital de Audiência Pública SDM nº 04/06. Disponível em: <http://conteudo.cvm.gov.br/audiencias_publicas/ap_sdm/2006/sdm0406.html>. Acesso em: 8 abr. 2022.

Uma outra modalidade de FIDC prevista na regulação consiste nos fundos de investimento em direitos creditórios no âmbito do Programa de Incentivo à Implementação de Projetos de Interesse Social (FIDC-PIPS), regidos pela Instrução CVM nº 399/03. Os FIDC-PIPS inserem-se no contexto do Programa de Incentivo à Implementação de Projetos de Interesse Social, instituído pela Lei nº 10.735/03. Verificou-se, no entanto, que nenhum FIDC-PIPS se encontra atualmente registrado na CVM, sendo que consta em seu histórico de fundos cancelados um único FIDC-PIPS.[213] Nesse contexto, os FIDC-PIPS não serão objeto de análise da presente pesquisa.

Com relação aos FIDC em geral, para dar maior transparência ao investidor, deve constar no regulamento a sua política de investimento, bem como informações sobre a natureza dos direitos creditórios e dos documentos que os representem e sobre os processos de origem dos direitos creditórios.[214] Exige-se ainda que a carteira dos FIDC seja diversificada, limitando o investimento em direitos creditórios e outros ativos de um mesmo devedor ou de coobrigação de uma mesma entidade, em regra, a 20% do patrimônio líquido do fundo.[215]

Diante do amplo espectro de direitos creditórios que podem ser securitizados por meio dos FIDC, esses fundos se mostram como um veículo de securitização versátil, podendo ser utilizados para diversas finalidades.[216] É permitida ainda a criação de estruturas com fundos que, ao invés de investirem diretamente em direitos creditórios, invistam

---

[213] Trata-se do FIDC-PIPS Caixa Brasil Construir Residencial Cidade SP, cujo registro foi cancelado em 18 de março de 2005. Conforme informações disponíveis no *site* da CVM, verificadas em 8 de abril de 2022 (Disponível em: <http://conteudo.cvm.gov.br/menu/regulados/fundos/consultas/fundos.html>. Acesso em: 8 abr. 2022).

[214] Conforme o artigo 24, incisos V e X, da Instrução CVM nº 356/01.

[215] Tal percentual poderá ser elevado se: a) o devedor ou coobrigado for companhia aberta, instituição financeira ou sociedade empresária que tenha suas demonstrações financeiras auditadas e arquivadas na CVM; ou b) o investimento for feito em títulos públicos federais, operações compromissadas lastreadas em títulos públicos federais e cotas de fundos que invistam exclusivamente nesses ativos (nos termos do artigo 40-A da Instrução CVM nº 356/01).

[216] "A estruturação de um FIDC pode ter em vista a captação de recursos por empresas de pequeno ou médio porte, através da securitização de suas carteiras de recebíveis. Um FIDC também pode ser utilizado por uma grande empresa para financiar seus fornecedores de bens e serviços, antecipando as receitas decorrentes da entrega dos bens ou da prestação dos serviços a essa empresa. Os FIDC podem, ainda, ser utilizados para uma gama de outros objetivos, como a recuperação de créditos inadimplidos ou que sejam objeto de ações judiciais, bem como a viabilização de projetos de infraestrutura" (VIDIGAL NETO, Rubens. A securitização e a indústria dos fundos de investimento em direitos creditórios. In: COMISSÃO DE VALORES MOBILIÁRIOS. *Direito do mercado de valores mobiliários*. Rio de Janeiro: Comissão de Valores Mobiliários, 2017, p. 626-643 [638]).

em cotas de um ou mais FIDC. Os Fundos de Investimento em Cotas de Fundos de Investimento em Direitos Creditórios (FIC-FIDC) devem investir, no mínimo, 95% do seu patrimônio líquido em cotas de FIDC.[217] Caso um FIC-FIDC invista qualquer percentual de seu patrimônio em cotas de um FIDC-NP, o FIC-FIDC será considerado como não padronizado.[218]

2.4 Prestadores de serviços dos FIDC

O FIDC conta com a atuação de prestadores de serviços fiduciários,[219] sendo que os principais deles estão sujeitos à regulação e à fiscalização da CVM. O administrador presta todos os serviços relacionados à administração, ao funcionamento e à manutenção do FIDC,[220] nos termos da regulamentação aplicável[221] e do respectivo

---

[217] Segundo o artigo 41 da Instrução CVM nº 356/01.

[218] Nos termos do artigo 1º, §2º, inciso II, da Instrução CVM nº 444/06.

[219] Os deveres, os limites e, particularmente, a responsabilidade dos prestadores de serviços de fundos de investimento formam um tema com nuances, discussões e pontos controvertidos, com ainda escassa doutrina a respeito (cf. YAZBEK, Otavio. Prefácio. In: FREITAS, Bernardo Vianna; VERSIANI, Fernanda Valle (Coord.). *Fundos de investimento*: aspectos jurídicos, regulamentares e tributários. São Paulo: Quartier Latin, 2015, p. 9-13), não fazendo parte do escopo da presente pesquisa. Apesar de o tema não integrar o objeto deste trabalho, serão feitas breves considerações sobre os prestadores de serviços fiduciários dos FIDC, especialmente no que se refere às discussões sobre a governança desses fundos. A respeito do tema, ver, dentre outros: DIAS, Luciana Pires. Fundos de investimentos em direitos creditórios. In: HANSZMANN, Felipe (Org.). *Atualidades em direito societário e mercado de capitais*. Rio de Janeiro: Lumen Juris, 2019, v. IV, p. 505-551; DOTTA, Eduardo Montenegro. *Responsabilidade civil dos administradores e gestores de fundos de investimento*. São Paulo: Almedina, 2018; DUFLOTH, Rodrigo. *A proteção do investidor em fundos de investimento*. Rio de Janeiro: Lumen Juris, 2017, especialmente item 2.2; KALANSKY, Daniel; LORIA, Eli. Responsabilidade e deveres do custodiante de FIDCs. In: HANSZMANN, Felipe; HERMETO, Lucas (Org.). *Atualidades em direito societário e mercado de capitais*: fundos de investimento. Rio de Janeiro: Lumen Juris, 2021, v. V, p. 469-480; PAVIA, Eduardo Cherez. *Fundos de investimento*: estrutura jurídica e agentes de mercado como proteção do investimento. São Paulo: Quartier Latin, 2016, especialmente p. 111-155; TINOCO, Camila; VIEIRA, Juliana Botini Hargreaves. A delimitação das atribuições dos administradores fiduciários e dos gestores de recursos à luz dos diferentes tipos de fundos de investimento. In: HANSZMANN, Felipe; HERMETO, Lucas (Org.). *Atualidades em direito societário e mercado de capitais*: fundos de investimento. Rio de Janeiro: Lumen Juris, 2021, v. V, p. 169-211; YAZBEK. Otavio. A Lei nº 13.874/2019 e os fundos de investimento. In: CUEVA, Ricardo Villas Bôas; FRAZÃO, Ana; SALOMÃO, Luis Felipe (Coord.). *Lei de Liberdade Econômica e seus impactos no Direito brasileiro*. São Paulo: Thomas Reuters Brasil, 2020, p. 551-570.

[220] Segundo o artigo 33 da Instrução CVM nº 356/01 e do artigo 78 da Instrução CVM nº 555/14.

[221] Observados, especialmente, os artigos 33 a 37 da Instrução CVM nº 356/01, bem como, conforme aplicáveis, os artigos 78 a 94 da Instrução CVM nº 555/14 e a Resolução CVM nº 21/21.

regulamento. O administrador deve ser uma instituição financeira[222] devidamente autorizada pela CVM para o exercício profissional de administração de carteiras de valores mobiliários (na categoria de administrador fiduciário).[223] O administrador pode contratar, em nome do FIDC, prestadores para realizar, dentre outros, os serviços de gestão da carteira, custódia, auditoria independente, classificação de risco e distribuição das cotas, consultoria especializada e cobrança de direitos creditórios inadimplidos.[224] Nota-se uma maior especialização dos serviços prestados aos fundos de investimento, antes concentrados na figura do administrador, com a consequente tendência de contratação de prestadores de serviços específicos para realizar cada uma dessas atividades.[225]

A principal dessas especializações se deu na atividade de gestão da carteira. O gestor deve estar autorizado pela CVM para o exercício profissional de administração de carteiras de valores mobiliários, na categoria de gestor de recursos, sendo contratado para prestar os serviços relacionados à gestão profissional da carteira do fundo.[226] Com a especialização da atividade de gestão, o gestor – e não o administrador – passa a ser, normalmente, a figura central do fundo, aquele que detém a inteligência da operação e determina as principais características do produto. A regulação atual, no entanto, continua a considerar o administrador como o protagonista do fundo, o que gerou críticas.[227]

---

[222] Entre um banco múltiplo, um banco comercial, um banco de investimento, uma sociedade de crédito, financiamento e investimento, uma sociedade corretora de títulos e valores mobiliários, uma sociedade distribuidora de títulos e valores mobiliários ou a Caixa Econômica Federal.

[223] Nos termos do artigo 32 da Instrução CVM nº 356/01, do artigo 1º, §1º, da Resolução nº 2.907/01, do Conselho Monetário Nacional, do artigo 78, §1º, da Instrução CVM nº 555/14, e da Resolução CVM nº 21/21.

[224] Conforme o artigo 39 da Instrução CVM nº 356/01 e os artigos 78, §2º, e 79 da Instrução CVM nº 555/14.

[225] Cf. DIAS, Luciana Pires. Fundos de investimentos em direitos creditórios. In: HANSZMANN, Felipe (Org.). *Atualidades em direito societário e mercado de capitais*. Rio de Janeiro: Lumen Juris, 2019, v. IV, p. 505-551 (509); YAZBEK. Otavio. A Lei nº 13.874/2019 e os fundos de investimento. In: CUEVA, Ricardo Villas Bôas; FRAZÃO, Ana; SALOMÃO, Luis Felipe (Coord.). *Lei de Liberdade Econômica e seus impactos no Direito brasileiro*. São Paulo: Thomas Reuters Brasil, 2020, p. 551-570 (558-560).

[226] Nos termos do artigo 39, inciso II, da Instrução CVM nº 356/01, do artigo 78, §3º, da Instrução CVM nº 555/14 e da Resolução CVM nº 21/21.

[227] Cf. YAZBEK, Otavio. Prefácio. In: FREITAS, Bernardo Vianna; VERSIANI, Fernanda Valle (Coord.). *Fundos de investimento*: aspectos jurídicos, regulamentares e tributários. São Paulo: Quartier Latin, 2015, p. 9-13; YAZBEK. Otavio. A Lei nº 13.874/2019 e os fundos de investimento. In: CUEVA, Ricardo Villas Bôas; FRAZÃO, Ana; SALOMÃO, Luis Felipe

Diante dessa realidade, a minuta de norma atualmente em discussão na Audiência Pública SDM nº 08/20 propõe um maior protagonismo ao gestor de carteiras de fundos de investimento, dividindo atribuições e responsabilidades entre o gestor e o administrador.[228]

A regulação atribui especialmente ao administrador e ao gestor normas de conduta relacionadas à relação fiduciária[229] que possuem com o fundo e os seus cotistas.[230] Dentre essas normas de conduta, impõe-se que o administrador e o gestor desempenhem suas atividades "com boa fé, transparência, diligência e lealdade" em relação aos cotistas,[231] "buscando sempre as melhores condições para o fundo, empregando o cuidado e a diligência que todo homem ativo e probo costuma dispensar à administração de seus próprios negócios, atuando com lealdade em relação aos interesses dos cotistas e do fundo, evitando práticas que possam ferir a relação fiduciária com eles mantida, e respondendo por quaisquer infrações ou irregularidades que venham a ser cometidas sob sua administração ou gestão".[232] Dessa forma, o administrador e o gestor estão sujeitos a deveres fiduciários em relação ao fundo e seus cotistas, dentre os quais se incluem os deveres de diligência, de lealdade e de transparência.[233]

O custodiante do FIDC – o qual deve ser autorizado pela CVM para a prestação de serviços de custódia fungível de valores mobiliários[234] – é responsável, dentre outras atividades, pela validação dos critérios de elegibilidade dos direitos creditórios para a sua aquisição

---

(Coord.). *Lei de Liberdade Econômica e seus impactos no Direito brasileiro.* São Paulo: Thomas Reuters Brasil, 2020, p. 551-570 (558-560).

[228] Cf. Edital de Audiência Pública SDM nº 08/20. Disponível em: <http://conteudo.cvm.gov.br/audiencias_publicas/ap_sdm/2020/sdm0820.html>. Acesso em: 8 abr. 2022.

[229] Para referência, o Código ANBIMA de Regulação e Melhores Práticas para Administração de Recursos de Terceiros define "relação fiduciária" como a "relação de confiança e lealdade que se estabelece entre os investidores e [o administrador ou o gestor] no momento em que lhe é confiada a prestação de serviços" (artigo 1º, inciso LIV).

[230] A respeito, ver COELHO, Alexandre Ramos. *A indústria de fundos de investimento no Brasil:* um estudo teórico e empírico sobre a relação fiduciária entre o administrador-gestor e os respectivos cotistas de fundos de investimento. 2015. Dissertação (Mestrado em Direito) – Escola de Direito de São Paulo da Fundação Getulio Vargas, São Paulo, 2015.

[231] Nos termos do artigo 18, inciso I, da Resolução CVM nº 21/21.

[232] De acordo com o artigo 92 da Instrução CVM nº 555/14.

[233] Cf. DIAS, Luciana Pires. Fundos de investimentos em direitos creditórios. In: HANSZMANN, Felipe (Org.). *Atualidades em direito societário e mercado de capitais.* Rio de Janeiro: Lumen Juris, 2019, v. IV, p. 505-551 (510-515); DUFLOTH, Rodrigo. *A proteção do investidor em fundos de investimento.* Rio de Janeiro: Lumen Juris, 2017. item 2.2.

[234] Nos termos do artigo 2º, inciso X, da Instrução CVM nº 356/01 e da Resolução CVM nº 32/21.

pelo fundo, pela verificação e guarda da documentação que comprova o lastro dos direitos creditórios, pela liquidação física e financeira dos direitos creditórios e pela cobrança ordinária de valores referentes aos ativos que integram a carteira do FIDC.[235]

Além disso, o FIDC deve contratar um auditor independente registrado na CVM para auditar as suas demonstrações financeiras anuais.[236] Caso uma classe ou uma série de cotas do FIDC seja ofertada publicamente, deverá ser contratada uma agência de classificação de risco, autorizada pela CVM, para emitir o seu *rating*.[237] A distribuição das cotas também deve ser realizada por uma instituição habilitada pela CVM para atuar como integrante do sistema de distribuição.[238]

Ainda, pode ser contratado um consultor especializado para dar suporte e subsidiar o gestor (ou o administrador, caso exerça diretamente a gestão da carteira) na análise e na seleção de direitos creditórios para a carteira do FIDC.[239] Apesar de o consultor especializado não precisar de autorização da CVM para prestar esses serviços, ele não toma decisões de investimento em nome do fundo, mas sim obtém, processa e fornece informações ao gestor, para a sua própria tomada de decisão, pela qual o gestor é responsável.[240] Esse escopo mais restrito de atuação do consultor especializado foi esclarecido pela Instrução CVM nº 531/13, com o objetivo de trazer maior clareza aos papéis esperados do consultor e do gestor, evitando estruturas problemáticas em que o consultor especializado atuava na seleção discricionária de ativos.[241] Outro prestador de serviços não regulado pela CVM que pode ser contratado pelo FIDC é o agente de cobrança, responsável pela cobrança

---

[235] Conforme os artigos 38 e 39, inciso III, da Instrução CVM nº 356/01. A respeito dessas atribuições do custodiante, ver item 2.5 abaixo.

[236] Nos termos do artigo 44 da Instrução CVM nº 356/01 e da Resolução CVM nº 23/21.

[237] Nos termos do artigo 3º, inciso III, da Instrução CVM nº 356/01 (observada a hipótese de dispensa de classificação de risco do artigo 23-A da Instrução CVM nº 356/01) e da Resolução CVM nº 9/20.

[238] A distribuição das cotas pode ser realizada pelo próprio administrador apenas se este estiver devidamente habilitado pela CVM para tanto (nos termos do artigo 17, do artigo 78, §2º, inciso IV, e do artigo 79 da Instrução CVM nº 555/14, bem como da Resolução CVM nº 35/21).

[239] Nos termos do artigo 39, inciso I, da Instrução CVM nº 356/01.

[240] A atividade de gestão da carteira (i.e., de tomada de decisão de investimento ou de desinvestimento) só pode ser delegada pelo administrador ao gestor (nos termos do artigo 35, inciso X, e do artigo 39, inciso II, da Instrução CVM nº 356/01).

[241] Conforme exposto no Relatório de Análise da Audiência Pública SDM nº 05/12 – Processo CVM nº RJ2009-7807. Disponível em: <http://conteudo.cvm.gov.br/audiencias_publicas/ap_sdm/2012/sdm0512.html>. Acesso em: 8 abr. 2022.

dos direitos creditórios integrantes da carteira do fundo que vierem a ser inadimplidos pelos respectivos devedores.[242]

Como visto, com a especialização dos serviços prestados aos FIDC (e aos fundos de investimento em geral) surgem novos prestadores de serviços além do administrador do fundo – alguns deles, inclusive, não regulados pela CVM. Para lidar com eventuais riscos aos cotistas nessa terceirização de serviços, a regulação impõe ao administrador: a) um dever de fiscalização em relação às atividades dos demais prestadores de serviços do fundo;[243] b) um dever de diligência na contratação de cada prestador de serviço;[244] e c) a obrigação de contratação de determinados prestadores de serviços (como o gestor) com a estipulação de responsabilidade solidária entre o administrador e o contratado "por eventuais prejuízos causados aos cotistas em virtude de condutas contrárias à lei, ao regulamento ou aos atos normativos expedidos pela CVM".[245-246]

Com relação aos FIDC, a reforma da norma que os rege feita pela Instrução CVM nº 531/13 teve como um de seus principais objetivos

---

[242] De acordo com o artigo 39, inciso IV, da Instrução CVM nº 356/01.

[243] Nos termos do artigo 90, inciso X, da Instrução CVM nº 555/14, e do artigo 32 da Resolução CVM nº 21/21 (além de outras disposições específicas sobre a fiscalização de contratados estabelecidas na regulamentação).

[244] O artigo 71, §1º, da Instrução CVM nº 555/14 prevê que "[c]ompete ao administrador, na qualidade de representante do fundo, efetuar as contratações dos prestadores de serviços, mediante prévia e criteriosa análise e seleção do contratado".

[245] Nos termos do artigo 71, §2º, da Instrução CVM nº 555/14. A Lei de Liberdade Econômica introduziu no artigo 1.368-D, inciso II, do Código Civil, a possibilidade para o regulamento do fundo, observado o disposto na regulamentação da CVM, excluir a responsabilidade solidária entre os prestadores de serviços. De acordo com Otavio Yazbek, "trata-se de previsão desnecessária, uma vez que a responsabilidade solidária decorre sempre da lei ou de contrato. Ademais, a CVM continua competente para regulamentar a matéria e, assim, ela pode prever hipóteses em que deve se impor tal solução". (A Lei nº 13.874/2019 e os fundos de investimento. In: CUEVA, Ricardo Villas Bôas; FRAZÃO, Ana; SALOMÃO, Luis Felipe [Coord.]. *Lei de Liberdade Econômica e seus impactos no Direito brasileiro*. São Paulo: Thomas Reuters Brasil, 2020, p. 551-570 [566]). Na minuta de norma objeto da Audiência Pública SDM nº 08/20, nota-se que a CVM propõe que sejam mantidas algumas hipóteses em que a contratação de prestadores de serviços deve ser feita com cláusula de responsabilidade solidária (por exemplo, no caso de fundos destinados ao público em geral) (cf. Edital de Audiência Pública SDM nº 08/20. Disponível em: <http://conteudo.cvm.gov.br/audiencias_publicas/ap_sdm/2020/sdm0820.html>. Acesso em: 8 abr. 2022).

[246] A respeito do regime de responsabilidade do administrador e dos demais prestadores de serviços diante das disposições da Lei de Liberdade Econômica, ver OLIVA, Milena Donato; RENTERIA, Pablo. Notas sobre o regime jurídico dos fundos de investimento. In: HANSZMANN, Felipe; HERMETO, Lucas (Org.). *Atualidades em direito societário e mercado de capitais*: fundos de investimento. Rio de Janeiro: Lumen Juris, 2021, v. V, p. 13-29; YAZBEK. Otavio. A Lei nº 13.874/2019 e os fundos de investimento. In: CUEVA, Ricardo Villas Bôas; FRAZÃO, Ana; SALOMÃO, Luis Felipe (Coord.). *Lei de Liberdade Econômica e seus impactos no Direito brasileiro*. São Paulo: Thomas Reuters Brasil, 2020, p. 551-570.

o "aperfeiçoamento dos controles por parte do administrador e dos principais prestadores de serviços aos FIDC, com a definição mais clara da atuação e da responsabilidade dos participantes desse mercado", conforme exposto no Relatório de Análise da Audiência Pública SDM nº 05/12, que deu origem à Instrução CVM nº 531/13.[247] A Instrução CVM nº 531/13 trouxe uma obrigação mais específica ao administrador do FIDC no âmbito de seu dever de fiscalização: no caso de contratação de serviços de consultoria especializada, gestão da carteira, custódia e cobrança de direitos creditórios inadimplidos, o administrador deve ter regras e procedimentos adequados, por escrito e passíveis de verificação, que lhe permitam diligenciar o cumprimento, pelo contratado, das respectivas obrigações. Tais regras e procedimentos devem ser disponibilizados e mantidos atualizados no site do administrador, bem como precisam constar no prospecto do FIDC (se houver) e no respectivo contrato de prestação de serviços.[248] Além disso, a Instrução CVM nº 531/13 passou a prever que, na hipótese de o administrador cumular as funções de gestão e/ou de custódia do FIDC, deve ser mantida a total segregação dessas atividades,[249] como uma forma de se evitar potenciais conflitos de interesses.[250]

O papel do custodiante do FIDC também foi reforçado pela Instrução CVM nº 531/13, especialmente quanto às suas obrigações de guarda dos documentos comprobatórios, de verificação do lastro e de validação dos critérios de elegibilidade dos direitos creditórios.[251] Permite-se ao custodiante subcontratar outros prestadores de serviços, sem prejuízo de sua responsabilidade, exclusivamente para auxiliá-lo na verificação do lastro e na guarda dos documentos comprobatórios

---

[247] Cf. Relatório de Análise da Audiência Pública SDM nº 05/12 – Processo CVM nº RJ2009-7807. Disponível em: <http://conteudo.cvm.gov.br/audiencias_publicas/ap_sdm/2012/sdm0512.html>. Acesso em: 8 abr. 2022.

[248] Conforme o artigo 39, §§4º e 5º, da Instrução CVM nº 356/01. Segundo o Relatório de Análise da Audiência Pública SDM nº 05/12, "[q]uanto à responsabilidade do administrador, como está claro na redação, consiste na diligência em criar regras de verificação adequadas, divulgá-las e cumpri-las" (Relatório de Análise da Audiência Pública SDM nº 05/12 – Processo CVM nº RJ2009-7807. Disponível em: <http://conteudo.cvm.gov.br/audiencias_publicas/ap_sdm/2012/sdm0512.html>. Acesso em: 8 abr. 2022).

[249] Nos termos do artigo 39, §1º, da Instrução CVM nº 356/01.

[250] Cf. ASSOCIAÇÃO BRASILEIRA DAS ENTIDADES DOS MERCADOS FINANCEIROS E DE CAPITAIS. *Fundos de investimento em direitos creditórios.* Rio de Janeiro: ANBIMA, 2015, p. 13.

[251] A respeito, ver item 2.5 abaixo.

dos direitos creditórios.[252] Caso o custodiante subcontrate tais prestadores de serviços, deverá ter regras e procedimentos adequados, por escrito e passíveis de verificação, para: a) permitir o seu efetivo controle sobre a movimentação dos documentos comprobatórios sob a guarda do contratado; e b) diligenciar o cumprimento, pelo contratado, do disposto na regulamentação aplicável.[253]

Uma das principais preocupações da CVM na reforma da regulação dos FIDC feita pela Instrução CVM nº 531/11 foi, assim, reforçar a responsabilidade dos prestadores de serviços fiduciários dos FIDC, especialmente do administrador e do custodiante. A Autarquia considerou esses prestadores de serviços como os *gatekeepers*[254] dessa indústria.[255] Com isso, o administrador e o custodiante passaram a assumir, de forma mais clara, papéis de auxiliares do regulador, buscando garantir a higidez e o bom funcionamento do mercado de FIDC.[256] Nota-se que a minuta de norma atualmente em discussão na Audiência Pública SDM

---

[252] O prestador de serviço contratado não pode ser o originador ou o cedente dos direitos creditórios, o consultor especializado do FIDC, o gestor de sua carteira ou partes relacionadas a qualquer um deles (nos termos do artigo 38, §§6º, 7º e 8º, da Instrução CVM nº 356/01). A respeito, ver item 2.5 abaixo.

[253] Nos termos do artigo 38, §§9º e 10, da Instrução CVM nº 356/01. As regras e os procedimentos do custodiante também deverão ser disponibilizados e mantidos atualizados no site do administrador, constar do prospecto do FIDC (se houver) e do respectivo contrato de prestação de serviço.

[254] Taimi Haensel define *gatekeepers* como "indivíduos ou instituições, dotadas de qualificações especializadas (por vezes ligadas a uma profissão), que se valem da confiança e da reputação adquiridas para assegurar, ao mercado de valores mobiliários e aos investidores, a conformidade ao ordenamento jurídico das operações que passaram por seu exame. Tais indivíduos e instituições [...] teriam, concomitantemente, o papel de auxiliares do poder regulador tanto no mercado primário quanto no secundário." (*A figura dos gatekeepers*: aplicação às instituições intermediárias do mercado organizado de valores mobiliários brasileiro. 2014. Dissertação [Mestrado em Direito Comercial] – Faculdade de Direito, Universidade de São Paulo, São Paulo, 2014, p. 55).

[255] De acordo com o Edital de Audiência Pública SDM nº 05/12, o aperfeiçoamento das responsabilidades do custodiante e do administrador foi pensado "no sentido de instituir obrigações mais específicas de diligência a serem observadas pelo administrador e pelo custodiante dos FIDC, principais *gatekeepers* da indústria de FIDC, as quais constituem importante pilar desta reforma." (Edital de Audiência Pública SDM nº 05/12. Disponível em: <http://conteudo.cvm.gov.br/audiencias_publicas/ap_sdm/2012/sdm0512.html>. Acesso em: 8 abr. 2022).

[256] Cf. DIAS, Luciana Pires. Fundos de investimentos em direitos creditórios. In: HANSZMANN, Felipe (Org.). *Atualidades em direito societário e mercado de capitais*. Rio de Janeiro: Lumen Juris, 2019, v. IV, p. 505-551 (515-519); RIBEIRO JUNIOR, José Alves. Securitização via FIDC: impactos da reforma introduzida pela Instrução CVM n. 531. *Revista de Direito das Sociedades e dos Valores Mobiliários*, São Paulo, v. 3, p. 175-205 (191), maio 2016.

nº 08/20[257] atribuiria mais responsabilidades ao gestor, conferindo-lhe até mesmo um dever de fiscalização sobre determinados prestadores de serviços (como o consultor especializado). No âmbito da referida audiência pública, a CVM propõe inclusive atribuir ao gestor responsabilidades que antes eram do custodiante do FIDC (como a validação dos direitos creditórios quanto aos critérios de elegibilidade), questionando o mercado sobre o papel do custodiante diante dessa proposta de redistribuição de funções.

2.5 Regras de governança dos FIDC

As regras que disciplinam a governança dos FIDC têm sido debatidas e aprimoradas pelo regulador desde a criação desses fundos. Conforme mencionado acima, a norma que rege tais fundos foi objeto de sucessivas alterações pela CVM desde sua edição e está atualmente em audiência pública uma nova revisão completa dessa norma.[258] Os principais fóruns de discussão sobre as regras de governança dos FIDC (bem como sobre seus fundamentos e os interesses e riscos considerados pela CVM) encontrados na presente pesquisa abrangem as audiências públicas das normas que alteraram a Instrução CVM nº 356/01[259] e a jurisprudência do Colegiado da CVM a respeito das regras de governança dos FIDC.[260]

---

[257] Cf. Edital de Audiência Pública SDM nº 08/20. Disponível em: <http://conteudo.cvm.gov. br/audiencias_publicas/ap_sdm/2020/sdm0820.html>. Acesso em: 8 abr. 2022.

[258] Ver itens 1.4 e 2.1 acima.

[259] Dos editais e/ou relatórios de audiência pública que estão acessíveis para consulta (cf. informações disponíveis no site da CVM. Disponível em: <http://conteudo.cvm.gov.br/ legislacao/index.html>. Acesso em: 8 abr. 2022), foram identificadas discussões relevantes sobre as regras de governança dos FIDC nos documentos da Audiência Pública nº 04/06 (que deu origem, dentre outras, às Instruções CVM nº 442/06 e 444/06), da Audiência Pública nº 05/09 (que deu origem à Instrução CVM nº 484/10) e da Audiência Pública SDM nº 05/12 (que deu origem à Instrução CVM nº 531/13), além da Audiência Pública SDM nº 08/20 atualmente em andamento (que discute a revisão da norma geral dos fundos de investimento e da norma dos FIDC).

[260] Foi realizada pesquisa por decisões do Colegiado da CVM (em geral relacionadas a consultas formuladas à CVM ou a pedidos de dispensa de cumprimento de requisitos normativos) a respeito dos FIDC, especialmente após a edição da Instrução CVM nº 531/13 (que foi um marco na governança dos FIDC), com os seguintes parâmetros: a) data de realização da pesquisa: 8 abr. 2022; b) período de pesquisa: de 6 fev. 2013 (data da Instrução CVM nº 531/13) a 8 abr. 2022; c) termos de busca: "investimento em direitos creditórios" OR "FIDC"; "FIDCs"; "FDIC"; "FDICs"; e d) local de pesquisa: seção "decisões" do site da CVM (<http://conteudo.cvm.gov.br/decisoes/index.html>). A pesquisa foi realizada em linha com as orientações do "Manual de Utilização" da CVM (COMISSÃO DE VALORES MOBILIÁRIOS. *Manual de Utilização. Google C.S.E.* | *Decisões da CVM*. Janeiro de 2018.

Um dos principais focos da regulação do FIDC consiste na transparência desse veículo.[261] Para que um investidor possa tomar uma decisão fundamentada de investir em cotas de um FIDC (e de manter esse investimento), é essencial que receba, prévia e periodicamente, informações corretas e suficientes a respeito. Como visto,[262] a opacidade das operações de securitização e a assimetria de informação existente entre os participantes de sua estrutura e os investidores fizeram parte da crise dos *subprime*. Dentre as principais recomendações da IOSCO em resposta à crise encontra-se o reforço da transparência e da divulgação de informações aos investidores (antes e ao longo do investimento) nas operações de securitização.

Previamente ao seu ingresso no FIDC, o investidor deverá receber, além do regulamento, o prospecto[263] elaborado em linha com a Instrução CVM nº 400/03.[264] Desde 2007,[265] o prospecto de uma oferta de cotas de FIDC[266] deve contar com informações adicionais em comparação com ofertas de outros valores mobiliários, incluindo: a) a estrutura da operação; b) os direitos creditórios securitizados; c) fatores de risco adicionais; d) originadores e cedentes dos direitos creditórios com expressiva representatividade na carteira; e e) devedores e coobrigados dos direitos creditórios, especialmente os de concentração relevante no patrimônio do fundo.[267] Quanto aos dados estatísticos relativos aos direitos creditórios que devem constar do prospecto,[268] a CVM manifestou-se no sentido de que "[e]mbora a produção dessa informação possa gerar

---

Disponível em: <http://conteudo.cvm.gov.br/export/sites/cvm/decisoes/pesquisa/manual_pesquisa_avancada_jurisprudencia_CVM.pdf>. Acesso em: 8 abr. 2022).

[261] Cf. PINTO JUNIOR, Mario Engler. Fundo de investimento em direitos creditórios: alternativa de financiamento pelo mercado de capitais. In: LIMA, Maria Lúcia L. M. Pádua (Org.). *Direito e economia*: 30 anos de Brasil – Agenda Contemporânea. São Paulo: Saraiva, 2012, v. 2, p. 47-79 (59).

[262] Ver item 1.3 acima.

[263] Há hipóteses de dispensa, na regulação, de elaboração de prospecto (por exemplo, se a oferta pública das cotas do FIDC for realizada com esforços restritos, nos termos da Instrução CVM nº 476/09).

[264] Nos termos do artigo 23 da Instrução CVM nº 356/01 e do artigo 25 da Instrução CVM nº 555/14.

[265] A partir das alterações introduzidas na Instrução CVM nº 356/01 e na Instrução CVM nº 400/03 pela Instrução CVM nº 442/06.

[266] Bem como das demais ofertas de valores mobiliários decorrentes de outras operações de securitização (por exemplo, por meio dos CRI ou dos CRA).

[267] Segundo o artigo 40, §1º e o Anexo III-A da Instrução CVM nº 400/03.

[268] Informação estatística sobre inadimplementos, perdas ou pré-pagamento de créditos de mesma natureza dos direitos creditórios que serão securitizados.

CAPÍTULO 2
SECURITIZAÇÃO NO SETOR PRIVADO: FUNDOS DE INVESTIMENTO EM DIREITOS CREDITÓRIOS

custos significativos, a CVM considera que tal informação é de grande importância para balizar a decisão dos investidores".[269]

Em linha com as recomendações da IOSCO na sequência da crise dos *subprime*, a CVM revisitou a regulação dos FIDC com o objetivo de aumentar a transparência desses veículos, especialmente quanto à divulgação de informações ao longo de seu funcionamento.[270] Com a Instrução CVM nº 484/10, que alterou a Instrução CVM nº 356/01, a CVM reforçou as obrigações de divulgação de informações periódicas pelo administrador do FIDC.[271] Como exposto pela CVM no Edital de Audiência Pública SDM nº 05/09 (que deu origem à Instrução CVM nº 484/10), dentre as propostas da IOSCO incluía-se "melhorar a divulgação de informações iniciais e periódicas sobre a performance da carteira de direitos creditórios e sobre a revisão de riscos associados a tais carteiras. É importante que os investidores e demais participantes do mercado sejam capazes de avaliar periodicamente a qualidade da carteira do fundo de investimento em direitos creditórios, bem como o índice de inadimplência da carteira".[272] Assim, no demonstrativo trimestral divulgado pelo administrador do FIDC passaram a ser incluídas, por exemplo, informações sobre fatos que afetem a regularidade dos fluxos de pagamento previstos.[273] Também devem constar os critérios de concessão de crédito adotados pelos originadores que representem 10% ou mais da carteira do FIDC, caso não estejam descritos de forma atualizada no regulamento. Conforme estudo divulgado pela CVM, "essa transparência reduz a assimetria de informações em relação à prática do originador na originação dos créditos, limitando dessa forma a prática de geração de maus créditos".[274] Além disso, a Instrução CVM

---

[269] Conforme exposto no Edital de Audiência Pública SDM nº 04/06, que deu origem, dentre outras, à Instrução CVM nº 442/06 (que alterou a Instrução CVM nº 356/01 e a Instrução CVM nº 400/03) (Disponível em: <http://conteudo.cvm.gov.br/audiencias_publicas/ap_sdm/2006/sdm0406.html>. Acesso em: 8 abr. 2022).

[270] Cf. Edital de Audiência Pública SDM nº 05/09. Disponível em: <http://conteudo.cvm.gov.br/audiencias_publicas/ap_sdm/2009/sdm0509.html> Acesso em: 8 abr. 2022.

[271] A respeito, ver PINETTI, Camilla Garcia. O risco sistêmico no foco da regulação financeira pós-crise. *Revista da Faculdade de Direito*, Universidade de São Paulo, São Paulo, v. 110, p. 819-847, maio 2016.

[272] Cf. Edital de Audiência Pública SDM nº 05/09. Disponível em: <http://conteudo.cvm.gov.br/audiencias_publicas/ap_sdm/2009/sdm0509.html> Acesso em: 8 abr. 2022.

[273] Nos termos do artigo 8º, §3º, da Instrução CVM nº 356/01.

[274] Cf. ASSESSORIA DE ANÁLISE E PESQUISA (ASA) DA COMISSÃO DE VALORES MOBILIÁRIOS. *Retenção de risco na securitização*: um estudo a partir da metodologia de análise de impacto regulatório. Comissão de Valores Mobiliários, Trabalhos para Discussão, dez. 2014. Disponível em: <http://conteudo.cvm.gov.br/export/sites/cvm/menu/

nº 484/10 passou a exigir a divulgação de quaisquer informações relativas ao FIDC no site do administrador, quando tais informações tenham sido fornecidas a cotistas ou terceiros (exceto prestadores de serviços, reguladores ou autorreguladores).[275]

Outra medida regulatória para aumentar a transparência do FIDC e adequá-lo às recomendações internacionais se deu com a edição da Instrução CVM nº 489/11. Essa norma passou a estabelecer regras específicas para a elaboração de demonstrações financeiras e para a contabilização de ativos e passivos dos FIDC, em linha com as práticas contábeis internacionais emitidas pelo *International Accounting Standards Board*.[276] As disposições da Instrução CVM nº 489/11 contribuíram para aumentar o nível de informação sobre os FIDC e, assim, auxiliar os investidores na avaliação do risco de seu investimento.[277]

Além de a crise dos *subprime* ter gerado questionamentos sobre a securitização em nível internacional, ocorreram alguns casos de fraude na indústria brasileira dos FIDC que afetaram a confiança nesse setor. De acordo com estudo divulgado pela CVM,[278] foram identificadas situações problemáticas que geraram perdas ou atrasos de pagamento em FIDC relacionados a: a) Banco BVA; b) Union National; c) Banco Cruzeiro do Sul; d) Banco Panamericano; e) Tradebank; e f) Oboé DTVM. Nesses casos, identificou-se que o originador/cedente dos direitos creditórios ou partes a ele relacionadas (*sell-side*) atuavam em posições que geram conflito de interesses, incluindo na administração do fundo, na gestão da carteira ou na guarda dos documentos comprobatórios dos direitos

---

acesso_informacao/serieshistoricas/estudos/anexos/AIR_retencao-de-riscos.pdf>. Acesso em: 8 abr. 2022, p. 36-39.

[275] Nos termos do artigo 53-A da Instrução CVM nº 356/01.

[276] Cf. Nota Explicativa à Instrução CVM nº 489/11. Disponível em: <http://conteudo.cvm.gov.br/export/sites/cvm/legislacao/notas-explicativas/anexos/nota489.pdf>. Acesso em: 8 abr. 2022.

[277] Cf. ASSOCIAÇÃO BRASILEIRA DAS ENTIDADES DOS MERCADOS FINANCEIROS E DE CAPITAIS. *Fundos de investimento em direitos creditórios*. Rio de Janeiro: ANBIMA, 2015, p. 17; 29; RIBEIRO JUNIOR, José Alves. *Elementos constitutivos da securitização de recebíveis no Direito brasileiro*. 2019. Dissertação (Mestrado Profissional) – Escola de Direito de São Paulo da Fundação Getulio Vargas, São Paulo, 2019, p. 80-81.

[278] Cf. ASSESSORIA DE ANÁLISE E PESQUISA (ASA) DA COMISSÃO DE VALORES MOBILIÁRIOS. *Retenção de risco na securitização*: um estudo a partir da metodologia de análise de impacto regulatório. Comissão de Valores Mobiliários, Trabalhos para Discussão, dez. 2014. Disponível em: <http://conteudo.cvm.gov.br/export/sites/cvm/menu/acesso_informacao/serieshistoricas/estudos/anexos/AIR_retencao-de-riscos.pdf>. Acesso em: 8 abr. 2022, p. 39-40.

CAPÍTULO 2
SECURITIZAÇÃO NO SETOR PRIVADO: FUNDOS DE INVESTIMENTO EM DIREITOS CREDITÓRIOS

creditórios (*buy-side*), o que teria permitido a ocorrência de fraude na originação ou na cessão dos créditos ao FIDC.[279]

A Instrução CVM nº 531/13, que alterou a Instrução CVM nº 356/01, foi uma resposta regulatória da CVM tanto às experiências após a crise dos *subprime* quanto a esses casos de fraude na indústria dos FIDC.[280] Nos termos do Relatório de Análise da Audiência Pública SDM nº 05/12,[281] que deu origem à Instrução CVM nº 531/13, a CVM buscou, principalmente: a) a "mitigação de estruturas que propiciam a ocorrência de conflito de interesses, em que a concentração indevida de funções por um mesmo participante ou por partes a ele relacionadas compromete a boa governança dos FIDC"; e b) como visto acima,[282] o "aperfeiçoamento dos controles por parte do administrador e dos principais prestadores de serviços aos FIDC, com a definição mais clara da atuação e da responsabilidade dos participantes desse mercado". Conforme exposto no referido relatório, a CVM considera que as salvaguardas e os controles introduzidos pela norma, "se eventualmente podem implicar em maiores custos ao produto, certamente agregarão a ele muito mais confiabilidade", sendo que "maior ônus seria ver o FIDC associado a estruturas de governança frágeis que pudessem minar a credibilidade da indústria como um todo junto aos investidores, ao passo que a maior segurança trazida pela segregação e pelos controles exigidos trará benefícios que se refletirão na melhor percepção do produto pelos investidores de FIDC". A Instrução CVM nº 531/13 foi, assim, um marco regulatório na governança dos FIDC.

Dentre as alterações trazidas pela Instrução CVM nº 531/13, tem-se o artigo 39, §2º, da Instrução CVM nº 356/01, o qual dispõe que é vedado ao administrador, ao gestor, ao custodiante e ao consultor especializado, bem como a suas partes relacionadas, ceder ou

---

[279] Cf. VIDIGAL NETO, Rubens. A securitização e a indústria dos fundos de investimento em direitos creditórios. In: COMISSÃO DE VALORES MOBILIÁRIOS. *Direito do mercado de valores mobiliários*. Rio de Janeiro: Comissão de Valores Mobiliários, 2017, p. 626-643 (642-643).

[280] Cf. DIAS, Luciana Pires. Fundos de investimentos em direitos creditórios. In: HANSZMANN, Felipe (Org.). *Atualidades em direito societário e mercado de capitais*. Rio de Janeiro: Lumen Juris, 2019, v. IV, p. 505-551 (515); RIBEIRO JUNIOR, José Alves. Securitização via FIDC: impactos da reforma introduzida pela Instrução CVM n. 531. *Revista de Direito das Sociedades e dos Valores Mobiliários*, São Paulo, v. 3, p. 175-205 (186), maio 2016.

[281] Cf. Relatório de Análise da Audiência Pública SDM nº 05/12 – Processo CVM nº RJ2009-7807. Disponível em: <http://conteudo.cvm.gov.br/audiencias_publicas/ap_sdm/2012/sdm0512.html>. Acesso em: 8 abr. 2022.

[282] Ver item 2.4 acima.

originar, direta ou indiretamente, direitos creditórios aos FIDC para os quais prestem serviços. Com isso, busca-se mitigar os riscos de conflito de interesses decorrentes da concentração de funções de cedente e/ou originador dos direitos creditórios (*sell-side*) e de prestador de serviços de administração, gestão, custódia e consultoria dos FIDC (*buy-side*). Conforme manifestado pela CVM no âmbito da Audiência Pública SDM nº 05/12, tal vedação: a) inibiria "a ocorrência de um dos principais conflitos existentes na estruturação dos produtos de securitização – originar para distribuir – em que os créditos são concedidos sem a devida diligência tendo em vista a sua subsequente cessão para terceiros",[283-284] que se mostrou problemática no âmbito da crise dos *subprime*;[285] e b) buscaria "evitar situações de desalinhamento de interesses e incentivos entre os diversos participantes da montagem e venda da operação de securitização e os investidores finais",[286] sendo que tais situações problemáticas afetariam "não apenas seus cotistas, mas também a imagem das instituições envolvidas e a credibilidade dos FIDC como um todo".[287]

No Processo CVM nº RJ2013/4911[288] houve o indeferimento, pelo Colegiado da CVM, de pedido de dispensa do cumprimento do artigo 39, §2º, da Instrução CVM nº 356/01, para que o custodiante, que já havia cedido créditos a um FIDC antes da publicação da Instrução

---

[283] Cf. Relatório de Análise da Audiência Pública SDM nº 05/12 – Processo CVM nº RJ2009-7807. Disponível em: <http://conteudo.cvm.gov.br/audiencias_publicas/ap_sdm/2012/sdm0512.html>. Acesso em: 8 abr. 2022.

[284] Ainda, de acordo com estudo divulgado pela CVM, essa vedação contribuiria para a "manutenção da qualidade dos direitos creditórios adquiridos, retirando dessa forma a eficácia da prática de geração de mais créditos por meio de critérios frágeis de concessão de crédito por parte de originadores, no intuito de vendê-los aos FIDCs." (ASSESSORIA DE ANÁLISE E PESQUISA (ASA) DA COMISSÃO DE VALORES MOBILIÁRIOS. *Retenção de risco na securitização*: um estudo a partir da metodologia de análise de impacto regulatório. Comissão de Valores Mobiliários, Trabalhos para Discussão, dez. 2014. Disponível em: <http://conteudo.cvm.gov.br/export/sites/cvm/menu/acesso_informacao/serieshistoricas/estudos/anexos/AIR_retencao-de-riscos.pdf>. Acesso em: 8 abr. 2022.), p. 36-39.

[285] Ver item 1.3 acima.

[286] Cf. Edital de Audiência Pública SDM nº 05/12. Disponível em: <http://conteudo.cvm.gov.br/audiencias_publicas/ap_sdm/2012/sdm0512.html>. Acesso em: 8 abr. 2022.

[287] Cf. Relatório de Análise da Audiência Pública SDM nº 05/12 – Processo CVM nº RJ2009-7807. Disponível em: <http://conteudo.cvm.gov.br/audiencias_publicas/ap_sdm/2012/sdm0512.html>. Acesso em: 8 abr. 2022.

[288] COMISSÃO DE VALORES MOBILIÁRIOS. Colegiado. *Processo CVM nº RJ2013/4911*. Relatora Diretora Luciana Dias. Rio de Janeiro, 15 de julho de 2014. Disponível em: <http://conteudo.cvm.gov.br/decisoes/2014/20140715_R1/20140715_D02.html>. Acesso em: 8 abr. 2022.

CVM nº 531/13, continuasse a ceder direitos creditórios ao fundo.[289] Na manifestação da Área Técnica da CVM nesse processo, seguida pelo Colegiado, recomendou-se o indeferimento desse pedido de dispensa "tendo em vista os riscos que tal flexibilização pode trazer ao mercado, fragilizando a plataforma regulatória e minando um dos pilares da reforma da indústria de FIDC, introduzida pela ICVM 531".

Na análise de outros casos, o Colegiado da CVM concedeu a dispensa à observância do artigo 39, §2º, da Instrução CVM nº 356/01, quando considerou que não haveria comprometimento da finalidade da norma, estando o conflito de interesses mitigado. No Processo CVM nº RJ2014/8516,[290] essa regra foi dispensada para permitir a aquisição de créditos originados por parte relacionada do consultor especializado do fundo, em caso no qual: a) se tratava de FIDC-NP; b) o fundo era destinado a cotista único; e c) o cotista do fundo era também um de seus prestadores de serviços (o consultor especializado).[291] De acordo com o voto do relator Diretor Pablo Renteria nesse processo, "as regras relativas ao conflito de interesses cuidam do prestador de serviços que, tendo, na operação, um interesse particular, não possui a isenção para desempenhar a sua função no melhor interesse dos cotistas. Mas, se

---

[289] Nesse mesmo sentido, ver COMISSÃO DE VALORES MOBILIÁRIOS. Colegiado. *Processos CVM nº RJ2013/13258, RJ2014/8511 e RJ2014/8611*. Relator SIN/GIE. Rio de Janeiro, 18 de novembro de 2014. Disponível em: <http://conteudo.cvm.gov.br/decisoes/2014/20141118_R1/20141118_D27.html>. Acesso em: 8 abr. 2022; COMISSÃO DE VALORES MOBILIÁRIOS. Colegiado. *Processos CVM nº RJ2014/8513, RJ2014/8677 e RJ2014/8678*. Relator SIN/GIE. Rio de Janeiro, 25 de novembro de 2014. Disponível em: <http://conteudo.cvm.gov.br/decisoes/2014/20141125_R1/20141125_D20.html>. Acesso em: 8 abr. 2022.

[290] COMISSÃO DE VALORES MOBILIÁRIOS. Colegiado. *Processo CVM nº RJ2014/8516*. Relator Diretor Pablo Renteria. Rio de Janeiro, 16 de fevereiro de 2016. Disponível em: <http://conteudo.cvm.gov.br/decisoes/2016/20160216_R1/20160216_D9460.html>. Acesso em: 8 abr. 2022.

[291] Nesse sentido, ver Processo CVM nº 19957.002834/2020-31, sendo que nesse precedente o FIDC-NP era destinado a cotistas vinculados por interesse único e indissociável, os quais eram sócios do gestor do fundo (COMISSÃO DE VALORES MOBILIÁRIOS. Colegiado. *Processo CVM nº 19957.002834/2020-31*. Relator SIN/GIES. Rio de Janeiro, 2 de junho de 2020. Disponível em: <http://conteudo.cvm.gov.br/decisoes/2020/20200602_R1/20200602_D1821.html>. Acesso em: 8 abr. 2022). Na mesma linha desses precedentes (Processo CVM nº RJ2014/8516 e Processo CVM nº 19957.002834/2020-31), ver, ainda: COMISSÃO DE VALORES MOBILIÁRIOS. Colegiado. *Processo CVM nº 19957.008349/2020-71*. Relator SIN/GIES. Rio de Janeiro, 19 de janeiro de 2021. Disponível em: <http://conteudo.cvm.gov.br/decisoes/2021/20210119_R1/20210119_D2037.html>. Acesso em: 8 abr. 2022; COMISSÃO DE VALORES MOBILIÁRIOS. Colegiado. *Processo CVM nº 19957.007831/2020-93*. Relator SIN/GIES. Rio de Janeiro, 19 de janeiro de 2021. Disponível em: <http://conteudo.cvm.gov.br/decisoes/2021/20210119_R1/20210119_D2036.html>. Acesso em: 8 abr. 2022; COMISSÃO DE VALORES MOBILIÁRIOS. Colegiado. *Processo CVM nº 19957.003707/2021-30*. Relator SSE/GSEC-1. Rio de Janeiro, 26 de outubro de 2021. Disponível em: <https://conteudo.cvm.gov.br/decisoes/2021/20211026_R1/20211026_D2360.html>. Acesso em: 8 abr. 2022.

o prestador de serviços for também o único cotista do fundo [...] não subsiste o conflito de interesses, já que tal figura pressupõe, necessariamente, a presença, ao menos, de duas pessoas distintas". O Colegiado, acompanhando o voto do relator, deliberou por conceder a dispensa da regra em comento, considerando-se respeitados o interesse público, a adequada informação e a proteção ao investidor,[292] visto que: a) o caso estaria plenamente circunstanciado e não subsistiria o conflito de interesses em tais circunstâncias, não resultando em "qualquer abalo aos avanços conquistados com a edição da Instrução 531" (nos termos do voto do relator); e b) além de o cotista ter pleno conhecimento das condições do fundo, as cotas não poderiam ser admitidas a negociação no mercado secundário. No Processo CVM nº 19957.009481/2019-66,[293] afastou-se a aplicação dessa regra para permitir que FIDC investidos exclusivamente por um FIC-FIDC negociem entre si direitos creditórios (no caso, ativos incentivados nos termos da Lei nº 12.431/11) por decisão de um único gestor comum.[294] De acordo com a manifestação da Área Técnica da CVM nesse processo, seguida pelo Colegiado, "o fato de a propriedade dos créditos a serem transacionados pertencer a um cotista exclusivo, afastaria o possível conflito de interesses, alinhando-se à finalidade da norma".[295] Já no Processo CVM nº 19957.003447/2020-11,[296]

---

[292] Nos termos do artigo 9º da Instrução CVM nº 444/06. A respeito dos FIDC-NP, ver item 2.3 acima.

[293] COMISSÃO DE VALORES MOBILIÁRIOS. Colegiado. *Processo CVM nº 19957.009481/2019-66.* Relator SIN/GIES. Rio de Janeiro, 14 de janeiro de 2020. Disponível em: <http://conteudo. cvm.gov.br/decisoes/2020/20200114_R1/20200114_D1617.html>. Acesso em: 8 abr. 2022.

[294] No mesmo sentido, ver COMISSÃO DE VALORES MOBILIÁRIOS. Colegiado. *Processo CVM nº 19957.007865/2017-82.* Relator SIN/GIE. Rio de Janeiro, 24 de outubro de 2017. Disponível em: <http://conteudo.cvm.gov.br/decisoes/2017/20171024_R1/20171024_D0826. html>. Acesso em: 8 abr. 2022.

[295] Nesse Processo CVM nº 19957.009481/2019-66, o Colegiado precisou ainda que a vedação do artigo 39, §2º, da Instrução CVM nº 356/01, se aplicasse às situações em que os prestadores de serviços do FIDC (ou suas partes relacionadas) atuassem na condição ativa de prospecção de direitos creditórios, não se enquadrando como cessão ou originação de direitos creditórios os casos em que atuassem apenas como intermediários da oferta dos valores mobiliários a serem adquiridos pelo fundo (nesse mesmo sentido, ver COMISSÃO DE VALORES MOBILIÁRIOS. Colegiado. *Processo CVM nº RJ2013/7141.* Relator SIN/GIE. Rio de Janeiro, 19 de novembro de 2013. Disponível em: <http://conteudo.cvm.gov.br/ decisoes/2013/20131119_R1/20131119_D14.html>. Acesso em: 8 abr. 2022).

[296] COMISSÃO DE VALORES MOBILIÁRIOS. Colegiado. *Processo CVM nº 19957.003447/2020-11.* Relator SIN/GIES. Rio de Janeiro, 21 de julho de 2020. Disponível em: <http://conteudo. cvm.gov.br/decisoes/2020/20200721_R1/20200721_D1859.html>. Acesso em: 8 abr. 2022 (nesse mesmo sentido, ver COMISSÃO DE VALORES MOBILIÁRIOS. Colegiado. *Processo CVM nº 19957.005394/2021-54.* Relator SSE/GSEC-1. Rio de Janeiro, 7 de dezembro de 2021. Disponível em: <https://conteudo.cvm.gov.br/decisoes/2021/20211207_R1/20211207_D2425. html>. Acesso em: 8 abr. 2022).

o Colegiado indeferiu pedido de dispensa dessa regra em caso que ia além das circunstâncias delimitadas nos precedentes acima mencionados – especialmente pelo fato de os cotistas do fundo e o prestador de serviços em situação de conflito não constituírem um mesmo grupo, permitindo-se a captação de recursos de terceiros não ligados à montagem da operação. Por outro lado, observa-se na minuta de norma objeto da Audiência Pública SDM nº 08/20[297] que a CVM propõe certa flexibilização da regra em questão de acordo com o nível de sofisticação do investidor do FIDC, observados determinados requisitos para mitigar esse conflito de interesses.[298]

Um outro foco da reforma introduzida pela Instrução CVM nº 531/13 encontra-se no reforço dos processos de verificação e controle dos direitos creditórios pelo custodiante do FIDC.[299] Primeiramente, o custodiante deve validar os critérios de elegibilidade[300] dos direitos creditórios para a sua aquisição pelo FIDC.[301] O custodiante também é responsável por receber e verificar a documentação que comprova o lastro dos direitos creditórios,[302] bem como pela guarda dessa documentação (que inclui a diligência para que seja mantida atualizada e em perfeita ordem, com metodologia pré-estabelecida e de livre acesso para o auditor independente, a agência de classificação de risco e os

---

[297] Cf. Edital de Audiência Pública SDM nº 08/20. Disponível em: <http://conteudo.cvm.gov.br/audiencias_publicas/ap_sdm/2020/sdm0820.html>. Acesso em: 8 abr. 2022).

[298] Em linhas gerais, a minuta objeto da Audiência Pública SDM nº 08/20 propõe que a aquisição de direitos creditórios originados ou cedidos por prestadores de serviços do FIDC seja: a) vedada aos FIDC destinados ao público em geral; b) permitida aos FIDC destinados a investidores profissionais desde que, dentre outros requisitos, a registradora dos direitos creditórios (nova figura introduzida na audiência pública) não seja parte relacionada ao originador ou cedente; e c) permitida aos FIDC destinados a investidores qualificados desde que, além de a registradora não ser parte relacionada ao originador ou cedente, o administrador, o gestor, o consultor e a registradora não sejam partes relacionadas entre si, observados outros requisitos.

[299] Conforme exposto no item 2.4 acima, o papel do custodiante do FIDC – considerado um dos *gatekeepers* dessa indústria – foi reforçado pela Instrução CVM nº 531/13.

[300] Critérios de elegibilidade são os atributos dos direitos creditórios que podem ser validados a partir de informações: a) sob o controle do custodiante ou dos prestadores de serviços por ele contratados; ou b) passíveis de obtenção por meio de esforços razoáveis (nos termos do artigo 24, §3º, da Instrução CVM nº 356/01). Além dos critérios de elegibilidade, poderão ser estabelecidas no regulamento condições de cessão, as quais poderão ser verificadas por outros prestadores de serviços, sob a fiscalização do administrador (nos termos do artigo 24, §1º, inciso VII, alínea "b", e do artigo 34, inciso IX, da Instrução CVM nº 356/01).

[301] Nos termos do artigo 38, inciso I, da Instrução CVM nº 356/01.

[302] A CVM esclarece no Ofício-Circular nº 5/2014-CVM/SIN que "lastro dos direitos creditórios deve ser aquele, necessário e suficiente, para efetuar a cobrança do crédito em uma eventual cobrança forçada, seja judicial ou extrajudicial" (Disponível em: <http://conteudo.cvm.gov.br/legislacao/oficios-circulares/sin/oc-sin-0514.html>. Acesso em: 8 abr. 2022).

órgãos reguladores).[303] Além de verificar o lastro quando da cessão dos direitos creditórios ao FIDC, o custodiante deve realizar essa verificação em periodicidade trimestral.[304] Com isso, conforme exposto no Relatório de Análise da Audiência Pública SDM nº 05/12,[305] a CVM buscou "inibir o ingresso ou viabilizar a imediata substituição de direitos creditórios sem a respectiva documentação comprobatória e, por outro, garantir que, em fundos com carteira de direitos creditórios com prazo médio reduzido, haja maior controle sobre a efetiva propriedade dos ativos detidos pelo fundo", sendo que tal regra "cumpre papel fundamental na segurança e governança dos FIDC e representa importante mecanismo de detecção e inibição de fraudes".

Conforme visto acima,[306] permite-se que o custodiante subcontrate terceiros, sem prejuízo de sua responsabilidade, exclusivamente para auxiliá-lo na verificação do lastro e na guarda dos documentos comprobatórios. Por outro lado, tais terceiros não podem ser o originador ou o cedente dos direitos creditórios, o consultor especializado do FIDC, o gestor de sua carteira ou suas respectivas partes relacionadas.[307] Conforme exposto no Edital de Audiência Pública SDM nº 05/12,[308] a CVM buscou "impedir riscos advindos de conflito de interesses quando uma das partes citadas exerce a atividade de guarda da documentação relativa aos direitos creditórios ou a de verificação desse lastro, minimizando a ocorrência de fragilidades nas estruturas dos FIDC que possibilitem fraudes tais como a dupla cessão de direitos creditórios".

A partir da edição da Instrução CVM nº 531/13, foram apresentadas solicitações à CVM para flexibilizar a regra que veda que o cedente seja contratado pelo custodiante para realizar a guarda dos documentos comprobatórios dos direitos creditórios (artigo 38, §7º, inciso II, da

---

[303] Conforme o artigo 38, incisos II, III, V e VI, da Instrução CVM nº 356/01.

[304] Segundo o artigo 38, incisos II e III, da Instrução CVM nº 356/01. Essa regra geral comporta exceções, observados os requisitos da norma: a) caso haja significativa quantidade de créditos cedidos e expressiva diversificação de devedores, o custodiante poderá realizar a verificação do lastro por amostragem; e b) caso, adicionalmente, o valor médio dos direitos creditórios seja reduzido, o regulamento do fundo pode eximir o custodiante da responsabilidade de verificar o lastro (nos termos do artigo 38, §§1º a 5º, da Instrução CVM nº 356/01).

[305] Cf. Relatório de Análise da Audiência Pública SDM nº 05/12 – Processo CVM nº RJ2009-7807. Disponível em: <http://conteudo.cvm.gov.br/audiencias_publicas/ap_sdm/2012/sdm0512.html>. Acesso em: 8 abr. 2022.

[306] Ver item 2.4 acima.

[307] De acordo com o artigo 38, §§6º, 7º e 8º, da Instrução CVM nº 356/01.

[308] Cf. Edital de Audiência Pública SDM nº 05/12. Disponível em: <http://conteudo.cvm.gov.br/audiencias_publicas/ap_sdm/2012/sdm0512.html>. Acesso em: 8 abr. 2022.

Instrução CVM nº 356/01). A jurisprudência do Colegiado da CVM[309] passou a autorizar a dispensa dessa regra (tendo inclusive delegado a competência para conceder essa autorização à Superintendência de Investidores Institucionais por meio da Deliberação CVM nº 782/17) apenas aos fundos que cumpram os seguintes requisitos:[310] a) sejam FIDC-NP destinados a um único investidor profissional ou a um grupo de investidores vinculados por interesse único e indissociável,[311] cujas

---

[309] Cf. COMISSÃO DE VALORES MOBILIÁRIOS. Colegiado. *Processo CVM nº RJ2013/4911.* Relatora Diretora Luciana Dias. Rio de Janeiro, 15 de julho de 2014. Disponível em: <http://conteudo.cvm.gov.br/decisoes/2014/20140715_R1/20140715_D02.html>. Acesso em: 8 abr. 2022; COMISSÃO DE VALORES MOBILIÁRIOS. Colegiado. *Processo CVM nº RJ2013/11017.* Relator SIN/GIE. Rio de Janeiro, 23 de setembro de 2014. Disponível em: <http://conteudo.cvm. gov.br/decisoes/2014/20140923_R1/20140923_D02.html>. Acesso em: 8 abr. 2022; COMISSÃO DE VALORES MOBILIÁRIOS. Colegiado. *Processos CVM nº RJ2013/13258, RJ2014/8511 e RJ2014/8611.* Relator SIN/GIE. Rio de Janeiro, 18 de novembro de 2014. Disponível em: <http://conteudo.cvm.gov.br/decisoes/2014/20141118_R1/20141118_D27.html>. Acesso em: 8 abr. 2022; COMISSÃO DE VALORES MOBILIÁRIOS. Colegiado. *Processos CVM nº RJ2014/8513, RJ2014/8677 e RJ2014/8678.* Relator SIN/GIE. Rio de Janeiro, 25 de novembro de 2014. Disponível em: <http://conteudo.cvm.gov.br/decisoes/2014/20141125_R1/20141125_D20. html>. Acesso em: 8 abr. 2022; COMISSÃO DE VALORES MOBILIÁRIOS. Colegiado. *Processo CVM nº RJ2014/8566.* Relator SIN/GIE. Rio de Janeiro, 6 de janeiro de 2015. Disponível em: <http://conteudo.cvm.gov.br/decisoes/2015/20150106_R1/20150106_D9510.html>. Acesso em: 8 abr. 2022; COMISSÃO DE VALORES MOBILIÁRIOS. Colegiado. *Processos CVM nº RJ2014/10761 e RJ2014/10762.* Relator SIN/GIE. Rio de Janeiro, 6 de janeiro de 2015. Disponível em: <http://conteudo.cvm.gov.br/decisoes/2015/20150106_R1/20150106_D9496.html>. Acesso em: 8 abr. 2022; COMISSÃO DE VALORES MOBILIÁRIOS. Colegiado. *Processo CVM nº RJ2014/13932.* Relator SIN/GIR. Rio de Janeiro, 24 de março de 2015. Disponível em: <http://conteudo.cvm.gov.br/decisoes/2015/20150324_R1/20150324_9606.html>. Acesso em: 8 abr. 2022; COMISSÃO DE VALORES MOBILIÁRIOS. Colegiado. *Processo CVM nº RJ2015/2614.* Relator SIN/GIE. Rio de Janeiro, 26 de maio de 2015. Disponível em: <http://conteudo.cvm. gov.br/decisoes/2015/20150526_R1/20150526_D9654.html>. Acesso em: 8 abr. 2022.

[310] Requisitos indicados na jurisprudência do Colegiado da CVM, conforme consolidados na Deliberação CVM nº 782/17.

[311] A jurisprudência do Colegiado da CVM considera um grupo de cotistas vinculados por interesse único e indissociável, especialmente, os seguintes casos: a) entidades que estejam sob o comando único de um controlador comum; b) fundos de investimento cujas carteiras estejam sob a gestão total e discricionária de um mesmo gestor; e c) investidores não residentes cujas carteiras estejam sob a gestão total e discricionária de um mesmo gestor (ver, dentre outros: COMISSÃO DE VALORES MOBILIÁRIOS. Colegiado. *Processo CVM nº RJ2006/7974.* Relator SRE. Rio de Janeiro, 22 de novembro de 2006. Disponível em: <http://conteudo.cvm.gov.br/decisoes/2006/20061122_R1/20061122_D01.html>. Acesso em: 8 abr. 2022; COMISSÃO DE VALORES MOBILIÁRIOS. Colegiado. *Processo CVM nº RJ2008/7014.* Relator SRE/GER-1. Rio de Janeiro, 7 de outubro de 2008. Disponível em: <http://conteudo. cvm.gov.br/decisoes/2008/20081007_R1/20081007_D14.html>. Acesso em: 8 abr. 2022; COMISSÃO DE VALORES MOBILIÁRIOS. Colegiado. *Processos CVM nº RJ2014/10761 e RJ2014/10762.* Relator SIN/GIE. Rio de Janeiro, 6 de janeiro de 2015. Disponível em: <http://conteudo.cvm.gov.br/decisoes/2015/20150106_R1/20150106_D9496.html>. Acesso em: 8 abr. 2022; COMISSÃO DE VALORES MOBILIÁRIOS. Colegiado. *Processo CVM nº RJ2014/11177.* Relator SRE. Rio de Janeiro, 25 de agosto de 2015. Disponível em: <http://conteudo.cvm.gov. br/decisoes/2015/20150825_R1/20150825_D9801.html>. Acesso em: 8 abr. 2022; COMISSÃO DE VALORES MOBILIÁRIOS. Colegiado. *Processo CVM nº 19957.002834/2020-31.* Relator

cotas não sejam admitidas à negociação no mercado secundário;[312] b) o FIDC-NP adquira créditos inadimplidos, massificados, de reduzido valor médio e cedidos por baixo percentual do valor de face (i.e., com grande deságio); c) a cobrança dos créditos seja realizada, preponderantemente, de forma extrajudicial (o que dispensa a apresentação do documento comprobatório original); d) haja obrigação de recompra do crédito pelo cedente caso não apresente os documentos que comprovem a sua existência ou se encontrem erros na documentação que inviabilizem a sua cobrança; e) o custodiante mantenha a sua obrigação de verificação do lastro dos direitos creditórios (independentemente da guarda dos documentos comprobatórios pelo cedente); f) haja prévia e expressa concordância da unanimidade dos cotistas do fundo; e g) sejam reforçadas as informações sobre o fundo divulgadas periodicamente.[313]

O precedente original no qual se discutiu a dispensa ao artigo 38, §7º, inciso II, da Instrução CVM nº 356/01, para permitir a guarda dos documentos comprobatórios pelo cedente nas condições mencionadas acima, consiste no Processo CVM nº RJ2013/4911.[314] Nesse precedente, o Colegiado da CVM, seguindo o voto divergente da Diretora Ana Novaes e a manifestação da Área Técnica da CVM, deferiu o pedido de dispensa dessa regra (observadas as aludidas condições), vencida a relatora Diretora Luciana Dias.

SIN/GIES. Rio de Janeiro, 2 de junho de 2020. Disponível em: <http://conteudo.cvm.gov.br/decisoes/2020/20200602_R1/20200602_D1821.html>. Acesso em: 8 abr. 2022).

[312] No Processo CVM nº 19957.003483/2020-85, o Colegiado da CVM indeferiu o pedido de dispensa da regra em comento para um FIDC-NP que não observaria este requisito em particular consolidado na Deliberação CVM nº 782/17 (no caso, as cotas poderiam ser distribuídas a investidores profissionais em geral e poderiam ser negociadas no mercado secundário). Nos termos da manifestação da Área Técnica da CVM, acompanhada pelo Colegiado, "o caso concreto não demonstrou nova circunstância, controle ou estrutura adicional que permitisse mitigar o risco tratado nas regras pertinentes da ICVM 356, de maneira a permitir uma extensão do alcance das dispensas previstas na Deliberação 782". (COMISSÃO DE VALORES MOBILIÁRIOS. Colegiado. *Processo CVM nº 19957.003483/2020-85*. Relator SIN/GIES. Rio de Janeiro, 7 de julho de 2020. Disponível em: <http://conteudo. gov.br/decisoes/2020/20200707_R1/20200707_D1849.html>. Acesso em: 8 abr. 2022).

[313] Na minuta de norma objeto da Audiência Pública SDM nº 08/20, nota-se a inclusão da possibilidade de guarda dos documentos comprobatórios pelo cedente (estendendo essa possibilidade também ao originador) quando observados esses requisitos, trazendo para a norma essa jurisprudência do Colegiado da CVM (cf. Edital de Audiência Pública SDM nº 08/20. Disponível em: <http://conteudo.cvm.gov.br/audiencias_publicas/ap_sdm/2020/sdm0820.html>. Acesso em: 8 abr. 2022).

[314] COMISSÃO DE VALORES MOBILIÁRIOS. Colegiado. *Processo CVM nº RJ2013/4911*. Relatora Diretora Luciana Dias. Rio de Janeiro, 15 de julho de 2014. Disponível em: <http://conteudo. cvm.gov.br/decisoes/2014/20140715_R1/20140715_D02.html>. Acesso em: 8 abr. 2022.

A Diretora Luciana Dias, em seu voto vencido, pontuou que "qualquer dispensa de requisitos previstos na Instrução CVM nº 356, de 2001, depende da inexistência de violação ao interesse público, o qual, nesse caso, parece corresponder justamente à segurança da indústria, à proteção do investidor e à mitigação dos conflitos de interesses ora discutidos". Para a Diretora, para se abrir mão "das proteções geradas pelos serviços de um *gatekeeper* importante na cadeia dos FIDC, produto tão relevante para o sistema financeiro nacional" seria necessária uma justificativa razoável e/ou pertinente. A Diretora arguiu que a "exigência de guarda física dos documentos não tem por objetivo viabilizar a cobrança dos créditos cedidos aos FIDC, mas sim garantir a verdadeira cessão do crédito e, consequentemente, a sua propriedade pelo fundo. Portanto, é pouco relevante para o bem jurídico protegido pelo comando ora discutido se a cobrança dos créditos cedidos pode ser feita sem a documentação pertinente ao crédito".

Em seu voto divergente, a Diretora Ana Novaes rebate esse argumento ao dizer que "é irracional e economicamente um desperdício de recursos dos cotistas (e da sociedade como um todo) exigir que os contratos sejam transferidos para o custodiante do fundo, mesmo que eles não sejam necessários na negociação com o devedor inadimplente", pontuando que não haveria razão "para a CVM exigir que o cotista de um fundo incorra em um custo desnecessário, reduzindo o seu retorno se não há nenhum ganho de segurança para a indústria de recuperação de créditos inadimplidos e provisionados pelos bancos". A Diretora Ana Novaes ressalta que, na apreciação de um pedido de dispensa de requisitos normativos, as seguintes perguntas devem ser feitas: "a) o indeferimento do pedido [..] é o meio adequado e necessário para se atingir a proteção dos cotistas dos fundos? Esta é a maneira menos gravosa para se atingir os mesmos objetivos?; b) as vantagens do indeferimento superam as desvantagens?". Dessa forma, sopesa, de um lado, a segurança da indústria e a proteção dos investidores e, de outro, as questões econômicas e operacionais ligadas ao cumprimento da regra em questão.

A Área Técnica da CVM, em sua manifestação, observa que, no caso específico, estariam mitigados os riscos verificados em estruturas verticalizadas, mas que a fim de "assegurar adequada informação, a proteção dos investidores e a integridade da indústria, seria necessário o estabelecimento de determinadas condições para a concessão da dispensa", incluindo obrigações específicas de divulgação de informação aos investidores, a aprovação pelos investidores dessa dispensa e a diligência do custodiante (em linha com as condições sintetizadas na Deliberação CVM nº 782/17, mencionadas acima).

Assim, o Colegiado da CVM, acompanhando o voto da Diretora Ana Novaes e a manifestação da Área Técnica, concluiu que a dispensa do cumprimento do artigo 38, §7º, inciso II, da Instrução CVM nº 356/01, no caso concreto do Processo CVM nº RJ2013/4911, observaria o interesse público e garantiria a adequada proteção aos investidores.[315] Dentre os elementos considerados para essa conclusão, incluem-se a alta qualificação dos investidores dos FIDC-NP, bem como o fato de se tratar de créditos inadimplidos, pulverizados e de baixo valor, adquiridos pelos fundos com grande deságio (suficiente para fazer frente aos riscos de falhas na documentação). Entendeu-se, assim, que o custo para a transferência dos documentos comprobatórios dos cedentes para os custodiantes superava o benefício obtido, visto que os documentos originais não eram necessários para a cobrança extrajudicial desse tipo de crédito, além de não se justificar economicamente a sua cobrança judicial. Para a concessão dessa dispensa, foram considerados igualmente a crescente relevância da indústria de recuperação de crédito inadimplidos para a economia brasileira, bem como os ganhos de eficiência para a economia através da cessão de créditos inadimplidos para agentes especializados em sua recuperação. Ainda, no Processo CVM nº RJ2013/11017,[316] no qual também se concedeu a dispensa dessa regra em circunstâncias semelhantes ao Processo CVM nº RJ2013/4911, a Diretora Ana Novaes, posteriormente acompanhada pelo Colegiado, reforçou que "as características específicas do caso concreto autorizam a concessão da dispensa sem ameaçar a credibilidade da indústria de fundos que aplicam em direitos creditórios e os avanços conquistados com a edição da Instrução CVM 531".

Dentre as responsabilidades do custodiante do FIDC, inclui-se ainda a liquidação física e financeira dos direitos creditórios, bem como a cobrança ordinária, em nome do fundo, de valores referentes

---

[315] Nos termos do artigo 9º da Instrução CVM nº 444/06.
[316] COMISSÃO DE VALORES MOBILIÁRIOS. Colegiado. *Processo CVM nº RJ2013/11017.* Relator SIN/GIE. Rio de Janeiro, 23 de setembro de 2014. Disponível em: <http://conteudo. cvm.gov.br/decisoes/2014/20140923_R1/20140923_D02.html>. Acesso em: 8 abr. 2022.

aos ativos que integram a sua carteira.[317-318] Já a cobrança dos direitos creditórios inadimplidos pode ser feita, em nome do fundo, pelo agente de cobrança contratado (o qual pode ser inclusive o cedente ou o consultor especializado).[319] Em qualquer caso, a cobrança deve ser feita em linha com os procedimentos descritos no regulamento,[320] sendo os custos relacionados arcados pelo fundo.[321]

A transferência dos direitos creditórios ao FIDC deve ser corretamente formalizada (a fim de se evitar questionamentos sobre a segregação desses ativos).[322] Além disso, a efetiva segregação dos fluxos financeiros relativos aos direitos creditórios também foi objeto de preocupação na reforma da governança dos FIDC feita pela Instrução CVM nº 531/13. Assim, os valores referentes aos ativos da carteira do FIDC devem ser recebidos diretamente em conta de titularidade do fundo ou em conta vinculada sob o controle ou a fiscalização do custodiante (*escrow account*) – proibindo o recebimento dos recursos pelo cedente em conta corrente de livre movimentação, para posterior repasse ao FIDC.[323] De acordo com o Relatório de Análise da Audiência Pública SDM nº 05/12,[324] essa regra teve por objetivo "mitigar o risco de não segregação dos fluxos financeiros relativos aos direitos creditórios cedidos ao fundo, possibilitando o controle de tais fluxos pelo custodiante", buscando "inibir o risco de fungibilidade associado a uma eventual 'contaminação' dos recursos a serem carreados ao fundo: i) caso fossem 'misturados' a recursos com outras destinações; ou ii) em função de indevida apropriação facilitada pela circulação desses recursos pela conta do cedente sem um devido controle pelo *gatekeeper* responsável".

Pedidos de dispensa da regra do artigo 38, inciso VII, da Instrução CVM nº 356/01, para permitir que os recursos sejam recebidos pelo

---

[317] Segundo o artigo 38, incisos IV e VII, da Instrução CVM nº 356/01.

[318] A minuta de norma objeto da Audiência Pública SDM nº 08/20 autorizaria o custodiante a subcontratar prestadores de serviço para auxiliá-lo na cobrança ordinária, desde que não fossem originadores, cedentes, consultores especializados, ou partes a eles relacionadas (cf. Edital de Audiência Pública SDM nº 08/20. Disponível em: <http://conteudo.cvm.gov. br/audiencias_publicas/ap_sdm/2020/sdm0820.html>. Acesso em: 8 abr. 2022).

[319] Conforme o artigo 39, inciso IV e §3º, da Instrução CVM nº 356/01.

[320] De acordo com o artigo 24, inciso X, alínea "c", da Instrução CVM nº 356/01.

[321] Segundo o artigo 56, inciso VI, da Instrução CVM nº 356/01.

[322] A respeito da segregação do ativo na securitização, ver item 1.2 acima.

[323] Nos termos do artigo 38, inciso VII, da Instrução CVM nº 356/01.

[324] Cf. Relatório de Análise da Audiência Pública SDM nº 05/12 – Processo CVM nº RJ2009-7807. Disponível em: <http://conteudo.cvm.gov.br/audiencias_publicas/ap_sdm/2012/sdm0512. html>. Acesso em: 8 abr. 2022.

cedente em conta corrente de sua livre movimentação, foram indeferidos pelo Colegiado da CVM.[325] No Processo CVM nº 19957.005955/2019-09,[326] no qual foi negada essa dispensa,[327] a manifestação da *Área* Técnica da CVM, acompanhada pelo Colegiado, ressaltou que "[a] edição da ICVM 531 [...] trouxe para a indústria de FIDC uma série de modificações relevantes, em especial com o objetivo de evitar os três grandes riscos centrais numa estrutura de FIDC, a saber: a asseguração da existência do direito creditório; a garantia da unicidade desse direito creditório (de forma a evitar, por exemplo, que ele seja cedido indevidamente mais de uma vez); e o risco de fungibilidade, qual seja, o de não se garantir a adequada segregação dos fluxos financeiros relativos aos direitos creditórios cedidos ao fundo". De acordo com a *Área* Técnica, a regra introduzida no artigo 38, inciso VII, da Instrução CVM nº 356/01, mitigaria o risco de fungibilidade das estruturas de securitização. Conforme ressaltado na decisão do Colegiado nesse processo, embora a estrutura proposta no caso concreto "parecesse mitigar a preocupação com a segurança e transparência aos investidores" – já que as cotas seriam destinadas apenas aos prestadores de serviços do FIDC, sem possibilidade de sua negociação no mercado secundário – "ainda remanesceria a questão do impacto sobre a credibilidade do veículo e da regulação da CVM sobre ele incidente".

---

[325] Nota-se que a minuta de norma objeto da Audiência Pública SDM nº 08/20 autorizaria, apenas para FIDC destinados exclusivamente a investidores profissionais, que o regulamento previsse que os recursos sejam recebidos pelo cedente em conta corrente de livre movimentação, para posterior repasse ao fundo (cf. Edital de Audiência Pública SDM nº 08/20. Disponível em: <http://conteudo.cvm.gov.br/audiencias_publicas/ap_sdm/2020/sdm0820.html>. Acesso em: 8 abr. 2022).

[326] COMISSÃO DE VALORES MOBILIÁRIOS. Colegiado. *Processo CVM nº 19957.005955/2019-09*. Relator SIN/GIES. Rio de Janeiro, 30 de julho de 2019. Disponível em: <http://conteudo. cvm.gov.br/decisoes/2019/20190730_R1/20190730_D1477.html>. Acesso em: 8 abr. 2022.

[327] No mesmo sentido, ver COMISSÃO DE VALORES MOBILIÁRIOS. Colegiado. *Processo CVM nº 19957.003483/2020-85*. Relator SIN/GIES. Rio de Janeiro, 7 de julho de 2020. Disponível em: <http://conteudo.cvm.gov.br/decisoes/2020/20200707_R1/20200707_D1849.html>. Acesso em: 8 abr. 2022. Ainda, no Processo CVM nº RJ2013/11017, o Colegiado da CVM decidiu que não haveria necessidade de dispensa formal da regra do artigo 38, inciso VII, da Instrução CVM nº 356/01 no caso de direitos creditórios em processo de cobrança judicial no momento de sua aquisição pelo FIDC quando: a) o administrador solicitar nos autos do processo a mudança, do cedente para o FIDC, da titularidade da conta de depósito dos valores; e b) o pleito for negado pelo juiz (já que se trata de situação de inexigibilidade de conduta diversa) (COMISSÃO DE VALORES MOBILIÁRIOS. Colegiado. *Processo CVM nº RJ2013/11017*. Relator SIN/GIE. Rio de Janeiro, 23 de setembro de 2014. Disponível em: <http://conteudo.cvm.gov.br/decisoes/2014/20140923_R1/20140923_D02.html>. Acesso em: 8 abr. 2022).

2.6 Principais interesses protegidos e riscos considerados pela CVM na regulação dos FIDC

Com base no modelo de securitização por meio dos FIDC estudado neste Capítulo 2, é possível identificar os principais interesses protegidos e riscos considerados pela CVM na regulação desse veículo, sintetizados a seguir.

A partir da análise das normas da CVM, de suas audiências públicas e da jurisprudência do Colegiado da CVM, conclui-se que os principais interesses protegidos por esse regulador são a proteção do investidor (inclusive por meio de sua adequada informação), bem como a integridade, a segurança e a confiabilidade dos FIDC e do mercado de securitização. Já os riscos envolvidos na securitização que a regulação busca mitigar são, especialmente, os riscos decorrentes da assimetria de informação, o risco de fraude, os riscos decorrentes de conflitos de interesses e o risco de fungibilidade.

Percebe-se que a proteção do investidor, incluindo-se através de sua adequada informação, é um interesse que norteia a regulação da CVM. A preocupação com esse interesse manifesta-se, por exemplo, no reforço dos deveres fiduciários dos prestadores de serviços do FIDC em relação aos seus investidores. As regras que tornam os FIDC mais transparentes também visam à proteção do investidor (inclusive para possibilitar que tome decisões de investimento fundamentadas), além de buscar mitigar os riscos decorrentes da assimetria de informação entre os investidores e os participantes da estrutura de securitização.

Os níveis de proteção e de informação do investidor podem ser ponderados de acordo com a sua qualificação. O grau de sofisticação do investidor é levado em consideração pelo regulador nas disposições da norma e na concessão de dispensas a requisitos normativos, desde que considerados os demais interesses visados pela regulação. Vê-se a preocupação da CVM com a proteção do investidor de menor qualificação, por exemplo, quando da criação do FIDC-NP, ao restringir aos investidores mais sofisticados o acesso a esse fundo de maior risco e/ ou complexidade.

Outros interesses resguardados pela regulação da CVM consistem na integridade, na segurança e na confiabilidade dos FIDC e do mercado de securitização. Verifica-se a preocupação com esses interesses, por exemplo, nos mecanismos para aperfeiçoar e reforçar a atuação e a responsabilidade dos prestadores de serviços fiduciários dos FIDC. Tais mecanismos, além de contribuírem para a proteção dos investidores, elegem os prestadores de serviços (o administrador e o custodiante em especial, atualmente) como *gatekeepers* da indústria dos FIDC, com o objetivo de garantir a higidez e o bom funcionamento desse mercado.

Ameaçam a integridade, a segurança e a confiabilidade dos FIDC, sendo levados em consideração pela regulação da CVM, os seguintes riscos: a) o risco de fraude, especialmente na originação dos direitos creditórios ou na sua cessão ao FIDC (e.g., casos de inexistência ou de dupla cessão dos direitos creditórios); b) os riscos decorrentes de conflitos de interesses; e c) o risco de fungibilidade.

Os conflitos de interesses entre os participantes da operação de securitização e os investidores finais dos FIDC podem levar ao surgimento de estruturas do tipo "originar para distribuir" (e à consequente prática de geração de maus créditos), além de contribuir para o risco de fraude. Assim, as regras introduzidas para mitigação de conflito de interesses na originação ou na cessão dos direitos creditórios buscam evitar a reprodução do modelo "originar para distribuir", bem como conferir maior alinhamento entre os participantes da estrutura de securitização e seus investidores. As regras que mitigam conflitos de interesses na verificação do lastro dos direitos creditórios ou na guarda de sua documentação, aliadas àquelas que reforçam os processos de verificação e de controle dos direitos creditórios pelo custodiante do FIDC, buscam lidar com o risco de fraude e melhorar a segurança e a governança de tais fundos. O risco de fungibilidade, por sua vez, é mitigado através de regras que exigem a efetiva segregação dos fluxos financeiros relativos aos direitos creditórios cedidos ao FIDC.

Uma vez explorada, nesta Parte I, a securitização no setor privado, na Parte II a seguir serão analisadas as especificidades da securitização de créditos públicos, através do estudo do caso das operações de securitização do Estado de São Paulo.

PARTE II

A SECURITIZAÇÃO DE CRÉDITOS PÚBLICOS

Conforme exposto na Introdução, os objetivos principais da presente pesquisa consistem em identificar as particularidades da securitização de créditos públicos, quando comparada com a securitização no setor privado, bem como avaliar os impactos dessas especificidades sob o ponto de vista do Direito Comercial e da regulação do mercado de capitais. Para que esses objetivos possam ser atingidos, optou-se por realizar um estudo de caso das operações de securitização do Estado de São Paulo nesta Parte II.

No Capítulo 3, será apresentada a primeira parte do estudo do caso, i.e., o relato do caso das operações de securitização de créditos públicos do Estado de São Paulo, com a descrição e a sistematização de seus elementos essenciais.[328] A sua análise crítica – segunda parte do estudo do caso – será realizada no Capítulo 4, buscando identificar e avaliar as especificidades encontradas em comparação com a securitização no setor privado analisada na Parte I (especialmente com relação ao modelo de securitização por meio dos FIDC, explorado no Capítulo 2).

---

[328] A última atualização da pesquisa por informações e documentos relacionados às operações de securitização de créditos públicos do Estado de São Paulo (listados no Apêndice) data de 8.4.2022.

CAPÍTULO 3

SECURITIZAÇÃO DE CRÉDITOS PÚBLICOS: O CASO DO ESTADO DE SÃO PAULO

O estudo da estrutura da securitização dos créditos públicos, sob a ótica do Direito Comercial e da regulação do mercado de capitais, deve passar pelas três grandes fases das operações de securitização em geral,[329] quais sejam: a) constituição do veículo de securitização; b) segregação do ativo; e c) emissão e subscrição dos valores mobiliários. O presente Capítulo 3 propõe-se a apresentar o relato do caso da securitização de créditos públicos feita pelo Estado de São Paulo, compreendendo cada uma das fases da operação, bem como os posteriores questionamentos a ela realizados.

3.1 Estrutura das operações de securitização de créditos públicos do Estado de São Paulo

A securitização de créditos públicos do Estado de São Paulo foi autorizada pela Lei Estadual nº 13.723/09 (Lei Autorizativa), a qual delimita os contornos para sua realização. Até o momento,[330] foram realizadas duas etapas de securitização de créditos do Estado de São Paulo. Ressalta-se que, em 2020, a Lei Autorizativa sofreu algumas alterações por meio da Lei Estadual nº 17.293/20, do Estado de São Paulo. No entanto, as operações de securitização já realizadas continuam

---

[329] Ver item 1.2 acima.

[330] Conforme informações verificadas no site da Secretaria da Fazenda e do Planejamento do Estado de São Paulo. A última verificação foi realizada em 8.4.2022. Disponível em: <https://portal.fazenda.sp.gov.br/Institucional/Paginas/CPSEC/CPSEC.aspx>. Acesso em: 8 abr. 2022.

regidas pela redação original da Lei Autorizativa, vigente à época de seu início.[331]

Na primeira etapa, foi objeto de securitização uma parcela do fluxo financeiro decorrente de créditos de titularidade do Estado inscritos no Programa de Parcelamento Incentivado (PPI). O Estado cedeu tal fluxo ao veículo de securitização escolhido, a Companhia Paulista de Securitização (CPSEC), que por sua vez realizou a primeira emissão de debêntures para distribuição pública e uma emissão de debêntures subordinadas (destinadas ao Estado de São Paulo). O objeto da segunda etapa de securitização consistiu em parcela do fluxo financeiro decorrente dos créditos inscritos no Programa Especial de Parcelamento (PEP). Essa segunda etapa contou com a segunda emissão de debêntures para distribuição pública, em duas séries (sendo a segunda delas destinada ao Estado de São Paulo), além da terceira emissão de debêntures. A securitização transformou um universo delimitado de recebíveis (o fluxo financeiro proporcionado pelo pagamento dos créditos parcelados no âmbito do PPI e do PEP) em valores mobiliários passíveis de distribuição no mercado de capitais (as debêntures emitidas pela CPSEC).

Em síntese, a operação de securitização consistiu na cessão, pelo Estado de São Paulo à CPSEC (previamente constituída para atuar como veículo de securitização), do fluxo financeiro decorrente do pagamento de créditos públicos de sua titularidade. A CPSEC, em seguida, emitiu debêntures para colocação junto a investidores e transferiu ao Estado os recursos assim arrecadados a título de pagamento pela cessão do fluxo financeiro. Os titulares das debêntures fazem jus a uma taxa de juros estabelecida conforme as condições de mercado então vigentes e, em contrapartida, assumem o risco de o fluxo financeiro ser insuficiente para amortizar as debêntures (em caso de inadimplência dos contribuintes devedores dos créditos parcelados). Por fim, o fluxo financeiro recebido pela CPSEC, no que exceder ao montante necessário para amortizar as debêntures distribuídas ao mercado, retorna ao Estado por meio das debêntures que ele próprio subscreveu.

Passa-se a analisar mais detidamente as características das três fases das operações de securitização realizadas pelo Estado de São Paulo, quais sejam: a) constituição do veículo de securitização; b) segregação do ativo; e c) emissão e subscrição dos valores mobiliários.

---

[331] Nos termos do artigo 9º-C, parágrafo único, da Lei Estadual nº 13.723/09, do Estado de São Paulo (incluído pela Lei Estadual nº 17.293/20, do Estado de São Paulo).

3.1.1 Constituição do veículo de securitização

A princípio, a Lei Estadual nº 13.723/09, do Estado de São Paulo, prevê que as formas de veículo de securitização que poderiam ser utilizadas no âmbito das operações de securitização dos créditos públicos do Estado seriam a sociedade anônima e o FIDC. Observa-se que, aqui, a situação do originador da securitização – o Estado de São Paulo – impacta o tipo de veículo de securitização a ser escolhido para a operação, bem como suas características.

Caso fosse utilizado um FIDC, a Lei Autorizativa impõe que tal fundo deve, além de ser constituído em obediência às normas da CVM, ser instituído e administrado pelo agente financeiro do Tesouro.[332-333] Ainda, de acordo com a regulação da CVM, deve ser constituído sob a forma de um FIDC-NP, já que investiria em direitos creditórios "decorrentes de receitas públicas originárias ou derivadas [...] dos Estados".[334]

No caso da escolha de uma sociedade como veículo de securitização, a Lei Autorizativa prevê a criação de uma sociedade de propósito específico para tanto.[335] Conforme disposto na referida lei,[336] tal sociedade de propósito específico deve ser constituída sob a forma de sociedade anônima, com a maioria absoluta de seu capital votante detida pelo Estado de São Paulo, sendo vinculada à Secretaria da Fazenda. O objeto social da sociedade deve ser representado pela estruturação e implementação de operações que envolvam a emissão e a distribuição de valores mobiliários ou outra forma de obtenção de recursos junto ao mercado de capitais, lastreadas na cessão do fluxo de recebimento dos créditos públicos especificados no artigo 1º da Lei Autorizativa. É permitida,[337] ainda, a eventual abertura do capital social da sociedade, desde que mantida, em caráter incondicional, a maioria absoluta do capital votante com o Estado.

Optando pela sociedade anônima para a constituição do veículo de securitização, o Estado de São Paulo, com base na autorização dada pela Lei Estadual nº 13.723/09, constituiu a Companhia Paulista de

---

[332] Conforme o artigo 1º, §2º, da Lei Estadual nº 13.723/09, do Estado de São Paulo.

[333] Nos termos do Decreto nº 60.244/14, do Estado de São Paulo, o agente financeiro do Tesouro Estadual seria o Banco do Brasil S.A.

[334] Segundo o artigo 1º, §1º, inciso II, da Instrução CVM nº 444/06.

[335] A Lei permitiria ainda a cessão de direitos creditórios à Companhia Paulista de Parcerias (artigo 1º, *caput*, da Lei Estadual nº 13.723/09, do Estado de São Paulo).

[336] Nos termos do artigo 8º, *caput*, da Lei Estadual nº 13.723/09, do Estado de São Paulo.

[337] De acordo com o artigo 9º da Lei Estadual nº 13.723/09, do Estado de São Paulo.

Securitização, em 15 de outubro de 2009. A CPSEC consiste em uma sociedade de propósito específico, sob a forma de sociedade anônima, criada por tempo indeterminado, com o seguinte objeto social, disposto no artigo 2º de seu estatuto social[338] (Estatuto Social da CPSEC):

> Constitui objeto da Companhia a aquisição de direitos creditórios de titularidade do Estado de São Paulo, originários de créditos tributários e não tributários, objeto de parcelamentos administrativos ou judiciais e a estruturação e implementação de operações que envolvam a emissão de valores mobiliários, tais como debêntures, de emissão pública ou privada, ou outra forma de obtenção de recursos junto ao mercado de capitais, lastreadas nos referidos direitos creditórios, tudo na forma da Lei Estadual nº 13.723, de 29 de setembro de 2009.[339]

A CPSEC é controlada pelo Estado de São Paulo[340] e integra a Administração Pública indireta do Estado,[341] vinculada à Secretaria da Fazenda.[342] A Lei Autorizativa[343] e o Estatuto Social da CPSEC[344] preveem que a sociedade não poderá receber do Estado recursos financeiros para pagamento de despesas de pessoal ou de custeio em geral, a fim de não se caracterizar como empresa estatal dependente do Tesouro,

---

[338] COMPANHIA PAULISTA DE SECURITIZAÇÃO. *Estatuto social*, datado de 27 de abril de 2018. Disponível em: <https://portal.fazenda.sp.gov.br/Institucional/Paginas/CPSEC/CPSEC.aspx>. Acesso em: 8 abr. 2022.

[339] Artigo 2º do Estatuto Social da CPSEC (p. 5).

[340] O Estado de São Paulo detém 99,97027% das ações ordinárias de classe única emitidas pela CPSEC, sendo o restante do capital social da companhia detido pela Companhia Paulista de Parcerias (cf. COMPANHIA PAULISTA DE SECURITIZAÇÃO. *Planejamento Estratégico 2019 – 2023*. Disponível em: <https://portal.fazenda.sp.gov.br/Institucional/Paginas/CPSEC/CPSEC.aspx>. Acesso em: 8 abr. 2022).

[341] Cf. CONSELHO DE DEFESA DE CAPITAIS DO ESTADO DE SÃO PAULO. *Parecer*, datado de 16 de junho de 2015 e aprovado pela Consultoria Jurídica da Secretaria da Fazenda em 19 de junho de 2015. Documento retirado dos autos da Ação Civil Pública nº 1001566-75.2018.8.26.0053, em trâmite perante a 14ª Vara de Fazenda Pública do Foro Central da Comarca de São Paulo, fls. 1141-1144.

[342] De acordo com o artigo 1º, inciso XIV, do Decreto nº 62.704/17, do Estado de São Paulo, a CPSEC constitui uma unidade orçamentária da Secretaria da Fazenda.

[343] Nos termos do artigo 8º, parágrafo único, da Lei Estadual nº 13.723/09, do Estado de São Paulo.

[344] Segundo o artigo 2º, parágrafo único, do Estatuto Social da CPSEC.

CAPÍTULO 3
SECURITIZAÇÃO DE CRÉDITOS PÚBLICOS: O CASO DO ESTADO DE SÃO PAULO | 103

conforme definida na Lei de Responsabilidade Fiscal.[345-346] De acordo com o parecer da Consultoria Jurídica da Secretaria da Fazenda do Estado de São Paulo,[347] ao não se enquadrar nesse conceito, o veículo de securitização em si não se submeteria à Lei de Responsabilidade Fiscal, cujo artigo 1º, §3º, restringe sua aplicabilidade apenas às empresas estatais dependentes.

Com as alterações da Lei Autorizativa feitas pela Lei Estadual nº 17.293/20, do Estado de São Paulo, introduziu-se a possibilidade de a CPSEC: a) adquirir, a título oneroso, direitos creditórios originários de relações contratuais ou legais, inclusive quando inscritos em dívida ativa, de entidades da Administração direta e indireta do Estado de São Paulo; b) ser contratada por entidades da Administração direta e indireta do Estado de São Paulo para estruturar e implementar operações de securitização de interesse da Administração; e c) ser contratada por municípios do Estado de São Paulo para estruturar e implementar operações lastreadas ou garantidas pelos seus direitos creditórios.[348]

Para viabilizar a negociação de valores mobiliários emitidos pela CPSEC em mercados regulamentados,[349] a companhia registrou-se previamente na CVM como emissora de valores mobiliários,[350] na categoria B.[351] A CPSEC está assim habilitada a emitir valores mobiliários

---

[345] O artigo 2º, *caput*, inciso III, da Lei de Responsabilidade Fiscal, define empresa estatal dependente como a "empresa controlada que receba do ente controlador recursos financeiros para pagamento de despesas com pessoal ou de custeio em geral ou de capital, excluídos, no último caso, aqueles provenientes de aumento de participação acionária".

[346] O Parecer nº 100/12, de 28 de maio de 2012, do Conselho de Defesa de Capitais do Estado de São Paulo, classifica a CPSEC como empresa estatal não dependente do Tesouro do Estado de São Paulo (documento retirado dos autos da Ação Popular nº 1039132-29.2016.8.26.0053, em trâmite perante a 12ª Vara de Fazenda Pública do Foro Central da Comarca de São Paulo, fls. 1351-1353).

[347] Cf. CONSULTORIA JURÍDICA DA SECRETARIA DA FAZENDA DO ESTADO DE SÃO PAULO. *Parecer nº 611/2010*, emitido no Processo nº 23752-430087/2010, datado de 25 de junho de 2010. Documento retirado dos autos da Ação Popular nº 1039132-29.2016.8.26.0053, em trâmite perante a 12ª Vara de Fazenda Pública do Foro Central da Comarca de São Paulo, fls. 1503-1531.

[348] Nos termos do artigo 1º, *caput*, do artigo 9º-A, inciso I, do artigo 9º-B e do artigo 9º-C, *caput*, da Lei Estadual nº 13.723/09, do Estado de São Paulo (com a redação dada pela Lei Estadual nº 17.293/20, do Estado de São Paulo).

[349] De acordo com o artigo 2º da Instrução CVM nº 461/07, os mercados regulamentados de valores mobiliários compreendem: a) os mercados organizados (1) de bolsa; e (2) de balcão; e b) o mercado de balcão não organizado.

[350] Conforme exigência do artigo 1º da Instrução CVM nº 480/09.

[351] A CPSEC é registrada na CVM sob nº 2208-0 como emissora de valores mobiliários na categoria B, conforme Ofício/CVM/SEP/RIC nº 17/2010, de 20 de julho de 2010 (documento

VICTÓRIA BARUSELLI CABRAL DE MELO
SECURITIZAÇÃO DE CRÉDITOS PÚBLICOS: ASPECTOS DE MERCADO DE CAPITAIS

negociáveis em mercados regulamentados (exceto ações e certificados de depósito de ações[352]).

3.1.2 Segregação do ativo

O ativo que serve de lastro às operações de securitização de créditos públicos do Estado de São Paulo consiste no fluxo financeiro decorrente de determinados créditos que o Estado detém contra os particulares. Dessa forma, tem-se: a) por originador e cedente dos créditos securitizados, o próprio Estado de São Paulo; e b) por devedores, os particulares.

O artigo 1º, *caput*, da Lei Autorizativa, em sua redação original, permite ao Estado de São Paulo ceder:

> os direitos creditórios originários de créditos tributários e não tributários, objeto de parcelamentos administrativos ou judiciais, relativos ao Imposto sobre Operações Relativas à Circulação de Mercadorias e sobre Prestações de Serviços de Transporte Interestadual e Intermunicipal e de Comunicação – ICMS, ao Imposto de Transmissão "Causa Mortis" e Doação de Quaisquer Bens ou Direitos – ITCMD, ao Imposto sobre a Propriedade de Veículos Automotores – IPVA, às taxas de qualquer espécie e origem, às multas administrativas de natureza não tributária, às multas contratuais, aos ressarcimentos e às restituições e indenizações.[353-354]

A Lei Autorizativa[355] determina, ainda, que os créditos cujo fluxo financeiro pode ser cedido seriam os tributários cujo fato gerador já tenha ocorrido ou os créditos não tributários vencidos, já definitivamente constituídos. Esses créditos devem ter sido inscritos em dívida ativa ou

---

retirado dos autos da Ação Civil Pública nº 1001566-75.2018.8.26.0053, em trâmite perante a 14ª Vara de Fazenda Pública do Foro Central da Comarca de São Paulo, fls. 602-605).

[352] Ou, ainda, valores mobiliários que confiram ao titular o direito de adquirir ações e certificados de depósito de ações (nos termos do artigo 2º, §2º, da Instrução CVM nº 480/09).

[353] Artigo 1º, *caput*, da Lei Estadual nº 13.723/09, do Estado de São Paulo.

[354] Com as alterações da Lei Autorizativa introduzidas pela Lei Estadual nº 17.293/20, passa-se a autorizar o Estado de São Paulo a ceder, de forma mais ampla, "direitos creditórios originários de créditos tributários e não tributários, inscritos ou não em dívida ativa" (artigo 1º, *caput*, da Lei Estadual nº 13.723/09, do Estado de São Paulo, com a redação dada pela Lei Estadual nº 17.293/20, do Estado de São Paulo).

[355] Nos termos do artigo 1º, §1º, da Lei Estadual nº 13.723/09, do Estado de São Paulo.

reconhecidos pelo contribuinte ou devedor mediante a formalização de parcelamento.[356]

Diante desse contexto introduzido pela Lei Estadual nº 13.723/09, o Estado de São Paulo já realizou a securitização de seus créditos decorrentes de dois programas de parcelamento: o Programa de Parcelamento Incentivado e o Programa Especial de Parcelamento. Ambos têm por objeto a liquidação de débitos fiscais relacionados com o Imposto sobre Operações Relativas à Circulação de Mercadorias (ICM) e com o Imposto sobre Operações Relativas à Circulação de Mercadorias e sobre Prestações de Serviços de Transporte Interestadual e Intermunicipal e de Comunicação (ICMS). Cabe ressaltar que,[357] especificamente em relação aos créditos provenientes de parcelamentos relativos ao ICMS, o Convênio ICMS nº 104/02[358] autoriza os Estados subscritores – dentre eles o Estado de São Paulo – a cederem a título oneroso os "direitos de recebimento do produto do adimplemento das prestações dos contribuintes do [ICMS] que sejam objeto de parcelamento judicial ou extrajudicial".

Com a instituição desses programas de parcelamento, o Estado de São Paulo recebe mensalmente um fluxo de receitas decorrente dos pagamentos dos montantes devidos pelos contribuintes que a eles aderiram. Esses fluxos de pagamentos foram então parcialmente cedidos ao veículo de securitização escolhido – a CPSEC – que emitiu debêntures para captar os recursos necessários para pagar ao Estado pela cessão.

A primeira etapa de securitização teve por objeto a parcela do fluxo financeiro correspondente a 74% dos pagamentos realizados no âmbito do Programa de Parcelamento Incentivado. O PPI foi instituído pelo Decreto Estadual nº 51.960/07 e tem por objeto a liquidação de débitos fiscais relacionados com o ICM e com o ICMS decorrentes de fatos geradores ocorridos até 31 de dezembro de 2006. Já na segunda

---

[356] A partir das alterações da Lei Autorizativa introduzidas pela Lei Estadual nº 17.293/20, esclarece-se que os direitos creditórios devem ser "originários de parcelamentos inscritos ou não em dívida ativa, já existentes e os que vierem a ser originados posteriormente à data de publicação desta lei" (artigo 1º, §3º, da Lei Estadual nº 13.723/09, do Estado de São Paulo, com a redação dada pela Lei Estadual nº 17.293/20, do Estado de São Paulo).

[357] Conforme destacado no Projeto de Lei nº 749, de 2009, do Estado de São Paulo, que deu origem à Lei Estadual nº 13.723/09. Disponível em: <https://www.al.sp.gov.br/propositura/?id=887924>. Acesso em: 8 abr. 2022.

[358] CONSELHO NACIONAL DE POLÍTICA FAZENDÁRIA. *Convênio ICMS nº 104/02*, aprovado pelo Conselho Nacional de Política Fazendária em sua 64ª reunião ordinária, realizada em 29 de agosto de 2002. Disponível em: <https://www.confaz.fazenda.gov.br/legislacao/convenios/2002/CV104_02>. Acesso em: 8 abr. 2022.

etapa, foi objeto de securitização a parcela do fluxo financeiro correspondente a 71% dos pagamentos do Programa Especial de Parcelamento. O PEP, por sua vez, foi instituído pelos Decretos Estaduais nº 58.811/12 e nº 60.444/14, tendo também por objeto a liquidação de débitos fiscais relacionados com o ICM e com o ICMS decorrentes, de início, de fatos geradores ocorridos até 31 de julho de 2012 e, após a extensão feita pelo Decreto nº 60.444/14, até 31 de dezembro de 2013.

Nota-se que a cessão da totalidade dos fluxos de pagamento decorrentes dos programas de parcelamento não estaria autorizada pela Lei Estadual nº 13.723/09. Essa lei prevê que o montante passível de cessão exclui a parcela constitucionalmente destinada aos municípios e as demais receitas vinculadas de acordo com as previsões da Constituição Federal e da Constituição do Estado de São Paulo.[359] Exclui-se, também, os eventuais honorários advocatícios percebidos na atividade de cobrança dos créditos (destinados à Procuradoria Geral do Estado).[360] Assim, a fração excluída dos fluxos decorrentes do PPI e do PEP cedidos à CPSEC continua a ser destinada a tais vinculações.

A Lei Autorizativa dispõe, ainda, que a cessão deve ser disciplinada em instrumento específico, com identificação e individualização dos créditos cujo fluxo financeiro seja objeto de cessão.[361] Dessa forma, o Estado de São Paulo celebrou com a CPSEC,[362] em 1º de março de 2012, o contrato de promessa de cessão do fluxo de pagamentos decorrente do PPI[363] (Contrato de Promessa de Cessão do PPI) e, em 18 de dezembro de 2014, o contrato de promessa de cessão do fluxo de pagamentos decorrente do PEP[364] (Contrato de Promessa de Cessão do PEP e, em

---

[359] Nos termos do artigo 5º da Lei Estadual nº 13.723/09, do Estado de São Paulo.

[360] Conforme o artigo 2º da Lei Estadual nº 13.723/09, do Estado de São Paulo.

[361] De acordo com o artigo 7º da Lei Estadual nº 13.723/09, do Estado de São Paulo.

[362] A celebração desses instrumentos pelo Estado de São Paulo foi previamente aprovada por pareceres da Consultoria Jurídica da Secretaria da Fazenda do Estado de São Paulo (Parecer nº 611/2010, emitido no Processo nº 23752-430087/2010, em 25 de junho de 2010; Parecer nº 218/2012, emitido no Processo nº 23752-430087/2010, em 1º de março de 2012; Parecer nº 1542/2014, emitido no Processo nº 23752-1500722/2014, em 10 de dezembro de 2014; e Parecer nº 1588/2014, emitido no Processo nº 23752-1500722/2014, em 18 de dezembro de 2014. Documentos retirados dos autos da Ação Popular nº 1039132-29.2016.8.26.0053, em trâmite perante a 12ª Vara de Fazenda Pública do Foro Central da Comarca de São Paulo, fls. 1503-1531; 1532-1543; 1544-1578; 1579-1588).

[363] "Instrumento Particular de Contrato de Promessa de Cessão de Direitos Creditórios e Outras Avenças", celebrado entre o Estado de São Paulo e a Companhia Paulista de Securitização, em 1.3.2012. Documento retirado dos autos da Ação Popular nº 1039132-29.2016.8.26.0053, em trâmite perante a 12ª Vara de Fazenda Pública do Foro Central da Comarca de São Paulo, fls. 864-898.

[364] "Instrumento Particular de Contrato de Promessa de Cessão de Direitos Creditórios do Programa Especial de Parcelamento – PEP e Outras Avenças", celebrado entre o Estado

conjunto com o Contrato de Promessa de Cessão do PPI, Contratos de Promessa de Cessão do PPI e do PEP). Em sequência à realização de cada um desses contratos, foram celebrados os termos de cessão definitiva, com a individualização dos créditos inscritos no PPI ou no PEP, conforme o caso, cujo fluxo foi cedido, como descrito no prospecto definitivo da terceira emissão de debêntures da CPSEC[365] (Prospecto da Terceira Emissão de Debêntures da CPSEC).[366]

Essa individualização foi feita por meio de código criptografado gerado pelo Estado e vinculado a cada parcelamento, de modo a manter o sigilo do nome dos contribuintes.[367] A Lei Autorizativa impõe expressamente a proteção do sigilo fiscal do particular,[368] dispondo que, nos procedimentos necessários à formalização da cessão, deverá ser preservado o sigilo relativamente a qualquer informação sobre a situação econômica ou financeira do devedor e sobre a natureza e o estado de seus negócios ou atividades.[369]

Além disso, o Estado de São Paulo é o responsável pela custódia, como fiel depositário, dos documentos comprobatórios dos créditos cujo fluxo foi cedido. Tais documentos correspondem à cópia dos acordos de parcelamento celebrados entre o Estado de São Paulo e o contribuinte e, quando se tratar de débito inscrito em dívida ativa, à respectiva certidão de dívida ativa.[370]

A CPSEC e os agentes fiduciários das emissões de debêntures somente podem ter acesso às informações sobre os contribuintes

---

de São Paulo e a Companhia Paulista de Securitização, em 18.12.2014. Documento retirado dos autos da Ação Popular nº 1039132-29.2016.8.26.0053, em trâmite perante a 12ª Vara de Fazenda Pública do Foro Central da Comarca de São Paulo, fls. 899-966.

[365] COMPANHIA PAULISTA DE SECURITIZAÇÃO. *Prospecto definitivo de distribuição pública de debêntures simples, não conversíveis em ações, da espécie com garantia real, em série única, da 3ª emissão, da Companhia Paulista de Securitização*, datado de 7 de julho de 2015. Disponível em: <https://portal.fazenda.sp.gov.br/Institucional/Paginas/CPSEC/CPSEC.aspx>. Acesso em: 8 abr. 2022.

[366] De acordo com as informações disponíveis no Prospecto da Terceira Emissão de Debêntures da CPSEC, foram celebrados: a) no âmbito da securitização do PPI, o "Boletim de Subscrição e Termo de Cessão nº 1", o "Boletim de Subscrição e Termo de Cessão nº 2", o "Boletim de Subscrição e Termo de Cessão nº 3" e o "Termo de Cessão de Direitos Creditórios do PPI", em 20.4.2012; e b) no âmbito da securitização do PEP, o "Boletim de Subscrição da 2ª Série da 2ª Emissão e Termo de Cessão" e o "Termo de Cessão de Direitos Creditórios PEP", em 30.12.2014.

[367] De acordo com o item 2.1 e a cláusula sétima dos Contratos de Promessa de Cessão do PPI e do PEP.

[368] Conforme garantido pelo artigo 198 do Código Tributário Nacional.

[369] Nos termos do artigo 7º da Lei Estadual nº 13.723/09, do Estado de São Paulo.

[370] Conforme item 8.14 do Contrato de Promessa de Cessão do PPI e item 8.16 do Contrato de Promessa de Cessão do PEP.

(incluindo os documentos comprobatórios dos créditos)[371] para fazer prova em juízo ou no curso de procedimento administrativo devidamente instaurado, quando estritamente necessário à defesa dos direitos, das garantias e das prerrogativas da CPSEC ou dos debenturistas (conforme disposto na cláusula sétima dos Contratos de Promessa de Cessão do PPI e do PEP).

O preço de cessão acordado não poderia ser inferior ao valor mínimo previsto pela Lei Estadual nº 13.723/09,[372] qual seja, aquele correspondente ao saldo atualizado da dívida, excluídos juros, multas e demais acréscimos financeiros sobre as parcelas vincendas. Assim, o preço de cessão foi calculado de acordo com o valor atualizado do saldo devedor dos parcelamentos cedidos (incluindo os acréscimos devidos sobre as parcelas vencidas até a data de cessão), sendo pago parte em dinheiro e parte mediante a subscrição e integralização pelo Estado de debêntures emitidas pela CPSEC. A remuneração esperada do adquirente desse fluxo – a CPSEC e, em última instância, os investidores das debêntures – refere-se aos juros e acréscimos financeiros sobre as parcelas vincendas.

Na primeira etapa da estruturação da securitização, o Estado de São Paulo cedeu à CPSEC a mencionada parcela do fluxo financeiro decorrente dos pagamentos do PPI no montante total de R$ 1.753.752.571,00, sendo: a) R$ 1.153.752.571,00 cedidos pelo Estado em contrapartida à subscrição e integralização das debêntures subordinadas; e b) R$ 600.000.000,00 cedidos pelo Estado mediante pagamento em dinheiro obtido pela CPSEC por meio da primeira emissão de debêntures. Na segunda etapa da estruturação da securitização, o Estado cedeu a parcela em questão do fluxo financeiro decorrente do PEP no montante total de R$ 5.903.621.843,00. O pagamento ao Estado se deu: a) em parte com recursos captados junto aos investidores com a integralização das debêntures da primeira série da segunda emissão, no valor de R$ 800.000.000,00; b) em parte com a subscrição, pelo Estado de São Paulo, das debêntures da segunda série da segunda emissão, no valor de R$ 5.118.620.000,00; e c) em parte com recursos próprios da CPSEC, no valor de R$ 1.843,00.[373]

---

[371] Segundo o item 8.14.1 do Contrato de Promessa de Cessão do PPI e o item 8.16.1 do Contrato de Promessa de Cessão do PEP.

[372] Nos termos do artigo 3º da Lei Estadual nº 13.723/09, do Estado de São Paulo.

[373] Cf. Prospecto da Terceira Emissão de Debêntures da CPSEC.

CAPÍTULO 3
SECURITIZAÇÃO DE CRÉDITOS PÚBLICOS: O CASO DO ESTADO DE SÃO PAULO | 109

Ainda no tocante ao ativo em si a ser securitizado, a Lei Autorizativa determina que "a cessão compreende apenas o direito autônomo ao recebimento do crédito" (artigo 1º, §1º).[374] Assim, a cessão de crédito à CPSEC refere-se à cessão do fluxo financeiro decorrente dos créditos públicos do Estado de São Paulo. O objeto da cessão consiste no produto do adimplemento de tais créditos, sendo que a titularidade do crédito permanece com o Estado de São Paulo, o qual deverá repassar à CPSEC os valores recebidos. O Estado de São Paulo, como titular dos créditos públicos, mantém suas prerrogativas e exerce a cobrança desses créditos,[375] tanto administrativa (por meio da Secretaria da Fazenda) como judicial (por meio da Procuradoria Geral do Estado). A CPSEC não poderá cobrar diretamente os contribuintes dos valores devidos. De acordo com parecer da Consultoria Jurídica da Secretaria da Fazenda do Estado de São Paulo:

> A permanência da titularidade com o Estado é condição essencial para que os créditos tributários possam ser cobrados judicial ou extrajudicialmente, com todas as garantias e privilégios que lhes são inerentes, segundo prescreve o artigo 2º da Lei Autorizativa. O corolário da prerrogativa de cobrança que cabe exclusivamente ao Estado afasta a possibilidade de qualquer relação jurídica entre a CPSEC, na qualidade de cessionária dos Direitos Creditórios, e os respectivos contribuintes devedores. Daí decorre que a CPSEC não poderá, em nenhuma hipótese, exigir diretamente dos contribuintes devedores o pagamento dos Direitos Creditórios cedidos.[376]

Ademais, de acordo com a Lei Autorizativa,[377] a cessão do fluxo de recebimento de um crédito público não modifica a natureza de tal crédito, o qual mantém suas garantias e privilégios, não altera suas condições de pagamento, seus critérios de atualização ou sua data de

---

[374] Com as alterações da Lei Autorizativa introduzidas pela Lei Estadual nº 17.293/20, esclarece-se que a cessão dos direitos creditórios deve "abranger apenas o direito autônomo ao recebimento do fluxo financeiro do crédito" (artigo 2º, inciso V, da Lei Estadual nº 13.723/09, do Estado de São Paulo, com a redação dada pela Lei Estadual nº 17.293/20, do Estado de São Paulo).

[375] Nos termos do artigo 2º da Lei Estadual nº 13.723/09, do Estado de São Paulo.

[376] CONSULTORIA JURÍDICA DA SECRETARIA DA FAZENDA DO ESTADO DE SÃO PAULO. *Parecer nº 611/2010*, emitido no Processo nº 23752-430087/2010, datado de 25 de junho de 2010, p. 11. Documento retirado dos autos da Ação Popular nº 1039132-29.2016.8.26.0053, em trâmite perante a 12ª Vara de Fazenda Pública do Foro Central da Comarca de São Paulo, fls. 1503-1531.

[377] Nos termos do artigo 2º da Lei Estadual nº 13.723/09, do Estado de São Paulo.

vencimento.[378] Tal previsão é replicada nos Contratos de Promessa de Cessão do PPI e do PEP (itens 4.14 e 4.15, respectivamente).

Para viabilizar a operação nesses moldes, uma estrutura contratual foi desenhada para o encaminhamento desses fluxos de pagamentos à CPSEC, conforme os créditos sejam pagos pelos contribuintes.[379] No curso normal dos programas de parcelamento, o pagamento das parcelas pelo contribuinte é realizado mediante guia de recolhimento em contas administradas por bancos arrecadadores, responsáveis por prestarem serviços de arrecadação para o Estado de São Paulo. Os bancos arrecadadores transferem os recursos pagos pelos contribuintes para o banco centralizador,[380] responsável por repassar: a) a parcela desse fluxo de pagamentos excluída da cessão à conta do Estado de São Paulo; e b) a parcela cedida à CPSEC às contas vinculadas de titularidade da CPSEC e administradas pelos agentes fiduciários dos debenturistas.[381]

O Estado, o banco centralizador e os bancos arrecadadores – cada um em relação à atividade que lhe compete – são responsáveis pela manutenção dos serviços e rotinas necessários ao recebimento dos créditos pagos pelos contribuintes e pela transferência das verbas para as contas especificadas.[382] Quanto às obrigações do Estado de São Paulo, nos termos dos Contratos de Promessa de Cessão do PPI e do PEP,[383] deve ele segregar em seus sistemas de controle interno os créditos cujos fluxos foram cedidos e realizar o processamento das informações necessárias à emissão das guias de recolhimento, de forma que as verbas sejam automaticamente identificadas, pelo banco centralizador, como

---

[378] Com as alterações da Lei Autorizativa introduzidas pela Lei Estadual nº 17.293/20, esclarece-se que a cessão dos direitos creditórios deve "manter inalterados os critérios de atualização ou correção de valores e os montantes representados pelo principal, os juros e as multas, assim como as condições de pagamento e as datas de vencimento, os prazos e os demais termos avençados originalmente entre a Fazenda do Estado ou o órgão da administração pública e o devedor ou contribuinte" (artigo 2º, inciso II, da Lei Estadual nº 13.723/09, do Estado de São Paulo, com a redação dada pela Lei Estadual nº 17.293/20, do Estado de São Paulo).

[379] Para um maior detalhamento da estrutura do fluxo de pagamentos da operação, cf. Prospecto da Terceira Emissão de Debêntures da CPSEC, especialmente a seção "Estrutura de Contas Vinculadas".

[380] Na estrutura presente quando da terceira emissão de debêntures, trata-se do Banco do Brasil S.A. (de acordo com o Prospecto da Terceira Emissão de Debêntures da CPSEC).

[381] O agente fiduciário dos debenturistas da 1ª, 2ª e 3ª emissão de debêntures da CPSEC é a Oliveira Trust Distribuidora de Títulos e Valores Mobiliários S.A. (de acordo com o Prospecto da Terceira Emissão de Debêntures da CPSEC).

[382] Conforme item 9.1 dos Contratos de Promessa de Cessão do PPI e do PEP.

[383] Segundo o item 9.2 dos Contratos de Promessa de Cessão do PPI e do PEP.

cedidas à CPSEC. O Estado obrigou-se a fazer com que o pagamento dos créditos que lastreiam o fluxo cedido à CPSEC, pago a qualquer título pelos contribuintes, seja creditado pelo banco centralizador exclusivamente nas contas vinculadas de titularidade da CPSEC.[384]

Se, por outro lado, houver o "rompimento" do parcelamento pelo contribuinte[385] – acarretando a recomposição do débito fiscal original, acrescido das multas e demais cominações –, o Estado passará a receber diretamente os valores decorrentes dos pagamentos dos parcelamentos rompidos para posterior repasse à CPSEC do montante proporcional ao que lhe foi cedido.[386] Os valores recebidos dos contribuintes por conta de cada parcelamento rompido serão imputados prioritariamente no pagamento da quota destinada à verba honorária devida à Procuradoria Geral do Estado, daquela destinada aos municípios e daquela correspondente ao fluxo cedido à CPSEC, cabendo ao Estado receber, na sequência, a parcela porventura excedente.[387]

O Estado comprometeu-se a desenvolver, por meio da Secretaria da Fazenda e da Procuradoria Geral do Estado, conforme o caso, os melhores esforços na cobrança dos parcelamentos rompidos. Ainda, assumiu o compromisso de adotar as medidas necessárias para preservar os créditos (de parcelamentos rompidos ou não) cujos fluxos de pagamento foram cedidos.[388] Porém, prevê-se expressamente nos Contratos de Promessa de Cessão do PPI e do PEP (item 8.7) que o Estado não "assume qualquer compromisso quanto à probabilidade de sucesso na recuperação dos respectivos valores".

O Estado também se obrigou, nos termos dos Contratos de Promessa de Cessão do PPI e do PEP (item 9.5), a transferir para as contas vinculadas de titularidade da CPSEC todo e qualquer valor que ela faça jus em razão da execução de procedimentos de cobrança judicial dos créditos cujo fluxo foi cedido. O Estado é considerado fiel depositário de quaisquer valores cedidos à CPSEC que venha a receber, até a sua transferência à companhia.[389]

---

[384] Conforme item 9.3 dos Contratos de Promessa de Cessão do PPI e do PEP.

[385] Os parcelamentos do PPI podem ser "rompidos" (na expressão utilizada na legislação estadual) em hipóteses específicas previstas no artigo 6º, inciso II, do Decreto Estadual nº 51.960/07 e os parcelamentos do PEP nos casos especificados no artigo 6º, inciso II, do Decreto Estadual nº 58.811/12 e do Decreto Estadual nº 60.444/14.

[386] De acordo com o item 9.4 dos Contratos de Promessa de Cessão do PPI e do PEP.

[387] Em conformidade com o item 2.1.3 dos Contratos de Promessa de Cessão do PPI e do PEP.

[388] Conforme itens 8.7(b) e 8.7(c) dos Contratos de Promessa de Cessão do PPI e do PEP.

[389] Segundo o item 8.4 dos Contratos de Promessa de Cessão do PPI e do PEP.

A Lei Autorizativa determina que a cessão dos direitos creditórios ao veículo de securitização escolhido não deve ser feita com coobrigação do Estado quanto ao pagamento pelos respectivos devedores. A ausência de coobrigação **é** a regra geral da cessão de crédito, como disposto no artigo 296 do Código Civil.[390] Nesse sentido, os Contratos de Promessa de Cessão do PPI e do PEP (item 2.1) preveem que a cessão será feita "sem coobrigação, garantia de cumprimento ou direito de regresso contra o Estado".

A Lei Autorizativa, assim, prevê[391] que a cessão deve ser feita em caráter definitivo, sem assunção, pelo Estado perante o cessionário, de responsabilidade pelo efetivo pagamento a cargo do particular. Busca-se impedir que o Estado assuma qualquer espécie de compromisso financeiro que possa se caracterizar como uma operação de crédito, conforme definida na Lei de Responsabilidade Fiscal, a fim de se evitar que a operação seja submetida ao regime que essa categoria atrai com si. Os Contratos de Promessa de Cessão do PPI e do PEP repetem essa previsão.[392]

Se, de um lado, está expressamente previsto nos Contratos de Promessa de Cessão do PPI e do PEP[393] que o Estado "não responde pela solvência dos Contribuintes, nem assegura ou, por qualquer forma, se responsabiliza pela liquidação" dos créditos cujo fluxo foi cedido, prevê-se, de outro lado, que o Estado é responsável pela existência dos créditos na data de cessão. Ressalta-se que essa regra está presente no artigo 295 do Código Civil, o qual estabelece que nas cessões de crédito a título oneroso – caso das cessões no âmbito da securitização – o cedente "fica responsável ao cessionário pela existência do crédito ao tempo em que lhe cedeu", mesmo quando não se responsabilizar pela solvência do devedor.

---

[390] "Salvo estipulação em contrário, o cedente não responde pela solvência do devedor".

[391] Nos termos do artigo 6º, parágrafo único, da Lei Estadual nº 13.723/09, do Estado de São Paulo.

[392] Item 4.16 do Contrato de Promessa de Cessão do PPI: "A cessão dos Direitos Creditórios realizada nos termos deste Contrato não importa para o Estado a contratação de qualquer dívida, a prestação de qualquer garantia, a assunção de qualquer obrigação creditícia, nem a existência ou criação de qualquer situação jurídica semelhante ou equiparável àquelas ou a outras que possam estar abrangidas pela Lei de Responsabilidade Fiscal, caracterizadas como operações de crédito e/ou de concessão de garantia". O item 4.17 do Contrato de Promessa de Cessão do PEP tem redação semelhante.

[393] Item 4.13 do Contrato de Promessa de Cessão do PPI e item 4.14 do Contrato de Promessa de Cessão do PEP.

CAPÍTULO 3
SECURITIZAÇÃO DE CRÉDITOS PÚBLICOS: O CASO DO ESTADO DE SÃO PAULO | 113

Apesar de não assumir a obrigação de garantir o pagamento dos créditos, o Estado de São Paulo obrigou-se a transferir os recursos recebidos no âmbito dos programas de parcelamento, a envidar os melhores esforços para a cobrança e recebimento de tais recursos – como visto acima – e, ainda, a abster-se de exercer determinados atos que possam frustrar o recebimento dos recursos a serem transferidos. Nesse sentido, o Estado comprometeu-se com as seguintes obrigações de não fazer no âmbito da operação: a) não conceder anistia e/ou remissão que tenha por objeto a extinção total ou parcial dos créditos cujo fluxo de pagamento foi cedido; e b) não celebrar transação, com extinção total ou parcial desses créditos. De acordo com o disposto nos Contratos de Promessa de Cessão do PPI e do PEP, o descumprimento de tais obrigações de não fazer pelo Estado não poderia ser objeto de tutela específica, mas daria ensejo ao pagamento de indenização em favor da CPSEC.[394]

Além da hipótese de descumprimento dessas obrigações de não fazer, o Estado também deverá indenizar a CPSEC nas seguintes hipóteses: a) extinção total ou parcial do crédito em razão de compensação, liquidação com utilização de crédito acumulado de ICMS ou dação em pagamento; e b) em decorrência da responsabilidade imputada ao Estado pela existência do crédito na data de cessão.[395] O valor da indenização não poderá exceder aquele dos fluxos de pagamento cedidos à CPSEC e não recebidos.[396] Ainda, eventual indenização devida à CPSEC poderá ser liquidada mediante compensação com o valor devido ao Estado a título de amortização das debêntures por ele subscritas.[397]

Para além dessas hipóteses, o Estado também se obrigou a não conceder ao contribuinte dilações de prazo ou condições mais vantajosas para pagamento dos créditos inscritos no PPI ou no PEP que possam afetar a capacidade da CPSEC de amortizar as debêntures distribuídas ao mercado.[398] Há uma multa compensatória prevista especificamente

---

[394] Conforme item 8.7 dos Contratos de Promessa de Cessão do PPI e do PEP.

[395] Além disso, o Contrato de Promessa de Cessão do PEP (item 6.5) previu algumas hipóteses adicionais de indenização a fim de evitar o enriquecimento sem causa do Estado: a) ausência da incidência de acréscimos financeiros devidos à CPSEC nas parcelas vencidas dos parcelamentos do PEP (rompidos ou não); b) eventual diferença do valor dos créditos do PEP entre a data base de seu cálculo e a data da efetivação da cessão; e c) não transferência do fluxo de pagamentos do PEP à CPSEC em razão da necessidade de adequação dos sistemas pelo banco centralizador.

[396] De acordo com o item 13.1 do Contrato de Promessa de Cessão do PEP.

[397] Segundo o item 6.5 dos Contratos de Promessa de Cessão do PPI e do PEP.

[398] Conforme item 8.17 do Contrato de Promessa de Cessão do PPI e item 8.7(d) do Contrato de Promessa de Cessão do PEP.

para esse caso, correspondente ao valor do saldo de pagamento de todos os parcelamentos assim beneficiados[399] cujo fluxo havia sido cedido à CPSEC.

De acordo com parecer da Consultoria Jurídica da Secretaria da Fazenda do Estado de São Paulo:

> As demais hipóteses de responsabilidade do Estado, previstas no Contrato de Cessão, não se referem a vicissitudes externas ao crédito tributário, capazes de afetar a performance dos Direitos Creditórios, mas decorrem da própria conduta do Estado. Caso o Estado receba os Direitos Creditórios cedidos por qualquer outra forma em direito admitida (v.g. dação em pagamento ou compensação com crédito acumulado de ICMS), o dever de indenizar a CPSEC pelo montante não recebido encontra fundamento no princípio geral de direito que veda o enriquecimento sem causa.
>
> De outra parte, se o Estado conceder voluntariamente remissão ou anistia dos créditos tributários cujos Direitos Creditórios foram cedidos a CPSEC (excluída a hipótese de extinção total ou parcial decorrente de decisão judicial), descumprindo obrigação de não fazer assumida no Contrato de Cessão, a indenização correspondente será fruto de ilícito contratual (equivalente a *venire contra factum proprio* [sic]).[400]

Por fim, os Contratos de Promessa de Cessão do PPI e do PEP preveem que, no caso de inadimplemento pelo Estado de obrigações que envolvam a prestação de informações ou a apresentação de relatórios, não poderá lhe ser exigido pagamento de multa ou indenização por perdas e danos nem dar ensejo à tutela específica.[401]

3.1.3 Emissão e subscrição dos valores mobiliários

A terceira fase da securitização refere-se à emissão de valores mobiliários lastreados pelos créditos públicos, com captação de recursos

---

[399] O valor da multa compensatória tem como limite máximo o saldo devedor das debêntures distribuídas publicamente e o seu pagamento somente será exigido do Estado após a declaração de vencimento antecipado das debêntures e enquanto não ocorrer a sua liquidação integral (conforme item 13.1.1 dos Contratos de Promessa de Cessão do PPI e do PEP).

[400] CONSULTORIA JURÍDICA DA SECRETARIA DA FAZENDA DO ESTADO DE SÃO PAULO. *Parecer nº 611/2010*, emitido no Processo nº 23752-430087/2010, datado de 25 de junho de 2010, p. 17-18. Documento retirado dos autos da Ação Popular nº 1039132-29.2016.8.26.0053, em trâmite perante a 12ª Vara de Fazenda Pública do Foro Central da Comarca de São Paulo, fls. 1503-1531.

[401] Conforme item 13.1.3 dos Contratos de Promessa de Cessão do PPI e do PEP.

pelo Estado de São Paulo junto aos investidores no mercado de capitais. No processo de securitização dos créditos públicos do Estado, realizado, como visto, em duas etapas, a CPSEC realizou três emissões de debêntures para distribuição pública e uma emissão privada de debêntures, lastreadas em créditos públicos de titularidade do Estado de São Paulo.

Na primeira etapa da securitização, referente aos créditos decorrentes do PPI, ocorreu a primeira emissão de debêntures para distribuição pública, destinada aos investidores no mercado de capitais. Também foram emitidas debêntures subordinadas, destinadas exclusivamente ao Estado de São Paulo.

As debêntures da primeira emissão foram emitidas pela CPSEC em 1º de março de 2012, nos termos da escritura da primeira emissão[402] (Escritura da Primeira Emissão de Debêntures da CPSEC). Trata-se de debêntures simples (não conversíveis em ações), em série única, da espécie com garantia real. As debêntures foram objeto de oferta pública, tendo sido distribuídas com esforços restritos de colocação, conforme o regramento da Instrução CVM nº 476/09. Os recursos arrecadados, no valor total de 600 milhões de reais, foram destinados ao pagamento do Estado de São Paulo em contrapartida à cessão de parcela do fluxo financeiro do PPI.[403]

Por se tratar de uma oferta pública de esforços restritos, de acordo com a regulação da CVM à época da emissão das debêntures, a oferta foi destinada exclusivamente a investidores qualificados.[404] A remuneração

---

[402] "Escritura Particular da 1ª (Primeira) Emissão de Debêntures Simples, Não Conversíveis em Ações, em Série Única, da Espécie com Garantia Real, para Distribuição Pública, com Esforços Restritos de Colocação, da Companhia Paulista de Securitização", celebrada entre a Companhia Paulista de Securitização e a Oliveira Trust Distribuidora de Títulos e Valores Mobiliários S.A., na qualidade de representante dos debenturistas da primeira emissão, em 1.3.2012, conforme aditada em 23.4.2012, em 20.8.2014 e em 19.12.2014. Disponível em: <https://cvmweb.cvm.gov.br/SWB/Sistemas/SCW/CPublica/CiaAb/FormBuscaCiaAb. aspx?TipoConsult=c>. Acesso em: 8 abr. 2022.

[403] Conforme cláusulas terceira e quarta da Escritura da Primeira Emissão de Debêntures da CPSEC.

[404] De acordo com a redação à época do artigo 2º da Instrução CVM nº 476/2009. Os investidores qualificados eram então definidos no artigo 4º dessa instrução ("todos os fundos de investimento serão considerados investidores qualificados, mesmo que se destinem a investidores não qualificados"; e "as pessoas naturais e jurídicas mencionadas no inciso IV do art. 109 da Instrução CVM nº 409, de 2004, deverão subscrever ou adquirir, no âmbito da oferta, valores mobiliários no montante mínimo de R$1.000.000,00"). Após as alterações introduzidas na Instrução CVM nº 476/09 pela Instrução CVM nº 554/14, as ofertas públicas com esforços restritos passaram a ser destinadas exclusivamente a investidores profissionais. Atualmente, os investidores profissionais são definidos no artigo 11 da Resolução CVM nº 30/21.

das debêntures da primeira emissão correspondia à variação diária da Taxa DI[405] acrescida de uma sobretaxa (*spread*) de 2,9% ao ano.[406] A definição da taxa de juros das debêntures da primeira emissão seguiu uma lógica de mercado, mediante a utilização do procedimento de coleta de intenções de investimento (*bookbuilding*), previsto no artigo 23, §§1º e 2º, e no artigo 44 da Instrução CVM nº 400/03. Esse procedimento leva em conta a disposição de os potenciais investidores subscreverem as debêntures em diferentes níveis de taxas de juros e quantidades, para então fixar a menor taxa capaz de encontrar investidores para a totalidade do volume ofertado de debêntures. As debêntures da primeira emissão foram amortizadas em parcelas mensais de acordo com o cronograma previsto,[407] até seu vencimento, em 29 de fevereiro de 2016, quando foram então totalmente adimplidas pela CPSEC.[408]

As debêntures subordinadas, por sua vez, foram emitidas, em 30 de novembro de 2010, para colocação de forma privada, nos termos da escritura de emissão das debêntures subordinadas[409] (Escritura de Emissão das Debêntures Subordinadas da CPSEC). Trata-se de debêntures simples (não conversíveis em ações), em série única, sem cautelas ou certificados, da espécie subordinada (subordinando-se a todas as demais obrigações da CPSEC, preferindo somente aos créditos de seus acionistas). As debêntures subordinadas, que têm vencimento previsto para o último dia útil do mês de fevereiro de 2025, foram subscritas e integralizadas unicamente pelo Estado de São Paulo, por meio da cessão de parcela do fluxo financeiro do PPI.[410]

---

[405] Taxa DI Over (Extra-Grupo), calculada e divulgada pela B3 S.A. – Brasil, Bolsa, Balcão.

[406] Mais precisamente, as debêntures da 1ª emissão fizeram jus ao recebimento de juros remuneratórios correspondentes a 100% da variação acumulada da Taxa DI, acrescida de um *spread* equivalente a 2,9% calculado com base em 252 dias úteis (de acordo com o Prospecto da Terceira Emissão de Debêntures da CPSEC e com o item 4.3 da Escritura da Primeira Emissão de Debêntures da CPSEC).

[407] Conforme item 4.6 da Escritura da Primeira Emissão de Debêntures da CPSEC.

[408] Cf. COMPANHIA PAULISTA DE SECURITIZAÇÃO. Demonstrações Financeiras, datadas de 31 de dezembro de 2016. *Diário Oficial do Estado de São Paulo*, São Paulo, 31 mar. 2017, Caderno Empresarial, p. 177-181.

[409] "Instrumento Particular da 1ª (Primeira) Emissão Privada de Debêntures Subordinadas, Não Conversíveis em Ações, da Companhia Paulista de Securitização", celebrado pela Companhia Paulista de Securitização, em 1º de dezembro de 2010, conforme aditada em 17 de abril de 2012 e em 19 de dezembro de 2014. Disponível em: <https://cvmweb.cvm.gov.br/SWB/Sistemas/SCW/CPublica/CiaAb/FormBuscaCiaAb.aspx?TipoConsult=c>. Acesso em: 8 abr. 2022.

[410] De acordo com a cláusula terceira da Escritura de Emissão das Debêntures Subordinadas da CPSEC.

Essas debêntures fazem jus ao recebimento – além do principal – de juros remuneratórios correspondentes a até 100% da variação mensal acumulada da Taxa SELIC[411] pelo regime de capitalização simples.[412] Elas permitem ao Estado recuperar o fluxo financeiro dos parcelamentos, após o cumprimento das obrigações da CPSEC referentes às debêntures distribuídas aos investidores.

A emissão das debêntures subordinadas foi precedida de autorização da CVM, visto que à época estava vigente a Resolução nº 2.391/97, do Conselho Monetário Nacional,[413] a qual determinava que "a emissão privada de valores mobiliários representativos de dívida realizada por sociedades controladas direta ou indiretamente por estados, municípios e pelo Distrito Federal depende de prévia anuência da Comissão de Valores Mobiliários" (artigo 1º). Na decisão da CVM pela autorização da emissão,[414] em linha com a manifestação da Área Técnica no processo, o Colegiado da CVM entendeu não ser aplicável à operação o artigo 2º dessa resolução, o qual determinava que "[q]uando a emissão, pública ou privada, de valores mobiliários representativos de dívida contar com garantias prestadas por parte de estados, municípios ou pelo Distrito Federal, ou, ainda, acarretar comprometimento futuro de recursos orçamentários, a Comissão de Valores Mobiliários [...] ouvirá o Banco Central do Brasil quanto ao atendimento às disposições das Resoluções do Senado Federal sobre endividamento público [...]". Isso porque a CVM considerou que o parecer da Procuradoria Geral do Estado de São Paulo apresentado, apontando a inexistência de garantia ou compromisso financeiro por parte do Estado de São Paulo, seria suficiente para descaracterizar a hipótese de incidência desse artigo 2º, dispensando, assim, o exame prévio pelo Banco Central do Brasil.

Já na segunda etapa da estruturação da securitização, que teve por objeto a securitização de parcela do fluxo financeiro dos pagamentos do PEP, foram realizadas a segunda emissão de debêntures para distribuição pública, em duas séries, e a terceira emissão de debêntures para distribuição pública, em série única.

---

[411] Taxa básica de juros divulgada pelo Banco Central do Brasil.

[412] Conforme cláusula terceira da Escritura de Emissão das Debêntures Subordinadas da CPSEC.

[413] Revogada pela Resolução nº 4.635/18, do Conselho Monetário Nacional.

[414] COMISSÃO DE VALORES MOBILIÁRIOS. Colegiado. *Processo CVM nº RJ 2010/17288*. Relator SRE/GER-2. Rio de Janeiro, 29 de março de 2011. Disponível em: <http://conteudo.cvm.gov.br/decisoes/2011/20110329_R1/20110329_D13.html>. Acesso em: 8 abr. 2022.

As debêntures da segunda emissão, de ambas as séries, foram emitidas em 28 de novembro de 2014, nos termos da escritura da segunda emissão[415] (Escritura da Segunda Emissão de Debêntures da CPSEC), tratando-se de debêntures simples, da espécie quirografária e com garantia adicional real, tendo sido objeto de oferta pública, distribuídas com esforços restritos de colocação, nos termos da Instrução CVM nº 476/09.[416]

As debêntures da primeira série da segunda emissão foram direcionadas a investidores (qualificados[417]), sendo os recursos por meio delas captados, da ordem de 800 milhões de reais, destinados ao pagamento da cessão de parcela do fluxo financeiro do PEP pelo Estado de São Paulo. Essas debêntures, com vencimento previsto para 16 de junho de 2022, têm remuneração equivalente à variação diária da Taxa DI acrescida de um *spread* de 2,6% ao ano.[418] Esse vencimento considera o alongamento do prazo solicitado pela CPSEC aos debenturistas da primeira série da segunda emissão, em maio de 2020, em decorrência dos efeitos da pandemia da COVID-19.[419]

---

[415] "Escritura Particular da 2ª (Segunda) Emissão de Debêntures Simples, Não Conversíveis em Ações, da Espécie Quirografária, com Garantia, Adicional Real, em 2 (duas) Séries, para Distribuição Pública, com Esforços Restritos de Colocação, da Companhia Paulista de Securitização", celebrada entre a Companhia Paulista de Securitização e a Oliveira Trust Distribuidora de Títulos e Valores Mobiliários S.A., na qualidade de representante dos debenturistas da segunda emissão, em 19 de dezembro de 2014, conforme aditada em 18 de maio de 2015, em 14 de abril de 2016 e em 28 de julho de 2016. Disponível em: <http://www.oliveiratrust.com.br/sites/fiduciario/?item1=Investidor&item2=Debentures>. Acesso em: 8 abr. 2022.

[416] Conforme cláusula terceira da Escritura da Segunda Emissão de Debêntures da CPSEC.

[417] De acordo com a regulamentação da CVM vigente à época, em linha com as observações feitas acima relativas ao público-alvo da oferta das debêntures da primeira emissão.

[418] Mais precisamente, as debêntures da 1ª série da 2ª emissão fazem jus ao recebimento de juros remuneratórios correspondentes a 100% da variação acumulada da Taxa DI Over (Extra-Grupo), calculada e divulgada pela B3 S.A. – Brasil, Bolsa, Balcão, acrescida de um *spread* equivalente a 2,6% calculado com base em 252 dias úteis (de acordo o item 4.4 da Escritura da Segunda Emissão de Debêntures da CPSEC).

[419] O vencimento foi alterado por meio de deliberação da assembleia geral dos debenturistas da 1ª série da 2ª emissão, realizada em 18.5.2020. Nessa assembleia, a CPSEC expôs que "em decorrência da incerteza dos efeitos macroeconômicos e financeiros provocados pela pandemia da COVID-19, a Companhia, em linha com os normativos editados pelo Estado de São Paulo, vem tomando providências com o intuito de minimizar os possíveis impactos nos seus negócios", propondo aos debenturistas "o alongamento do prazo de vencimento das Debêntures" (cf. COMPANHIA PAULISTA DE SECURITIZAÇÃO. *Ata da Assembleia Geral de Debenturistas da 1ª [Primeira] Série da 2ª [Segunda] Emissão de Debêntures Simples, Não Conversíveis em Ações, da Espécie Quirografária, com Garantia, Adicional Real, em 2 [duas] Séries, para Distribuição Pública, com Esforços Restritos de Colocação, da Companhia Paulista de Securitização*, realizada em 18 de maio de 2020. Disponível em: <https://www.oliveiratrust.

As debêntures da segunda série da segunda emissão, por sua vez, foram subscritas integralmente pelo Estado de São Paulo e integralizadas mediante a cessão de parcela do fluxo de pagamentos do PEP. Essas debêntures vencem em 18 de julho de 2024 e são remuneradas com juros prefixados, correspondentes a 12,28% ao ano (base 30/360).[420]

Por fim, foram emitidas, em 18 de maio de 2015, as debêntures da terceira emissão, para distribuição pública, objeto de oferta pública seguindo o disposto na Instrução CVM nº 400/03, nos termos da escritura da terceira emissão[421] (Escritura da Terceira Emissão de Debêntures da CPSEC). Apesar de não ser exigido pela regulação da CVM nesse caso, optou-se por destinar a oferta exclusivamente a investidores qualificados (como definidos, atualmente, pelo artigo 12 da Resolução CVM nº 30/21), conforme previsto no Prospecto da Terceira Emissão de Debêntures da CPSEC.[422] Quando do encerramento da oferta, aproximadamente 77% das debêntures tinham sido adquiridas por 221 diferentes fundos de investimento, tendo sido o restante das debêntures ofertadas adquirido por outros 16 investidores.[423]

Trata-se de debêntures simples, da espécie com garantia real, emitidas em série única, vencidas em 16 de junho de 2020 (quando foram integralmente pagas aos debenturistas pela CPSEC).[424] A remu-

---

com.br/portal/leitor/#https://www.oliveiratrust.com.br/scot/Arquivos/AF-608/1310971-61 31-20200617222900.pdf >. Acesso em: 8 abr. 2022).

[420] Conforme cláusula quinta da Escritura da Segunda Emissão de Debêntures da CPSEC.

[421] "Escritura Particular da 3ª (Terceira) Emissão de Debêntures Simples, não Conversíveis em Ações, da Espécie com Garantia Real, em Série *Única*, para Distribuição Pública, da Companhia Paulista de Securitização", celebrada entre a Companhia Paulista de Securitização e a Oliveira Trust Distribuidora de Títulos e Valores Mobiliários S.A., na qualidade de representante dos debenturistas da terceira emissão, em 14 de maio de 2015, conforme aditada em 16 de junho de 2015, em 18 de junho de 2015 e em 22 de junho de 2015. Disponível em: <http://www.oliveiratrust.com.br/sites/fiduciario/?item1=Investidor&item2=Debentures>. Acesso em: 8 abr. 2022.

[422] "Levando-se sempre em conta o perfil de risco dos destinatários da Oferta, o público-alvo da Oferta é composto por investidores qualificados residentes e domiciliados ou com sede no Brasil" (nos termos do Prospecto da Terceira Emissão de Debêntures da CPSEC e do item 3.5.3 da Escritura da Terceira Emissão de Debêntures da CPSEC).

[423] Cf. COMPANHIA PAULISTA DE SECURITIZAÇÃO. *Anúncio de encerramento de oferta pública de distribuição pública de debêntures simples, não conversíveis em ações, da espécie com garantia real, em série única, da 3ª emissão, da Companhia Paulista de Securitização*, datado de 13 de julho de 2015. Disponível em: <https://portal.fazenda.sp.gov.br/Institucional/Paginas/CPSEC/CPSEC.aspx>. Acesso em: 8 abr. 2022.

[424] Cf. "Relatório de Encerramento", datado de 17 de junho de 2020, divulgado pelo agente fiduciário dos debenturistas da 3ª emissão de debêntures da CPSEC (Oliveira Trust Distribuidora de Títulos e Valores Mobiliários S.A.). Disponível em: <https://www.oliveiratrust.com.br/portal/leitor/#https://www.oliveiratrust.com.br/scot/Arquivos/T-340/1316791-7601-20200629103042.pdf>. Acesso em: 8 abr. 2022.

neração das debêntures da terceira emissão correspondia à variação diária da Taxa DI acrescida de um *spread* de 2,5% ao ano, definida de acordo com o resultado de um procedimento de coleta de intenções de investimento (*bookbuilding*).[425]

Os recursos captados por meio dessas debêntures da terceira emissão, no valor total de 740 milhões de reais, foram também direcionados ao pagamento do Estado de São Paulo – elevando o montante total captado pela CPSEC junto aos investidores e repassado ao Estado a 2,14 bilhões de reais. No caso da terceira emissão, os recursos captados não foram destinados à aquisição de novos direitos creditórios, mas sim ao pagamento de remuneração e amortização extraordinária das debêntures da segunda série da segunda emissão, detidas pelo Estado.[426]

Ao fim da primeira e da segunda estruturação da securitização, a prioridade de pagamento das debêntures da CPSEC, de maneira global,[427] ficou estabelecida na seguinte ordem: a) pagamento aos debenturistas da primeira emissão;[428] b) pagamento aos debenturistas da terceira emissão;[429] c) pagamento aos debenturistas da primeira série da segunda emissão; e d) por fim, o pagamento ao Estado de São Paulo enquanto detentor das debêntures da segunda série da segunda emissão e das debêntures subordinadas.[430]

Dessa forma, o excedente dos recursos recebidos do PPI e do PEP é destinado ao Estado de São Paulo – a título de pagamento da remuneração e de amortização de principal das debêntures da segunda série da segunda emissão e das debêntures subordinadas – apenas se

---

[425] Mais precisamente, as debêntures da 3ª emissão fizeram jus ao recebimento de juros remuneratórios correspondentes a 100% da variação acumulada da Taxa DI Over (Extra-Grupo), calculada e divulgada pela B3 S.A. – Brasil, Bolsa, Balcão, acrescida de um *spread* equivalente a 2,5% calculado com base em 252 dias úteis (de acordo com o Prospecto da Terceira Emissão de Debêntures da CPSEC e com o item 4.9 da Escritura da Terceira Emissão de Debêntures da CPSEC).

[426] Nos termos da cláusula terceira da Escritura da Terceira Emissão de Debêntures da CPSEC e do Prospecto da Terceira Emissão de Debêntures da CPSEC.

[427] Os fluxos de pagamento do PPI e do PEP têm caminhos específicos dentro da estrutura de contas vinculadas de titularidade da CPSEC e administradas pelos agentes fiduciários, mas sempre respeitando as preferências de pagamento entre as debêntures. Para um maior detalhamento da estrutura do fluxo de pagamentos da operação, cf. Prospecto da Terceira Emissão de Debêntures da CPSEC, especialmente a seção "Estrutura de Contas Vinculadas".

[428] Até o vencimento e amortização total das debêntures da primeira emissão, ocorrido em 29.2.2016, conforme apontado acima.

[429] Até o vencimento e amortização total das debêntures da terceira emissão, ocorrido em 16.7.2020, conforme apontado acima.

[430] Cf. Prospecto da Terceira Emissão de Debêntures da CPSEC.

CAPÍTULO 3
SECURITIZAÇÃO DE CRÉDITOS PÚBLICOS: O CASO DO ESTADO DE SÃO PAULO | **121**

as obrigações da CPSEC perante os debenturistas da primeira série da segunda emissão, bem como os debenturistas da primeira e da terceira emissão (antes das respectivas liquidações), estiverem adimplidas.[431] Além disso, estando em curso qualquer evento de avaliação,[432] evento de amortização antecipada[433] ou evento de vencimento antecipado[434] das debêntures da primeira série da segunda emissão ou da primeira ou da terceira emissão (enquanto vigentes), os pagamentos das debêntures detidas pelo Estado devem ser interrompidos.[435]

Dentre as hipóteses que podem ensejar esses eventos,[436] encontra-se a inobservância pelo Estado de São Paulo de certas obrigações por ele assumidas nos documentos da operação.[437] De maneira geral, é considerado um evento de avaliação das debêntures o descumprimento pelo Estado de São Paulo de qualquer das obrigações por ele assumidas nos documentos dos quais seja parte ou interveniente[438] e que não seja integralmente sanado nos prazos estabelecidos.[439] Ainda, se eventual

---

[431] Nos termos da cláusula décima da Escritura de Emissão das Debêntures Subordinadas da CPSEC e do item 5.6 da Escritura da Segunda Emissão de Debêntures da CPSEC.

[432] Na ocorrência de um evento de avaliação, referente a uma das emissões de debêntures, os respectivos debenturistas reunidos em assembleia geral deverão deliberar se tal evento de avaliação deverá ser considerado um evento de amortização antecipada ou como um evento de vencimento antecipado (cf. Prospecto da Terceira Emissão de Debêntures da CPSEC).

[433] Na ocorrência de um evento de amortização antecipada, referente a uma das emissões de debêntures, o agente fiduciário deverá iniciar os procedimentos de amortização extraordinária das debêntures (observada a ordem de pagamento definida entre as diferentes emissões), até que esses procedimentos sejam interrompidos por meio de deliberação dos debenturistas dessa emissão reunidos em assembleia geral (cf. Prospecto da Terceira Emissão de Debêntures da CPSEC).

[434] Na ocorrência de um evento de vencimento antecipado, referente a uma das emissões de debêntures, e, se for o caso, conforme deliberado pelos debenturistas dessa emissão reunidos em assembleia geral, o agente fiduciário deverá declarar antecipadamente vencidas todas as obrigações relativas às debêntures da emissão em questão (cf. Prospecto da Terceira Emissão de Debêntures da CPSEC).

[435] Nos termos da cláusula décima da Escritura de Emissão das Debêntures Subordinadas da CPSEC e do item 5.6 da Escritura da Segunda Emissão de Debêntures da CPSEC.

[436] Previstas nos itens 4.7, 4.8 e 4.9 da Escritura da Primeira Emissão de Debêntures da CPSEC, nos itens 4.11, 4.12 e 7.1 da Escritura da Segunda Emissão de Debêntures da CPSEC e nos itens 6.1, 6.2 e 7.1 da Escritura da Terceira Emissão de Debêntures da CPSEC.

[437] As demais hipóteses que ensejam esses eventos (e.g., o desenquadramento de determinados índices financeiros), além das listadas a seguir, não estão diretamente relacionadas à atuação do Estado de São Paulo na operação.

[438] No caso, os Contratos de Promessa de Cessão do PPI e do PEP e os Contratos de Promessa de Cessão Fiduciária do PPI e do PEP (definidos abaixo).

[439] Nos termos do item 4.7.1(i) da Escritura da Primeira Emissão de Debêntures da CPSEC, do item 4.11.1(f) da Escritura da Segunda Emissão de Debêntures da CPSEC e do item 6.1.1(i) da Escritura da Terceira Emissão de Debêntures da CPSEC.

valor indenizatório devido pelo Estado à CPSEC[440] superar um certo montante seria caracterizado um evento de avaliação da primeira e da terceira emissão.[441] Além disso, a ocorrência, por iniciativa do Estado, de qualquer ato ou procedimento que implique na modificação das características dos créditos cedidos à CPSEC seria considerado um evento de avaliação das debêntures da primeira emissão.[442] Já a proposta pelo Poder Executivo do Estado de São Paulo de qualquer legislação ou medida administrativa que implique na modificação das características dos fluxos de pagamento do PPI ou do PEP ao tempo de sua cessão à CPSEC configura um evento de avaliação das debêntures da primeira série da segunda emissão e das debêntures da terceira emissão.[443] No caso de se tratar de uma proposta que inviabilize a operação de securitização, seria então caracterizado um evento de amortização antecipada das debêntures.[444]

Durante a estruturação da operação de securitização, foram ainda constituídas garantias ao pagamento das debêntures.[445] Quando da primeira fase da estruturação (referente à securitização do fluxo financeiro do PPI), a primeira emissão de debêntures contava, originalmente, com garantia real representada pela cessão fiduciária, constituída pela CPSEC em favor do agente fiduciário (em nome dos debenturistas), de direitos creditórios: a) referentes ao fluxo financeiro do PPI, cedido pelo Estado de São Paulo à CPSEC; e b) de titularidade da CPSEC referentes aos recursos mantidos e as aplicações com eles feitas nas contas nas quais transitam operacionalmente os recursos relacionados a essa primeira etapa da estruturação da securitização, incluindo a conta de recebimento do fluxo de pagamentos do PPI.

---

[440] Nas hipóteses de indenização previstas nos Contratos de Promessa de Cessão do PPI e do PEP, conforme exposto no item 3.1.2 acima.

[441] Conforme o item 4.7.1(v) da Escritura da Primeira Emissão de Debêntures da CPSEC e o item 6.1.1(v) da Escritura da Terceira Emissão de Debêntures da CPSEC.

[442] De acordo com o item 4.7.1(u) da Escritura da Primeira Emissão de Debêntures da CPSEC.

[443] Segundo o item 4.11.1(g) da Escritura da Segunda Emissão de Debêntures da CPSEC e o item 6.1.1(u) da Escritura da Terceira Emissão de Debêntures da CPSEC.

[444] Nos termos do item 4.8(c) da Escritura da Primeira Emissão de Debêntures da CPSEC, do item 4.12.1(c) da Escritura da Segunda Emissão de Debêntures da CPSEC e do item 6.2.1(c) da Escritura da Terceira Emissão de Debêntures da CPSEC.

[445] Conforme descrito no Prospecto da Terceira Emissão de Debêntures da CPSEC, na cláusula quarta da Escritura da Primeira Emissão de Debêntures da CPSEC, na cláusula terceira da Escritura da Segunda Emissão de Debêntures da CPSEC e na cláusula quarta da Escritura da Terceira Emissão de Debêntures da CPSEC.

Com a segunda etapa da estruturação da securitização (que teve por objeto o fluxo financeiro referente ao PEP), foram constituídas garantias reais adicionais aos debenturistas da primeira emissão, as quais eram compartilhadas com os debenturistas da terceira emissão. Até o vencimento das debêntures da primeira emissão, tinham elas prioridade na utilização dos recursos objeto dessas garantias compartilhadas. Nesses termos, as debêntures da primeira e da terceira emissão passaram a contar com a garantia real de cessão fiduciária dos direitos creditórios de titularidade da CPSEC referentes: a) ao fluxo financeiro do PEP, cedidos pelo Estado de São Paulo; e b) aos recursos mantidos e as aplicações com eles feitas na conta de recebimento dos pagamentos do PEP.

As debêntures da terceira emissão contavam ainda com garantias reais consubstanciadas pela cessão fiduciária dos direitos creditórios referentes aos recursos mantidos e as aplicações com eles feitas em outras contas de titularidade da CPSEC e administradas pelo agente fiduciário usadas na estrutura da operação, relacionadas à terceira emissão de debêntures. Ainda, uma vez quitadas as debêntures da primeira emissão,[446] a conta de recebimento do fluxo de pagamentos do PPI foi então cedida fiduciariamente em garantia ao pagamento das debêntures da terceira emissão.

Nessa segunda etapa da estruturação, também foi constituída em garantia ao pagamento das debêntures da segunda emissão – de espécie quirografária – garantia adicional real, representada pela cessão fiduciária dos direitos creditórios de titularidade da CPSEC referentes aos recursos mantidos e as aplicações com eles feitas em contas nas quais transitam operacionalmente os recursos relacionados a essa segunda emissão de debêntures.

Para a constituição da cessão fiduciária dos fluxos financeiros decorrentes de pagamentos do PPI e do PEP, de titularidade da CPSEC, foi exigida a anuência do Estado de São Paulo. Isso porque a Lei Estadual nº 13.723/09,[447] que autorizou a operação, estabelece que o cessionário (no caso, a CPSEC) não pode, em regra, efetuar nova cessão dos direitos creditórios cedidos, salvo anuência expressa do cedente (i.e., o Estado de

---

[446] Cf. Prospecto da Terceira Emissão de Debêntures da CPSEC e informações disponíveis no site do agente fiduciário, Oliveira Trust Distribuidora de Títulos e Valores Mobiliários S.A. (Disponível em: <http://www.oliveiratrust.com.br/sites/fiduciario/?item1=Investidor&item2=Debentures>. Acesso em: 8 abr. 2022).

[447] Nos termos de seu artigo 4º.

São Paulo). Assim, o Estado participou como interveniente no contrato de promessa de cessão fiduciária do PPI[448] (Contrato de Promessa de Cessão Fiduciária do PPI) e no contrato de promessa de cessão fiduciária do PEP[449] (Contrato de Promessa de Cessão Fiduciária do PEP e, em conjunto com o Contrato de Promessa de Cessão Fiduciária do PPI, Contratos de Promessa de Cessão Fiduciária do PPI e do PEP).[450]

Nesse mesmo sentido, no caso de execução das garantias, os agentes fiduciários poderão ceder os fluxos de pagamento do PPI ou do PEP a terceiros apenas se obtiverem a concordância prévia do Estado de São Paulo. Para esse caso, os Contratos de Promessa de Cessão Fiduciária do PPI e do PEP preveem,[451] de um lado, que a nova cessão deverá observar os termos e as limitações contidas na Lei Autorizativa e nos documentos da operação e, de outro, que a concordância do Estado "não poderá ser recusada sem motivo justificado" e que a manifestação do Estado a respeito da cessão deve observar "os princípios da probidade e da boa-fé, previstos no artigo 422 do Código Civil".

Apesar de participar apenas como interveniente nos Contratos de Promessa de Cessão Fiduciária do PPI e do PEP, o Estado assumiu

---

[448] "Instrumento Particular de Contrato de Promessa de Cessão Fiduciária de Direitos Creditórios e Outras Avenças", celebrado entre a Companhia Paulista de Securitização e a Oliveira Trust Distribuidora de Títulos e Valores Mobiliários S.A., representando a comunhão dos debenturistas da primeira emissão pública de debêntures da Companhia Paulista de Securitização, com a interveniência do Estado de São Paulo, em 1.3. 2012, conforme aditado em 23.4.2012. Documento retirado dos autos da Ação Popular nº 1039132-29.2016.8.26.0053, em trâmite perante a 12ª Vara de Fazenda Pública do Foro Central da Comarca de São Paulo, fls. 974-1046.

[449] "Instrumento Particular de Contrato de Promessa de Cessão Fiduciária do PEP e Outras Avenças", celebrado entre a Companhia Paulista de Securitização, a Oliveira Trust Distribuidora de Títulos e Valores Mobiliários S.A., representando a comunhão dos debenturistas da primeira emissão pública de debêntures da Companhia Paulista de Securitização, e a Oliveira Trust Distribuidora de Títulos e Valores Mobiliários S.A., representando a comunhão dos debenturistas da terceira emissão pública de debêntures da Companhia Paulista de Securitização, com a interveniência do Estado de São Paulo e da Oliveira Trust Distribuidora de Títulos e Valores Mobiliários S.A., representando a comunhão dos debenturistas da segunda emissão pública de debêntures da Companhia Paulista de Securitização, em 19.12.2014, conforme aditado em 14.5.2015. Documento retirado dos autos da Ação Popular nº 1039132-29.2016.8.26.0053, em trâmite perante a 12ª Vara de Fazenda Pública do Foro Central da Comarca de São Paulo, fls. 1047-1247.

[450] A celebração desses instrumentos pelo Estado de São Paulo foi previamente aprovada por pareceres da Consultoria Jurídica da Secretaria da Fazenda do Estado de São Paulo (Parecer nº 218/2012, emitido no Processo nº 23752-430087/2010, em 1.3.2012; e Parecer nº 0348-2015, emitido no Processo nº 23752-1500722/2014, em 7.4.2015. Documentos retirados dos autos da Ação Popular nº 1039132-29.2016.8.26.0053, em trâmite perante a 12ª Vara de Fazenda Pública do Foro Central da Comarca de São Paulo, fls. 1532-1543; 1589-1607).

[451] Nos termos do item 11.2(a) do Contrato de Promessa de Cessão Fiduciária do PPI e do item 9.3(a) do Contrato de Promessa de Cessão Fiduciária do PEP.

CAPÍTULO 3 | 125
SECURITIZAÇÃO DE CRÉDITOS PÚBLICOS: O CASO DO ESTADO DE SÃO PAULO

algumas obrigações perante os agentes fiduciários dos debenturistas. Em suma, comprometeu-se a: a) não impedir o crédito dos valores decorrentes do pagamento dos fluxos cedidos fiduciariamente nas contas previstas nos contratos (administradas pelos agentes fiduciários); e b) agir como fiel depositário no caso de qualquer desses valores virem a ser recebidos diretamente pelo Estado, até sua transferência às contas especificadas.[452] Caso o Estado descumpra as obrigações assumidas, poderá estar sujeito ao pagamento de uma indenização aos agentes fiduciários, enquanto representantes dos debenturistas. Tal indenização limita-se a perdas e danos efetivamente comprovados (excluídos lucros cessantes) e não poderá exceder o valor dos fluxos de pagamento cedidos fiduciariamente e não recebidos pela CPSEC.[453]

Ainda, assim como previsto para a cessão dos fluxos financeiros do PPI e do PEP pelo Estado de São Paulo à CPSEC,[454] a constituição da cessão fiduciária sobre esses créditos pela CPSEC também deve proteger o sigilo do contribuinte, como exigido pela Lei Autorizativa. Assim, os Contratos de Promessa de Cessão Fiduciária do PPI e do PEP preveem igualmente essa proteção.[455]

Por fim, observa-se que a CPSEC não se encontra obrigada a promover o reforço das garantias constituídas, mesmo na hipótese de os direitos creditórios onerados encontrarem-se inadimplentes ou tornarem-se inexigíveis ou insuficientes. A CPSEC, no entanto, tem a prerrogativa de proceder voluntariamente ao reforço das garantias.[456]

A partir da análise das características das emissões de debêntures realizadas pela CPSEC, a agência de classificação de risco S&P Global Ratings atribuiu *ratings* a cada uma das emissões destinadas ao mercado de capitais. A primeira emissão de debêntures recebeu a nota

---

[452] Conforme os itens 5.7 a 5.9 do Contrato de Promessa de Cessão Fiduciária do PPI e os itens 4.21 a 4.23 do Contrato de Promessa de Cessão Fiduciária do PEP.

[453] Nos termos da cláusula décima segunda do Contrato de Promessa de Cessão Fiduciária do PPI e da cláusula décima do Contrato de Promessa de Cessão Fiduciária do PEP. A mesma indenização poderá ser exigida da CPSEC caso ela descumpra as obrigações por ela assumidas nesses dois contratos.

[454] Conforme abordado no item 3.1.2 acima.

[455] Dispondo que a CPSEC e os agentes fiduciários das emissões de debêntures somente podem ter acesso às informações sobre os contribuintes para fazer prova em juízo ou no curso de procedimento administrativo devidamente instaurado, quando isso for estritamente necessário à defesa dos direitos, das garantias e das prerrogativas da CPSEC ou dos debenturistas (Cf. cláusula oitava do Contrato de Promessa de Cessão Fiduciária do PPI e cláusula sexta do Contrato de Promessa de Cessão Fiduciária do PEP).

[456] Conforme cláusula sétima do Contrato de Promessa de Cessão Fiduciária do PPI e cláusula quinta do Contrato de Promessa de Cessão Fiduciária do PEP.

"brAAA (sf)", considerando a garantia real adicional constituída para a primeira emissão após a segunda etapa da estruturação da securitização.[457] Uma obrigação avaliada como "AAA" tem o *rating* mais alto da escala dos *"ratings* de crédito de emissão de longo prazo" da S&P Global Ratings, que se referem à capacidade de um devedor honrar obrigações financeiras específicas, considerando inclusive a estrutura e as garantidas de tais obrigações.[458] Originalmente, às debêntures da primeira série da segunda emissão foi atribuída a nota "brBBB (sf)",[459-460] enquanto as debêntures da terceira emissão receberam a nota "'brAA (sf)".[461-462] Porém, no âmbito do monitoramento realizado pela agência de classificação de risco, essas notas sofreram variações, que tiveram relação: a) com recalibragem da escala e/ou atualizações da metodologia da própria agência de *rating;* b) com uma cautela preliminar e uma posterior confirmação das expectativas da agência quanto aos fluxos de arrecadação do PPI e do PEP; e c), por fim, para as debêntures da

---

[457] Cf. Prospecto da Terceira Emissão de Debêntures da CPSEC.

[458] A nota "AAA" traduz a opinião da agência de que a "capacidade do devedor de honrar seus compromissos financeiros relativos à obrigação é extremamente forte". O prefixo "br" indica que o *rating* foi atribuído em uma escala nacional (a brasileira), representando uma opinião sobre a capacidade do devedor (a CPSEC) honrar obrigações financeiras específicas (as debêntures da primeira emissão) em comparação com a capacidade de outros emissores e emissões em um determinado país (o Brasil), não sendo comparáveis com outras escalas regionais ou nacionais. O sufixo (sf) é atribuído a essa emissão para distingui-la como originada de uma operação estruturada, visto que se trata de uma securitização de créditos (cf. S&P GLOBAL RATINGS. *Definições de Ratings da S&P Global Ratings,* 5 de janeiro de 2021. Disponível em: <https://www.standardandpoors.com/en_US/delegate/getPDF?articleId=2575491&type=COMMENTS&subType=REGULATORY>. Acesso em: 8 abr. 2022).

[459] "Uma obrigação avaliada em 'BBB' apresenta parâmetros de proteção adequados. No entanto, é mais provável que condições econômicas adversas ou mudanças nas circunstâncias enfraqueçam a capacidade do devedor de honrar seus compromissos financeiros relativos à obrigação." (S&P GLOBAL RATINGS. *Definições de Ratings da S&P Global Ratings,* 5 de janeiro de 2021. Disponível em: <https://www.standardandpoors.com/en_US/delegate/getPDF?articleId=2575491&type=COMMENTS&subType=REGULATORY>. Acesso em: 8 abr. 2022).

[460] Cf. Prospecto da Terceira Emissão de Debêntures da CPSEC.

[461] "Uma obrigação avaliada em 'AA' difere apenas ligeiramente das obrigações com o *rating* mais alto. A capacidade do devedor de honrar seus compromissos financeiros relativos à obrigação é muito forte." (S&P GLOBAL RATINGS. *Definições de Ratings da S&P Global Ratings,* 5 de janeiro de 2021. Disponível em: <https://www.standardandpoors.com/en_US/delegate/getPDF?articleId=2575491&type=COMMENTS&subType=REGULATORY>. Acesso em: 8 abr. 2022).

[462] Cf. S&P GLOBAL RATINGS. *Standard & Poor's atribui rating final 'brAA (sf)'* às *debêntures "seniores 2"* da CPSEC, 19 de junho de 2015. Disponível em: <https://www.standardandpoors.com/pt_LA/web/guest/article/-/view/type/HTML/sourceAssetId/1245386688632>. Acesso em: 8 abr. 2022.

primeira série da segunda emissão, com a queda do fluxo de arrecadação dos créditos que as lastreiam no contexto da pandemia da COVID-19, considerando ainda as perspectivas econômicas e as incertezas acerca da volatilidade dos fluxos de pagamentos do PPI e do PEP pelos respectivos devedores em decorrência da pandemia.[463] Ao final, as debêntures da terceira emissão tinham *rating* "brAAA (sf)" à época de sua total liquidação, em junho de 2020. Já o *rating* das debêntures da primeira série da segunda emissão encontra-se atualmente[464] como "brBBB- (sf)".

Observa-se que a classificação de risco das diferentes emissões de debêntures da CPSEC, apesar de terem lastro nos mesmos ativos, diferem entre si. Isso se deve ao nível de garantias apostas a cada emissão, assim como à ordem estabelecida para a prioridade de pagamento entre elas: as debêntures mais seniores (com uma posição mais privilegiada na ordem de pagamento) e com garantias mais robustas receberam os *ratings* mais altos. De acordo com a metodologia da agência de classificação de risco, todos esses fatores influem no risco de efetivo pagamento do investimento, refletido nas notas atribuídas pela agência.[465] Nota-se, por fim, que as debêntures subordinadas e

---

[463] Cf. S&P GLOBAL RATINGS. *Diversas ações de ratings realizadas nos ratings das debêntures da CPSEC*, 24 de fevereiro de 2017. Disponível em: <https://www.standardandpoors.com/pt_LA/delegate/ getPDF?articleId=2076183&type=NEWS&subType=RATING_ACTION>. Acesso em: 8 abr. 2022; S&P GLOBAL RATINGS. *Ratings das debêntures da CPSEC elevados após recalibragem da escala de ratings*, 2 de outubro de 2018. Disponível em: <https://www.standardandpoors. com/pt_LA/delegate/ getPDF?articleId=2108404&type=NEWS&subType=RATING_ ACTION>. Acesso em: 8 abr. 2022; S&P GLOBAL RATINGS. *Dois ratings elevados e dois reafirmados após atualização da metodologia de CLOs e CDOs corporativos*, 18 de dezembro de 2019. Disponível em: <https://www.standardandpoors.com/pt_LA/delegate/ getPDF?articleId=2360455&type=NEWS&subType=RATING_ACTION>. Acesso em: 8 abr. 2022; S&P GLOBAL RATINGS. *Ratings das debêntures da Companhia Paulista de Securitização reafirmados*, 27 de fevereiro de 2020. Disponível em: <https://www.standardandpoors. com/pt_LA/delegate/getPDF?articleId=2389726&type=NEWS&subType=RATING_ ACTION>. Acesso em: 8 abr. 2022; S&P GLOBAL RATINGS. *Rating 'brBBB- (sf)' das debêntures Mezanino 1 da CPSEC reafirmado e removido do CreditWatch negativo*, 17 de junho de 2020. Disponível em: <https://www.standardandpoors.com/pt_LA/delegate/ getPDF?articleId=2463979&type=NEWS&subType=RATING_ACTION>. Acesso em: 8 abr. 2022.

[464] Conforme informações verificadas no site da S&P Global Ratings. A última verificação realizada data de 8 de abril de 2022. Disponível em: <https://www.standardandpoors. com/pt_LA/web/guest/ratings/details/-/instrument-details/sectorCode/STRUC+-+ABS/ entityId/490952/issueId/1142357>. Acesso em: 8 abr. 2022.

[465] "Os *ratings* de emissão são uma avaliação do risco de default, mas podem incorporar uma análise da senioridade relativa ou da recuperação final para os credores no caso de default. As obrigações juniores normalmente são classificadas com *ratings* mais baixos do que as seniores a fim de refletir sua baixa prioridade em caso de falência, conforme observado acima. (Tal diferenciação pode se aplicar quando uma entidade possui obrigações seniores e subordinadas, com garantias ou não, ou obrigações de empresas operacionais e empresas

as debêntures da segunda série da segunda emissão não receberam classificação de risco, visto que não foram destinadas aos investidores do mercado de capitais, mas sim ao próprio originador e cedente dos direitos creditórios (i.e., o Estado de São Paulo).

3.2 Questionamentos às operações de securitização de créditos públicos do Estado de São Paulo

As operações de securitização de créditos públicos do Estado de São Paulo foram alvo de questionamentos no âmbito de um processo perante o Tribunal de Contas do Estado de São Paulo,[466] bem como de uma ação popular[467] e de uma ação civil pública[468] perante a Justiça Estadual do Estado de São Paulo, todos eles ainda sem julgamento de mérito.[469] Os três processos foram iniciados pelo Sindicato dos Agentes Fiscais de Rendas do Estado de São Paulo (SINAFRESP) – ou seu presidente – e almejam invalidar as operações de securitização a partir de questionamentos comuns quanto à sua regularidade do ponto de vista do Direito Público, impedir que novas operações sejam realizadas, além de condenar os envolvidos na estruturação a ressarcir o Estado de São Paulo por supostos prejuízos causados.

No Tribunal de Contas do Estado de São Paulo, tramita o Processo nº 24428/026/16,[470] iniciado a partir de petição do SINAFRESP, em que se apura a alegação de que o Estado estaria sofrendo lesão ao erário

---

holding)." (S&P GLOBAL RATINGS. *Definições de Ratings da S&P Global Ratings,* 5 de janeiro de 2021. Disponível em: <https://www.standardandpoors.com/en_US/delegate/getPDF?articleId=2575491&type=COMMENTS&subType=REGULATORY>. Acesso em: 8 abr. 2022).

[466] Processo nº 24428/026/16, em trâmite perante o Tribunal de Contas do Estado de São Paulo. Disponível em: <https://www.tce.sp.gov.br/processos>. Acesso em: 8 dez. 2021.

[467] Ação Popular nº 1039132-29.2016.8.26.0053, em trâmite perante a 12ª Vara de Fazenda Pública do Foro Central da Comarca de São Paulo. Disponível em: <https://esaj.tjsp.jus.br/cpopg/show.do?processo.codigo=1H0009PKA0000&processo.foro=53&uuidCaptcha=sajcaptcha_7f517978ef0f47e4a0e83e08a17344a2&gateway=true>. Acesso em: 8 dez. 2021.

[468] Ação Civil Pública nº 1001566-75.2018.8.26.0053, em trâmite perante a 14ª Vara de Fazenda Pública do Foro Central da Comarca de São Paulo e a 1ª Câmara de Direito Público do Tribunal de Justiça do Estado de São Paulo. Disponível em: <https://esaj.tjsp.jus.br/cpopg/show.do?processo.codigo=1H000C5OP0000&processo.foro=53&uuidCaptcha=sajcaptcha_7f517978ef0f47e4a0e83e08a17344a2>. Acesso em: 8 dez. 2021.

[469] De acordo com o último acompanhamento desses processos, realizado em 8.12.2021.

[470] Apesar de a íntegra dos autos desse processo não estar disponível para consulta, é possível acessar os despachos e decisões proferidos no processo no site do Tribunal de Contas do

decorrente da "cessão de receitas para pessoa jurídica de direito privado" (no caso, a CPSEC). O SINAFRESP pleiteia: a) que os atos impugnados sejam imediatamente suspensos para evitar novas cessões de crédito pelo Estado e a emissão e a comercialização de debêntures pela CPSEC; b) que a CPSEC restitua ao Estado os créditos cedidos; e c) a imposição de responsabilidade a Renato Augusto Zagallo Villela dos Santos e Andrea Sandro Calabi (anteriores Secretários da Fazenda do Estado de São Paulo) e a Jorge Luiz Ávila da Silva (presidente da CPSEC) para que reparem o erário pelos gastos incorridos com a emissão das debêntures e decorrentes da pleiteada anulação das debêntures.[471] Até o momento,[472] o Tribunal de Contas do Estado de São Paulo não decidiu a respeito.

Por sua vez, a Ação Popular nº 1039132-29.2016.8.26.0053,[473] em trâmite perante a Justiça Estadual de São Paulo, foi proposta por Alfredo Portinari Greggio Lucente Maranca (presidente do SINAFRESP) e José Marcio Rielli (diretor jurídico do SINAFRESP) em face do Estado de São Paulo, CPSEC, Jorge Luiz Ávila da Silva (presidente da CPSEC) e Renato Augusto Zagallo Villela dos Santos e Andrea Sandro Calabi (anteriores Secretários da Fazenda do Estado de São Paulo).

O objetivo dessa ação é a anulação de atos ditos lesivos ao patrimônio público consistentes na "cessão de receitas" do Estado de São Paulo à CPSEC, com pedido de condenação dos réus à abstenção das práticas de cessão de créditos para a CPSEC, comercialização de debêntures pela CPSEC, emissão de qualquer outro valor mobiliário e de obtenção de recursos junto ao mercado de capitais pela CPSEC com lastro em créditos do Estado de São Paulo. Pede-se, ainda, a suspensão liminar da cessão de créditos à CPSEC e da comercialização

---

Estado de São Paulo. Disponível em: <https://www.tce.sp.gov.br/processos>. Acesso em: 8 dez. 2021.

[471] Cf. TRIBUNAL DE CONTAS DO ESTADO DE SÃO PAULO. *Processo nº 24428/026/16*. Despacho do Conselheiro Antônio Roque Citadini. São Paulo, 5 de setembro de 2016. Disponível em: <https://www.tce.sp.gov.br/processos>. Acesso em: 8 dez. 2021.

[472] O último acompanhamento feito dos andamentos do Processo nº 24428/026/16, em trâmite perante o Tribunal de Contas do Estado de São Paulo, data de 8 de dezembro de 2021.

[473] As informações a respeito dessa Ação Popular foram retiradas diretamente de seus autos públicos (Cf. Autos da Ação Popular nº 1039132-29.2016.8.26.0053, em trâmite perante a 12ª Vara de Fazenda Pública do Foro Central da Comarca de São Paulo. Disponível em: <https://esaj.tjsp.jus.br/cpopg/show.do?processo.codigo=1H0009PKA0000&processo. foro=53&uuidCaptcha=sajcaptcha_7f517978ef0f47e4a0e83e08a17344a2&gateway=true>. Acesso em: 8 dez. 2021).

de debêntures emitidas pela CPSEC.[474] Os pedidos de condenação à abstenção dessas práticas foram indeferidos liminarmente em decisão de primeira instância,[475] seguindo a linha do parecer do Ministério Público,[476] em razão da ausência de interesse processual dos autores, na sua modalidade adequação,[477] pois a tutela inibitória seria incompatível com o escopo da ação popular. Na mesma decisão, a tutela de urgência para a suspensão da cessão de créditos à CPSEC e da comercialização de debêntures por ela emitidas foi indeferida,[478] sob o fundamento de estarem ausentes: a) a probabilidade do direito (visto que a Lei nº 13.723/09 não seria manifestamente inconstitucional); e b) a demonstração de riscos na manutenção desses atos (além da possível extensão dos efeitos da tutela requerida, inclusive sobre os investidores). Posteriormente, essa decisão foi confirmada pelo Tribunal de Justiça do Estado de São Paulo, por acórdão[479] já transitado em julgado.[480] A ação, portanto, foi extinta sem resolução do mérito em relação a tais pedidos.

Além disso, os autores requereram a condenação da CPSEC à restituição dos créditos a ela cedidos, bem como a condenação do presidente da CPSEC e dos antigos Secretários da Fazenda do Estado de São Paulo à reparação do patrimônio público estadual com os gastos relacionados à emissão das debêntures e à requerida anulação das

---

[474] Cf. Petição inicial, datada de 31 de agosto de 2016, emendada em 19 de outubro de 2016. Autos da Ação Popular nº 1039132-29.2016.8.26.0053, em trâmite perante a 12ª Vara de Fazenda Pública do Foro Central da Comarca de São Paulo, fls. 1-35; 185-186.

[475] Cf. 12ª VARA DE FAZENDA PÚBLICA DO FORO CENTRAL DA COMARCA DE SÃO PAULO. *Ação Popular nº 1039132-29.2016.8.26.0053*. Decisão, datada de 3 de fevereiro de 2007. Documento retirado dos autos da Ação Popular nº 1039132-29.2016.8.26.0053, em trâmite perante a 12ª Vara de Fazenda Pública do Foro Central da Comarca de São Paulo, fls. 187-191.

[476] Cf. Manifestação do Ministério Público, datada de 9 de setembro de 2016. Autos da Ação Popular nº 1039132-29.2016.8.26.0053, em trâmite perante a 12ª Vara de Fazenda Pública do Foro Central da Comarca de São Paulo, fls. 173-183.

[477] Nos termos do artigo 330, inciso III, e do artigo 485, inciso VI, do Código de Processo Civil.

[478] Segundo o artigo 300 do Código de Processo Civil.

[479] TRIBUNAL DE JUSTIÇA DO ESTADO DE SÃO PAULO. 9ª Câmara de Direito Público. *Agravo de Instrumento nº 2049555-59.2017.8.26.0000*. Relator Desembargador Décio Notarangeli. São Paulo, 26 de abril de 2017. Disponível em: <https://esaj.tjsp.jus.br/cjsg/resultadoCompleta.do>. Acesso em: 8 dez. 2021.

[480] Cf. Certidão de trânsito em julgado, datada de 17 de janeiro de 2018.

debêntures.[481] Até o momento,[482] a ação prossegue com relação a esses pedidos, ainda sem julgamento do mérito.

No que diz respeito à Ação Civil Pública nº 1001566-75.2018.8.26.0053,[483] também em trâmite perante a Justiça Estadual do Estado de São Paulo, foi proposta pelo SINAFRESP, em litisconsórcio ativo com o Sindicato dos Procuradores do Estado, das Autarquias, das Fundações e das Universidades Públicas do Estado de São Paulo, em face do Estado de São Paulo, CPSEC, Jorge Luiz Ávila da Silva (presidente da CPSEC), Companhia Paulista de Parcerias (acionista minoritária da CPSEC), Mário Engler Pinto Júnior (então presidente da Companhia Paulista de Parcerias), Renato Augusto Zagallo Villela dos Santos, Andrea Sandro Calabi, Hélcio Tokeshi e Mauro Ricardo Machado Costa (anteriores Secretários da Fazenda do Estado de São Paulo) e Geraldo José Rodrigues Alckmin Filho e José Serra (anteriores governadores do Estado de São Paulo).

Na ação civil pública, questiona-se a regularidade da instituição dos programas de parcelamento do PPI e do PEP e das operações de securitização de créditos públicos realizadas pelo Estado de São Paulo, de modo que foram pleiteadas: a) a declaração da nulidade das cessões de crédito realizadas pelo Estado de São Paulo e das debêntures emitidas pela CPSEC; b) a abstenção da comercialização de debêntures pela CPSEC, da emissão de qualquer outro valor mobiliário e da obtenção de recursos junto ao mercado de capitais pela CPSEC com lastro em créditos do Estado de São Paulo; c) a condenação da CPSEC a restituir ao Estado de São Paulo os valores percebidos pelas cessões de crédito; d) a condenação de todos os réus à reparação do patrimônio público estadual com os gastos despendidos na operação, bem como aqueles

---

[481] Cf. Petição inicial, datada de 31 de agosto de 2016, emendada em 19 de outubro de 2016. Autos da Ação Popular nº 1039132-29.2016.8.26.0053, em trâmite perante a 12ª Vara de Fazenda Pública do Foro Central da Comarca de São Paulo, fls. 1-35; 185-186.

[482] O último acompanhamento feito dos andamentos da Ação Popular nº 1039132-29.2016.8.26.0053, em trâmite perante a 12ª Vara de Fazenda Pública do Foro Central da Comarca de São Paulo, data de 8 de dezembro de 2021.

[483] As informações a respeito dessa Ação Civil Pública foram retiradas diretamente de seus autos públicos (Cf. Autos da Ação Civil Pública nº 1001566-75.2018.8.26.0053, em trâmite perante a 14ª Vara de Fazenda Pública do Foro Central da Comarca de São Paulo e a 1ª Câmara de Direito Público do Tribunal de Justiça do Estado de São Paulo. Disponível em: <https://esaj.tjsp.jus.br/cpopg/show.do?processo.codigo=1H000C5OP0000&processo.foro=53&uuidCaptcha=sajcaptcha_7f517978ef0f47e4a0e83e08a17344a2>. Acesso em: 8 dez. 2021).

decorrentes da requerida anulação; e e) a condenação de todos os réus por improbidade administrativa.[484]

A petição inicial dos autores, no entanto, foi considerada inepta – tanto pelo Ministério Público[485] como pelo Juízo de primeira instância[486] –, por não conter a individualização dos fatos e sua respectiva atribuição a cada um dos réus. Ainda, como foram descritas condutas que encontram amparo na legislação estadual, considerou-se que caberia primeiramente a propositura de uma ação direta de inconstitucionalidade para, em seguida, eventualmente ser proposta ação civil pública para a condenação dos demandados ao pagamento de eventual indenização. Além disso, entendeu-se que os autores careciam de legitimidade ativa em relação ao pedido de condenação por ato de improbidade administrativa. Considerando tais argumentos, o processo foi extinto pelo Juízo de primeira instância sem julgamento do mérito.[487-488] Em sede de apelação, o Tribunal de Justiça do Estado de São Paulo[489] confirmou tal extinção, com base na falta de legitimidade ativa dos autores em relação aos seus pedidos.[490] Atualmente, o agravo em recurso especial apresentado pelos autores (contra a decisão do Tribunal de Justiça do

---

[484] Cf. Petição inicial, datada de 15 de janeiro de 2018. Autos da Ação Civil Pública nº 1001566-75.2018.8.26.0053, em trâmite perante a 14ª Vara de Fazenda Pública do Foro Central da Comarca de São Paulo, fls. 1-31.

[485] Cf. Manifestação do Ministério Público, datada de 26 de novembro de 2018. Autos da Ação Civil Pública nº 1001566-75.2018.8.26.0053, em trâmite perante a 14ª Vara de Fazenda Pública do Foro Central da Comarca de São Paulo, fls. 1704-1723.

[486] Cf. 14ª VARA DE FAZENDA PÚBLICA DO FORO CENTRAL DA COMARCA DE SÃO PAULO. *Ação Civil Pública nº 1001566-75.2018.8.26.0053*. Sentença, datada de 3 de fevereiro de 2019. Documento retirado dos autos da Ação Civil Pública nº 1001566-75.2018.8.26.0053, em trâmite perante a 14ª Vara de Fazenda Pública do Foro Central da Comarca de São Paulo, fls. 1724-1726.

[487] Nos termos do artigo 485, incisos I e VI, do Código de Processo Civil.

[488] Cf. 14ª VARA DE FAZENDA PÚBLICA DO FORO CENTRAL DA COMARCA DE SÃO PAULO. *Ação Civil Pública nº 1001566-75.2018.8.26.0053*. Sentença, datada de 3 de fevereiro de 2019. Documento retirado dos autos da Ação Civil Pública nº 1001566-75.2018.8.26.0053, em trâmite perante a 14ª Vara de Fazenda Pública do Foro Central da Comarca de São Paulo, fls. 1724-1726.

[489] TRIBUNAL DE JUSTIÇA DO ESTADO DE SÃO PAULO. 1ª Câmara de Direito Público. *Acórdão nº 2019.0000765433*. Relator: Desembargador Luís Francisco Aguilar Cortez. São Paulo, 17 de setembro de 2019. Disponível em: <https://esaj.tjsp.jus.br/cjsg/resultadoCompleta.do>. Acesso em: 8 dez. 2021.

[490] Ressalta-se que a apelação dos autores foi parcialmente provida, exclusivamente para afastar a condenação dos autores ao pagamento de honorários advocatícios.

Estado de São Paulo que inadmitiu seu recurso especial[491]) encontra-se pendente de julgamento pelo Superior Tribunal de Justiça.[492-493]

Esses processos trazem questionamentos comuns, do ponto de vista do Direito Público, às operações de securitização realizadas pelo Estado de São Paulo, cujo mérito, como visto, não chegou a ser apreciado pelas autoridades administrativas e judiciais em questão. Considerando a semelhança – a despeito de ligeiras particularidades – dos fundamentos de seus autores, cabe expor a seguir, de forma geral, os principais questionamentos levantados. Ressalta-se que foge do escopo do presente trabalho[494] realizar um juízo quanto à regularidade das operações da CPSEC do ponto de vista do Direito Público. Nesse contexto, a exposição desses questionamentos tem por finalidade, primeiramente, tornar o relato do caso do Estado do São Paulo mais completo, tendo em vista que esse é um primeiro objetivo da metodologia adotada.[495] Ademais, sob o ponto de vista das preocupações no âmbito do mercado de capitais, a existência de tais questionamentos gera incertezas em torno da operação, aumentando o risco do investimento nas debêntures da CPSEC. Por fim, a exposição dos questionamentos ilustra a amplitude – mencionada na delimitação do tema da presente pesquisa[496] – das questões de Direito Público que podem estar envolvidas na securitização de créditos públicos.

---

[491] Cf. TRIBUNAL DE JUSTIÇA DO ESTADO DE SÃO PAULO. 1ª Câmara de Direito Público. *Ação Civil Pública nº 1001566-75.2018.8.26.0053*. Decisão, datada de 25 de agosto de 2020. Documento retirado dos autos da Ação Civil Pública nº 1001566-75.2018.8.26.0053, em trâmite perante a 1ª Câmara de Direito Público do Tribunal de Justiça do Estado de São Paulo, fls. 2151-2152.

[492] Agravo em Recurso Especial nº 1818419/SP, em trâmite perante o Superior Tribunal de Justiça. Disponível em: <https://processo.stj.jus.br/processo/pesquisa/>. Acesso em: 8 dez. 2021.

[493] O último acompanhamento feito dos andamentos da Ação Civil Pública nº 1001566-75.2018.8.26.0053, em trâmite perante a 14ª Vara de Fazenda Pública do Foro Central da Comarca de São Paulo e a 1ª Câmara de Direito Público do Tribunal de Justiça do Estado de São Paulo, bem como do Agravo em Recurso Especial nº 1818419/SP, em trâmite perante o Superior Tribunal de Justiça, data de 8 de dezembro de 2021.

[494] Conforme a delimitação do tema da presente pesquisa feita na Introdução.

[495] Como exposto na Introdução, a primeira etapa do estudo de um caso consiste no relato do caso, ou seja, a descrição do caso objeto de estudo, com seus elementos essenciais sistematizados. Cf. GHIRARDI, José Garcez; PALMA, Juliana Bonacorsi de; VIANA, Manuela Trindade. Posso fazer um trabalho inteiro sobre um caso específico? In: FEFERBAUM, Marina; QUEIROZ, Rafael Mafei Rabelo (Coord.). *Metodologia jurídica*: um roteiro prático para trabalhos de conclusão de curso. São Paulo: Saraiva, 2012, p. 177-190 (178).

[496] Ver Introdução.

Com relação à CPSEC, os autores alegam que ela teria sido constituída em ofensa à Lei nº 11.079/04, que regula as parcerias público-privadas. Sustentam que o instituto da sociedade de propósito específico teria sido introduzido no ordenamento jurídico por essa lei. Como o objeto social da CPSEC não diz respeito ao desenvolvimento de parcerias público-privadas, sua constituição seria irregular já que não seria uma sociedade de propósito específico nos moldes da Lei nº 11.079/04. Para os autores, a CPSEC atuaria, ainda, como instituição financeira, nos termos da Lei nº 4.595/64, apenas pelo fato de seu objeto principal consistir na obtenção de recursos junto ao mercado de capitais. Dada essa qualificação à CPSEC, sua constituição seria irregular por não ter respeitado as normas específicas em teoria aplicáveis.

Os autores também alegam que as operações de securitização realizadas estariam em desacordo com a Lei de Responsabilidade Fiscal. Para tanto, sustentam que seriam caracterizadas como operações de crédito por antecipação de receita orçamentária, nos termos do artigo 38 dessa lei. Assim, as operações de securitização teriam contrariado o artigo 32 da lei em questão (visto que não houve autorização prévia do então Ministério da Fazenda para sua realização), bem como seu artigo 38 (já que não foram observadas as condições de prazo de contratação e de liquidação nele previstas). As operações violariam, ainda, o artigo 37 dessa lei, por supostamente caracterizar uma antecipação de receita de tributo ou contribuição cujo fato gerador ainda não tenha ocorrido. Ademais, como, de acordo com os autores, a CPSEC seria equiparada a uma instituição financeira controlada, haveria ofensa ao artigo 36 da Lei de Responsabilidade Fiscal, o qual veda a contratação de operação de crédito entre uma tal instituição e o ente federativo que a controle, na qualidade de beneficiário do empréstimo.

Além disso, os autores sustentam a inconstitucionalidade: a) da Lei Autorizativa, sendo inconstitucionais, consequentemente, todos os atos que foram nela embasados e; b) da cessão de créditos feita pelo Estado de São Paulo à CPSEC, visto que supostamente implicaria vinculação de receita tributária, vedada pelo artigo 167, inciso IV, da Constituição Federal. Apontam, por fim, uma suposta violação à Lei nº 8.666/93, uma vez que o Estado não teria observado os devidos procedimentos licitatórios para as contratações incidentais às operações de securitização.

Dessa forma, a partir dessas alegações, os autores dos processos em questão buscaram, em síntese, anular as cessões de crédito à CPSEC e restituir os créditos cedidos ao Estado de São Paulo, impedir a realização de novas operações pela CPSEC, bem como condenar os envolvidos a ressarcir o Estado de São Paulo pelos supostos prejuízos causados, conforme exposto acima. No entanto, ressalta-se que, como não houve julgamento de mérito no âmbito desses processos, ainda não há pronunciamento por parte das autoridades administrativas ou judiciais a respeito da regularidade ou não das operações de securitização realizadas pelo Estado de São Paulo.

Concluída a etapa do relato do caso das operações de securitização de créditos públicos do Estado de São Paulo, passa-se, em seguida, à etapa da análise crítica desse caso.

CAPÍTULO 4

SECURITIZAÇÃO DE CRÉDITOS PÚBLICOS: ESPECIFICIDADES *VS.* INTERESSES PROTEGIDOS E RISCOS CONSIDERADOS PELA REGULAÇÃO DO MERCADO DE CAPITAIS

No presente Capítulo 4 será realizada a análise crítica do caso da securitização de créditos públicos do Estado de São Paulo, sob a perspectiva do Direito Comercial e da regulação do mercado de capitais.

A partir do relato do caso da securitização de créditos públicos do Estado de São Paulo (feito no Capítulo 3), é possível identificar características desse caso que se afastam dos padrões da securitização no setor privado – em decorrência, especialmente, dos desafios trazidos pela natureza pública dos créditos e de seu originador.

Neste Capítulo 4 serão apreciadas as especificidades dessa securitização de créditos públicos em contraposição com a securitização no setor privado estudada na Parte I desta pesquisa. Tal avaliação será feita, particularmente, com base no modelo de securitização via FIDC explorado no Capítulo 2, buscando verificar o impacto de tais especificidades com relação aos interesses protegidos e aos riscos considerados pela CVM na regulação da securitização.

4.1 As especificidades da securitização de créditos públicos

As especificidades da securitização de créditos públicos foram encontradas: a) no veículo de securitização; b) na transparência da estrutura; c) na segregação dos ativos e do risco; d) na cobrança dos créditos; e e) nos valores mobiliários subordinados, como exposto a seguir.

4.1.1 Especificidades quanto ao veículo de securitização

Conforme apresentado no relato do caso das operações de securitização de créditos públicos do Estado de São Paulo,[497] a Lei Estadual nº 13.723/09 autoriza a utilização de uma sociedade de propósito específico (sob a forma de sociedade anônima) ou de um FIDC (no caso, um FIDC-NP, de acordo com a regulação da CVM) como possíveis veículos para a securitização dos créditos públicos desse ente federativo. Optou-se, no entanto, por se utilizar uma sociedade de propósito específico, sob a forma de sociedade anônima, constituindo-se a CPSEC para essa finalidade.

Como visto,[498] a securitização por meio de sociedade de propósito específico, com a correspondente emissão de debêntures, não foi o modelo adotado para a securitização no setor privado brasileiro, sendo seu principal veículo de securitização o FIDC. Uma primeira e importante especificidade encontrada no caso do Estado de São Paulo, portanto, consiste no veículo de securitização adotado (i.e., a CPSEC, uma sociedade de propósito específico). As regras de governança dos FIDC, bem como as disposições sobre os deveres e as responsabilidades de seus prestadores de serviços fiduciários, vêm sendo debatidas e aprimoradas há tempos pela CVM.[499] Do ponto de vista dos interesses protegidos pelo regulador do mercado de capitais – incluindo a proteção do investidor e a integridade, segurança e confiabilidade do mercado de securitização[500] –, os FIDC oferecem mais salvaguardas como veículo de securitização quando comparados às sociedades de propósito específico.[501]

---

[497] Ver item 3.1.1 acima.

[498] Ver item 1.4 acima.

[499] Como visto no Capítulo 2.

[500] Ver item 2.6 acima.

[501] Cf. MELO, Victória Baruselli Cabral de; SOUZA, Allan Crocci; VIDIGAL NETO, Rubens. FIDC-NP: o injustiçado da securitização de dívida ativa. *TLON (UQBAR)*, ago. 2016. Disponível em: <http://www.tlon.com.br/fidc/jornal/opiniao/12509-fidc-np-o-injusticado-da-securitizacao-de-divida-ativa>. Acesso em: 8 abr. 2022; PINTO JUNIOR, Mario Engler. Fundo de investimento em direitos creditórios: alternativa de financiamento pelo mercado de capitais. In: LIMA, Maria Lúcia L. M. Pádua (Org.). *Direito e economia*: 30 anos de Brasil – Agenda Contemporânea. São Paulo: Saraiva, 2012, v. 2, p. 47-79 (61); RIBEIRO JUNIOR, José Alves. Securitização via FIDC: impactos

Um dos principais focos da regulação dos FIDC (especialmente após a detecção de determinados casos de fraude)[502] reside na mitigação de conflitos de interesses na estrutura de securitização, notadamente entre o lado vendedor dos créditos (*sell-side*) e o lado comprador (*buy-side*). Busca-se lidar com o risco de fraude na originação ou na cessão de créditos ao veículo de securitização, bem como incentivar o alinhamento entre os participantes da estrutura. Com isso, visa-se não só à proteção dos investidores, mas também à proteção da integridade e da confiabilidade da indústria de securitização. No caso sob estudo, o originador e cedente dos direitos creditórios (i.e., o Estado de São Paulo) é também o controlador do veículo de securitização que adquire esses direitos creditórios (i.e., a CPSEC), apontando um potencial conflito de interesses na estrutura. Caso tivesse sido adotado um FIDC-NP como veículo de securitização, haveria uma maior desvinculação da influência do ente público cedente. Além disso, o veículo contaria com prestadores de serviços com deveres fiduciários próprios, com responsabilidades sobre a administração, a gestão e a custódia do veículo.

Nada obstante, atualmente, a securitização de créditos públicos por meio dos FIDC está sendo questionada no âmbito do Tribunal de Contas da União.[503] Nesse contexto, foi proferida decisão em medida cautelar[504] que determinou à CVM a suspensão do registro de todo e qualquer FIDC-NP que pudesse adquirir créditos decorrentes de receitas públicas e que deixasse de apresentar a aprovação do Ministério da Fazenda (atual Ministério da Economia), nos termos da Lei de Responsabilidade Fiscal. Ocorre que tal aprovação é uma exigência para as operações de crédito, o que, como demonstrado adiante,[505] não é, necessariamente, o caso de toda e qualquer operação de securitização.

---

da reforma introduzida pela Instrução CVM n. 531. *Revista de Direito das Sociedades e dos Valores Mobiliários*, São Paulo, v. 3, p. 175-205 (205), maio 2016.

[502] Ver item 2.5 acima.

[503] Processo nº TC 016.585/2009-0, em trâmite perante o Tribunal de Contas da União, ao qual foi apensado o Processo nº TC 043.416/2012-8. Esse processo tem por escopo, atualmente, avaliar operações que envolvam a cessão de direitos creditórios de entes federativos aos FIDC. Apesar de a íntegra dos autos não estar disponível para consulta, é possível acessar as deliberações desse processo no *site* do Tribunal de Contas da União. Disponível em: <https://pesquisa.apps.tcu.gov.br/#/>. Acesso em: 8 abr. 2022.

[504] Cf. TRIBUNAL DE CONTAS DA UNIÃO. Plenário. *Processo nº TC 043.416/2012-8*. Medida Cautelar. Relator Ministro Bruno Dantas. Brasília, 3 de dezembro de 2014. Disponível em: <http://www.tcu.gov.br/consultas/juris/docs/conses/tcu_ata_0_n_2014_48.pdf>. Acesso em: 8 abr. 2022.

[505] Como mais bem explorado no item 4.1.3.4 abaixo.

A decisão do Tribunal de Contas da União, cujos fundamentos serão mais bem explorados no item 4.1.5 abaixo (em que serão analisadas as especificidades dos valores mobiliários subordinados, sobre as quais os fundamentos se centram), teve óbvias repercussões na escolha do veículo para a securitização, afastando peremptoriamente a alternativa dos FIDC-NP. Além disso, tal medida cautelar tomou como base, exclusivamente, o caso do FIDC-NP do Município de Nova Iguaçu/RJ.[506] Entretanto, seus efeitos não se limitaram ao caso analisado, mas se estenderam a todas as iniciativas de securitização de créditos públicos por meio de FIDC-NP. Não há, até o momento,[507] decisão final de mérito por parte do Tribunal de Contas da União quanto a essa questão.

A medida cautelar do Tribunal de Contas da União não teve por efeito restringir qualquer operação de securitização de créditos públicos, mas apenas aquelas realizadas através dos FIDC-NP. Assim, da perspectiva da regulação do mercado de capitais, essa decisão tem por efeito incentivar a adoção de estruturas menos reguladas, menos transparentes e com maiores fragilidades para a securitização de créditos públicos – qual seja, a securitização via sociedade de propósito específico – em comparação com a securitização via FIDC-NP.

4.1.2 Especificidades quanto à transparência

A redução da assimetria de informação entre os participantes da estrutura e os investidores foi um dos focos da regulação da securitização na sequência da crise dos *subprime*.[508] A regulação dos FIDC pela CVM busca reforçar a transparência desse veículo de securitização, visando à adequada informação dos investidores e à mitigação do risco de assimetria de informação.[509]

---

[506] Na sequência, foi proferida uma segunda medida cautelar pelo Tribunal de Contas da União especificamente para que a CVM não procedesse (ou suspendesse, caso já tivesse sido realizado) o registro do Fundo Especial da Dívida Ativa do Distrito Federal até a deliberação do Tribunal sobre o mérito dessa questão, tendo em vista as considerações de que a medida cautelar proferida em 3 de dezembro de 2014 poderia não alcançar esse fundo (cf. TRIBUNAL DE CONTAS DA UNIÃO. Plenário. *Processo nº TC 016.585/2009-0*. Medida Cautelar. Relator Ministro Raimundo Carreiro. Brasília, 21 de janeiro de 2015. Disponível em: <http://www.tcu.gov.br/Consultas/Juris/Docs/CONSES/TCU_ATA_0_N_2015_01.PDF>. Acesso em: 8 abr. 2022).

[507] O último acompanhamento feito dos andamentos do Processo nº TC 016.585/2009-0, em trâmite perante o Tribunal de Contas da União, data de 8.4.2022.

[508] Ver item 1.3 acima.

[509] Ver item 2.5 acima.

SECURITIZAÇÃO DE CRÉDITOS PÚBLICOS: ESPECIFICIDADES *VS.* INTERESSES PROTEGIDOS E RISCOS CONSIDERADOS...

Uma primeira especificidade quanto à transparência do caso da securitização do Estado de São Paulo decorre da própria escolha de uma sociedade de propósito específico como veículo de securitização (e não de um FIDC). As regras que atualmente dispõem sobre a transparência dos FIDC e a divulgação de informações a seus investidores[510] foram pensadas pelo regulador diante de particularidades e desafios próprios das operações de securitização, seguindo inclusive recomendações da IOSCO decorrentes da experiência após a crise dos *subprime*. A regulação dos FIDC determina que tal divulgação de informações aos investidores seja feita de forma prévia e também periódica, para que possam tomar uma decisão fundamentada de investir e de manter o investimento. Apesar de a CPSEC dever observar as regras de divulgação de informações aplicáveis às companhias em geral[511] (por ser registrada na CVM como emissora de valores mobiliários[512]), não está sujeita a essas regras de transparência dos FIDC moldadas especificamente para as operações de securitização.

Além disso, aspectos específicos do caso em estudo apontam para desafios quanto à transparência da estrutura. Primeiramente, as informações sobre os devedores dos créditos securitizados (incluindo qualquer informação sobre a sua situação econômica ou financeira e sobre a natureza e o estado de seus negócios ou atividades), bem como os documentos comprobatórios dos créditos, não poderão ser acessados, em qualquer hipótese, pelos investidores. A própria CPSEC e os agentes fiduciários dos debenturistas apenas podem ter acesso a essas informações e documentos em hipóteses delimitadas (exclusivamente para fazer prova em juízo ou no curso de procedimento administrativo devidamente instaurado, quando isso for estritamente necessário à defesa dos direitos, das garantias e das prerrogativas da CPSEC ou dos debenturistas).[513] Com isso, busca-se evitar discussões relacionadas à proteção do sigilo fiscal dos contribuintes.[514] Outro aspecto com impacto na transparência consiste nas disposições sobre a prestação de informações pelo originador dos créditos securitizados (o qual, como se verá neste Capítulo 4, assume papéis relevantes na estrutura de

---

[510] Ver item 2.5 acima.

[511] Nos termos do artigo 14 e seguintes da Instrução CVM nº 480/09.

[512] Ver item 3.1.1 acima.

[513] Ver itens 3.1.2 e 3.1.3 acima.

[514] A respeito do sigilo fiscal nas operações de securitização de créditos públicos, ver FERREIRA, Cláudio de Araújo. *As operações de securitização de dívida ativa*: equacionando as contas públicas. São Paulo: Quartier Latin, 2019.p. 161-166.

securitização sob estudo). A partir do relato do caso,[515] nota-se que o Estado de São Paulo teria poucos incentivos para o efetivo cumprimento de suas obrigações de prestação de informações e de apresentação de relatórios, visto que o inadimplemento de tais obrigações não poderia, pelo disposto no contrato, ser objeto de tutela específica e nem mesmo ensejar o pagamento de multa ou indenização.

Tendo em vista essas especificidades da securitização de créditos públicos do Estado de São Paulo, os padrões de transparência e de adequada informação do investidor normalmente exigidos para as operações de securitização não são atingidos.

4.1.3 Especificidades quanto à segregação dos ativos e à segregação do risco

4.1.3.1 Cessão do crédito

De acordo com a Lei Autorizativa da securitização de créditos públicos do Estado de São Paulo,[516] o ativo a ser securitizado consistiria no fluxo de recebimento decorrente de créditos tributários cujo fato gerador já tenha ocorrido ou créditos não tributários já vencidos, que tenham sido inscritos em dívida ativa ou reconhecidos pelo contribuinte ou devedor mediante a formalização de parcelamento. Nas operações de securitização realizadas por esse ente federativo, foram securitizados os fluxos financeiros de créditos originados de dois programas estaduais de parcelamento de débitos tributários.

Nota-se que na securitização de créditos públicos do Estado de São Paulo, a cessão de crédito ao veículo de securitização (i.e., a CPSEC) refere-se, em realidade, à cessão do fluxo financeiro decorrente desses créditos públicos, ou seja, à cessão dos direitos creditórios referentes ao produto do adimplemento de tais créditos, e não da titularidade do crédito público em si, a qual permanece com o ente federativo. Com a cessão do fluxo financeiro, o Estado de São Paulo assume a obrigação de repassar ao cessionário – o veículo de securitização – os valores recebidos conforme esses créditos sejam pagos pelos respectivos devedores. Observa-se, no relato do caso,[517] que a cessão é feita de forma definitiva, isto é, o negócio não pode ser desfeito caso o fluxo financeiro seja inferior ao esperado.

---

[515] Ver item 3.1.2 acima.
[516] Ver item 3.1.2 acima.
[517] Ver item 3.1.2 acima.

SECURITIZAÇÃO DE CRÉDITOS PÚBLICOS: ESPECIFICIDADES *VS.* INTERESSES PROTEGIDOS E RISCOS CONSIDERADOS...

A cessão do crédito público em si, especialmente quando de natureza tributária, envolve discussões sobre a possibilidade jurídica de sua cessão[518] e de transferência da prerrogativa de sua cobrança.[519] Ainda, em caso de cessão do crédito público, discute-se a modificação ou não de sua natureza, de suas garantias e de seus privilégios.[520] Por outro lado, a cessão apenas do fluxo financeiro decorrente dos créditos públicos parece evitar essas discussões, sendo respaldada por pareceres da Procuradoria Geral da Fazenda Nacional.[521]

A securitização do fluxo financeiro decorrente dos créditos públicos foi objeto de algumas decisões do Colegiado da CVM.[522] No Processo

---

[518] Há autores que entendem: a) pela possibilidade de cessão do crédito tributário quando o respectivo fato gerador já tiver ocorrido (cf. PEREIRA, Evaristo Dumont de Lucena. Fundos de investimento em direitos creditórios (FIDC): um veículo para securitização de créditos tributários. In: FREITAS, Bernardo Vianna; VERSIANI, Fernanda Valle (Coord.). *Fundos de investimento*: aspectos jurídicos, regulamentares e tributários. São Paulo: Quartier Latin, 2015, p. 229-253); b) pela impossibilidade de cessão do crédito tributário objeto de parcelamento, mas pela possibilidade de cessão do crédito tributário já inscrito em dívida ativa (ainda que com restrições e empecilhos, inclusive quanto a garantias, privilégios e preferências do crédito) (cf. COÊLHO, Sacha Calmon Navarro. A questão da cessibilidade a terceiros, pelo Município, de créditos tributários inscritos em dívida ativa ou parcelados administrativamente. *Revista Dialética de Direito Tributário*, São Paulo, n. 128, p. 117-137, maio 2016); c) pela impossibilidade de cessão do crédito tributário (cf. RAMOS FILHO, Carlos Alberto de Moraes. Da impossibilidade de cessão de créditos tributários no Direito brasileiro. *Revista Tributária e de Finanças Públicas*, São Paulo, v. 66, p. 78-88, jan./fev. 2006); e d) pela impossibilidade de cessão de qualquer crédito público, de natureza tributária ou não (cf. HARADA, Kiyoshi. Cessão de crédito tributário. *Revista Fórum de Direito Tributário*, Belo Horizonte, ano 8, n. 43, jan./fev. 2010).

[519] Conforme mais bem explorado no item 4.1.4 abaixo.

[520] Como mencionado no item 3.1.2 acima, a Consultoria Jurídica da Secretaria da Fazenda do Estado de São Paulo ressalta que "[a] permanência da titularidade com o Estado é condição essencial para que os créditos tributários possam ser cobrados judicial ou extrajudicialmente, com todas as garantias e privilégios que lhes são inerentes" (CONSULTORIA JURÍDICA DA SECRETARIA DA FAZENDA DO ESTADO DE SÃO PAULO. *Parecer nº 611/2010*, emitido no Processo nº 23752-430087/2010, datado de 25 de junho de 2010. Documento retirado dos autos da Ação Popular nº 1039132-29.2016.8.26.0053, em trâmite perante a 12ª Vara de Fazenda Pública do Foro Central da Comarca de São Paulo, fls. 1503-1531).

[521] Cf., por exemplo, PROCURADORIA GERAL DA FAZENDA NACIONAL. *Parecer PGFN/CAF/nº 2900/2007*, datado de 20 de dezembro de 2007. Disponível em: <http://dados.pgfn.fazenda.gov.br/>. Acesso em: 8 abr. 2022; PROCURADORIA GERAL DA FAZENDA NACIONAL. *Parecer PGFN/CAF/nº 1612/2012*, datado de 20 de agosto de 2012. Disponível em: <http://dados.pgfn.fazenda.gov.br/>. Acesso em: 8 abr. 2022; PROCURADORIA GERAL DA FAZENDA NACIONAL. *Parecer PGFN/CAF/nº 1579/2014*, datado de 23 de setembro de 2014. Disponível em: <http://dados.pgfn.fazenda.gov.br/>. Acesso em: 8 abr. 2022; PROCURADORIA GERAL DA FAZENDA NACIONAL. *Parecer PGFN/CAF/nº 2035/2014*, datado de 15 de dezembro de 2014. Disponível em: <http://dados.pgfn.fazenda.gov.br/>. Acesso em: 8 abr. 2022.

[522] A jurisprudência da CVM a respeito da securitização de créditos públicos mencionada ao longo deste Capítulo 4 é fruto de pesquisa por decisões do Colegiado da CVM com os seguintes parâmetros: a) data de realização da pesquisa: 8 abr. 2022; b) período de pesquisa: até 8 abr. 2022 (sem especificação de início); c) termos de busca: ("investimento em direitos

CVM nº RJ2005/0739,[523] em decisão de outubro de 2005 – anterior, portanto, à edição da Instrução CVM nº 444/06 (que criou os FIDC-NP) e da Instrução CVM nº 531/13 (um marco regulatório na governança dos FIDC)[524] –, o Colegiado reconheceu que o fluxo financeiro originado de créditos públicos poderia ser um direito creditório passível de cessão a um FIDC. Mais especificamente, tratava-se do fluxo financeiro resultante do adimplemento de acordos de parcelamento de débitos tributários firmados pelo Município de Belo Horizonte/MG com seus contribuintes. Por outro lado, reconheceu-se a particularidade desse direito creditório, cujas características "afastam-se, sobremaneira, dos padrões do mercado". Em seu voto, o relator e então presidente Marcelo Trindade ressaltou que os mecanismos já existentes na regulação para assegurar a proteção do investidor poderiam ser insuficientes em determinados casos, "quase sempre ligados (i) à natureza dos recebíveis; (ii) à incerteza de sua constituição ou realização ou (iii) a dúvidas quanto à possibilidade de sua cobrança", devendo-se "impor requisitos de divulgação específicos, ou mesmo limitar mais acentuadamente o acesso ao produto por investidores menos qualificados". Além disso, reforçou a recomendação de elaboração de norma específica para os FIDC que invistam em direitos creditórios não enquadrados na definição da Instrução CVM nº 356/01. Em agosto de 2006, em decisão no Processo CVM nº RJ2006/4158,[525] o Colegiado também admitiu a aquisição por um FIDC do fluxo financeiro decorrente de créditos públicos

---

creditórios" OR "FIDC" OR "FIDCs") AND "operação de crédito"; ("investimento em direitos creditórios" OR "FIDC" OR "FIDCs") AND "receita pública"; ("investimento em direitos creditórios" OR "FIDC" OR "FIDCs") AND "natureza pública"; ("investimento em direitos creditórios" OR "FIDC" OR "FIDCs") AND ("ente público" OR "entes públicos"); ("investimento em direitos creditórios" OR "FIDC" OR "FIDCs") AND ("Lei de Responsabilidade Fiscal" OR "101/2000" OR "101/00"); ("investimento em direitos creditórios" OR "FIDC" OR "FIDCs") AND ("dívida ativa"); e d) local de pesquisa: seção "decisões" do *site* da CVM (<http://conteudo.cvm.gov.br/decisoes/index.html>). A pesquisa foi realizada em linha com as orientações do "Manual de Utilização" da CVM (COMISSÃO DE VALORES MOBILIÁRIOS. *Manual de Utilização. Google C.S.E.* | *Decisões da CVM.* Janeiro de 2018. Disponível em: <http://conteudo.cvm.gov.br/export/sites/cvm/decisoes/pesquisa/manual_pesquisa_avancada_jurisprudencia_CVM.pdf>. Acesso em: 8 abr. 2022).

[523] Cf. COMISSÃO DE VALORES MOBILIÁRIOS. Colegiado. *Processo CVM nº RJ2005/0739.* Relator Presidente Marcelo Trindade. Rio de Janeiro, 25 de outubro de 2005. Disponível em: <http://conteudo.cvm.gov.br/decisoes/2005/20051025_R1/20051025_D06.html>. Acesso em: 8 abr. 2022.

[524] Como visto no Capítulo 2.

[525] Cf. COMISSÃO DE VALORES MOBILIÁRIOS. Colegiado. *Processo CVM nº RJ2006/4158.* Relator SRE/GER-1. Rio de Janeiro, 22 de agosto de 2006. Disponível em: <http://conteudo.cvm.gov.br/decisoes/2006/20060822_R1/20060822_D01.html>. Acesso em: 8 abr. 2022.

(referentes a acordos de parcelamento de débitos fiscais celebrados entre contribuintes e o Estado de Goiás), recomendando, nesse caso, a restrição do público-alvo do fundo aos investidores que nele invistam, no mínimo, um milhão de reais.

Nesse contexto, em dezembro de 2006 foi editada a Instrução CVM nº 444/06, a qual criou os FIDC-NP, incluiu no rol de direitos creditórios não padronizados aqueles "decorrentes de receitas públicas originárias ou derivadas da União, dos estados, do Distrito Federal e dos municípios, bem como de suas autarquias e fundações"[526] e restringiu o público-alvo desses fundos aos investidores profissionais. Como visto,[527] a criação dos FIDC-NP e a restrição de seu público-alvo tiveram por objetivo proteger os investidores menos sofisticados de investimentos considerados de maior complexidade e/ou risco. No Processo CVM nº RJ2008/9535,[528] o Colegiado da CVM esclareceu que qualquer direito creditório originado como receita pública só poderia ser adquirido por um FIDC-NP, ainda que o fundo não o adquira diretamente do ente público que o originou. De acordo com o voto do Diretor Sergio Weguelin nesse processo, essa interpretação "atende a finalidade da [Instrução CVM nº 444/06] que é dar tratamento singularizado a créditos que têm em sua natureza um fator de risco preponderante". Percebe-se, assim, que o regulador considera a securitização de créditos públicos especialmente complexa e arriscada – o que agrava a questão, destacada acima,[529] de se utilizar uma estrutura com um veículo de securitização menos transparente e regulado no caso sob estudo.

Uma das principais preocupações nas operações de securitização em geral está na efetiva transferência do ativo ao veículo de securitização, com o objetivo de afastar o risco de confusão entre o patrimônio do veículo de securitização e o patrimônio do originador ou cedente.[530] Justamente nesse sentido, com a reforma dos FIDC feita pela Instrução CVM nº 531/13, reforçaram-se as obrigações do custodiante na verificação do lastro dos direitos creditórios para que se tenha um maior controle

---

[526] Nos termos do artigo 1º, §1º, inciso II, da Instrução CVM nº 444/06.

[527] Ver item 2.3 acima.

[528] Cf. COMISSÃO DE VALORES MOBILIÁRIOS. Colegiado. *Processo CVM nº RJ2008/9535*. Relator Diretor Sergio Weguelin. Rio de Janeiro, 11 de novembro de 2008. Disponível em: <http://conteudo.cvm.gov.br/decisoes/2008/20081111_R1/20081111_D04.html>. Acesso em: 8 abr. 2022.

[529] Ver item 4.1.1 acima.

[530] Ver item 1.2 acima.

sobre a efetiva propriedade dos ativos que integram a carteira desses fundos, tendo papel fundamental na segurança e na governança dos FIDC.[531] Daí a relevância da especificidade sob análise quanto à forma de segregação do crédito público, a qual não atende plenamente a essa preocupação pelo fato de a propriedade do ativo não ser transferida para o veículo de securitização, mas apenas o seu fluxo financeiro.

4.1.3.2 Segregação do fluxo financeiro

A efetiva segregação dos fluxos financeiros relativos aos direitos creditórios foi igualmente objeto de preocupação na reforma da governança dos FIDC feita pela Instrução CVM nº 531/13.[532] Atualmente, os valores referentes aos direitos creditórios do FIDC – seja no âmbito de seu regular pagamento, seja no âmbito da cobrança dos créditos inadimplidos – devem ser recebidos diretamente em conta do fundo ou em conta vinculada sob o controle ou a fiscalização do custodiante, proibindo-se o recebimento dos recursos pelo cedente para posterior repasse ao FIDC. Com essa regra, busca-se evitar o risco de fungibilidade entre os recursos destinados ao veículo de securitização e os demais recursos do cedente, visando à proteção da integridade e da confiabilidade da indústria dos FIDC.

No caso sob estudo, o Estado de São Paulo assumiu a obrigação de transferir à CPSEC os recursos recebidos dos devedores dos créditos securitizados. Como visto no relato do caso,[533] no curso normal de pagamento desses créditos, existiria uma estrutura com um banco centralizador e com contas vinculadas para recebimento do fluxo de pagamento, buscando mitigar o risco de fungibilidade. No entanto, observa-se que o próprio cedente (i.e., o Estado de São Paulo) seria o responsável por realizar a segregação em seus sistemas internos dos créditos cujo fluxo foi cedido à CPSEC e por realizar o processamento das informações necessárias para a identificação desse fluxo pelo banco centralizador, o que apontaria para uma fragilidade dessa estrutura de mitigação do risco. Já no caso de rompimento do parcelamento pelo contribuinte, bem como de cobrança judicial dos créditos, o Estado de São Paulo passaria a receber diretamente os valores para posterior repasse à CPSEC, situação na qual se intensificaria o risco de fungibilidade.

---

[531] Ver item 2.5 acima.

[532] Ver item 2.5 acima.

[533] Ver item 3.1.2 acima.

SECURITIZAÇÃO DE CRÉDITOS PÚBLICOS: ESPECIFICIDADES *VS.* INTERESSES PROTEGIDOS E RISCOS CONSIDERADOS...

4.1.3.3 Guarda dos documentos comprobatórios

De acordo com a regulação dos FIDC,[534] o custodiante é o responsável pela guarda dos documentos comprobatórios do lastro dos direitos creditórios integrantes da carteira do fundo, devendo realizar essa guarda diligentemente. Permite-se ao custodiante subcontratar terceiros para essa atividade, desde que estes não sejam, dentre outros, o originador ou o cedente dos direitos creditórios.[535] No caso de subcontratação, o custodiante deve ter regras e procedimentos adequados para, inclusive, permitir o seu efetivo controle sobre a movimentação dos documentos comprobatórios sob a guarda do contratado. As obrigações de diligência e a regra de mitigação do conflito de interesses na guarda dos documentos comprobatórios buscam melhorar a segurança dos FIDC, bem como lidar com o risco de fraude na originação ou na cessão dos direitos creditórios.

No caso em estudo,[536] o próprio cedente (i.e., o Estado de São Paulo) é o responsável pela guarda dos documentos comprobatórios dos créditos cujo fluxo foi cedido ao veículo de securitização (i.e., a CPSEC). Ademais, a CPSEC e os agentes fiduciários das emissões de debêntures não têm livre acesso aos documentos comprobatórios, mas somente podem acessá-los em hipóteses específicas.[537] Assim, além da questão do potencial conflito de interesses no fato de o cedente ser o responsável pela guarda dos documentos,[538] observa-se que não haveria um efetivo controle dos participantes da estrutura de securitização (especialmente do agente fiduciário) sobre essa documentação, o que poderia comprometer a segurança dessa estrutura.

---

[534] Ver itens 2.4 e 2.5 acima.

[535] Também não podem ser contratados, além do originador e do cedente, o consultor especializado do FIDC, o gestor de sua carteira ou as respectivas partes relacionadas de qualquer um deles (ver item 2.5 acima).

[536] Ver item 3.1.2 acima.

[537] Ver itens 3.1.2 e 4.1.2 acima.

[538] Como visto, a vedação à subcontratação do cedente para a guarda dos documentos comprobatórios em um FIDC pode ser levantada em circunstâncias bem delimitadas, quando se considera que não haveria prejuízo aos interesses protegidos pela regulação da CVM (ver item 2.5 acima). O caso da securitização do Estado de São Paulo não se encaixaria nessas circunstâncias.

4.1.3.4 Questionamentos à segregação do ativo

A cessão do fluxo financeiro de créditos públicos realizada no caso sob análise não pode contar com garantias do cedente (i.e., o Estado de São Paulo). Como visto no relato do caso,[539] a Lei Autorizativa e os documentos da operação determinam que a cessão deve ser feita em caráter definitivo, sem coobrigação ou qualquer outra forma de garantia do Estado de São Paulo, o qual não assume responsabilidade pelo efetivo pagamento pelos respectivos devedores.

Essas restrições à prestação de garantias e à assunção, pelo Estado, de obrigações de pagamento em caso de insuficiência dos créditos securitizados buscam evitar a caracterização da securitização realizada como uma operação de crédito para os fins da Lei de Responsabilidade Fiscal. Sem pretensão de esgotar as discussões em torno dessa questão,[540] seguem algumas considerações que poderão ser úteis para compreender determinadas especificidades do caso sob estudo.[541]

A operação de crédito é definida pela Lei de Responsabilidade Fiscal como o "compromisso financeiro assumido em razão de mútuo, abertura de crédito, emissão e aceite de título, aquisição financiada de bens, recebimento antecipado de valores provenientes da venda a termo de bens e serviços, arrendamento mercantil e outras operações assemelhadas, inclusive com o uso de derivativos financeiros" (artigo 29, *caput*, inciso III). Além disso, o artigo 38 da Lei de Responsabilidade Fiscal disciplina a operação de crédito na modalidade por antecipação de receita orçamentária, utilizada para atender a insuficiências de caixa durante um exercício financeiro, tendo natureza de empréstimo de curto prazo, fornecido por instituição financeira, com condições especiais.[542] Caso um ato do poder público seja caracterizado como uma operação de crédito, estará sujeito ao regime que essa categoria atrai com si, incluindo a exigência de verificação, pelo Ministério da Fazenda (atual Ministério da Economia), dos limites e condições

---

[539] Ver item 3.1.2 acima.

[540] Conforme a delimitação do tema da presente pesquisa feita na Introdução.

[541] Ver, além deste item 4.1.3, os itens 4.1.1 e 4.1.5.

[542] Cf. PINTO JUNIOR, Mario Engler. Fundo de investimento em direitos creditórios: alternativa de financiamento pelo mercado de capitais. In: LIMA, Maria Lúcia L. M. Pádua (Org.). *Direito e economia*: 30 anos de Brasil – Agenda Contemporânea. São Paulo: Saraiva, 2012, v. 2, p. 47-79 (73-75).

relativos às operações de crédito,[543] conforme dispõe o artigo 32 da Lei de Responsabilidade Fiscal.

De acordo com a síntese do conceito feita por Luis Felipe Vidal Arellano,[544] o conceito de operação de crédito (de qualquer modalidade) tem seu núcleo na utilização temporária de recursos de um financiador, os quais seriam recebidos pelo Estado no presente com a obrigação de devolvê-los no futuro, estando o risco de tal financiador concentrado no risco de solvência do Estado (que seria o principal responsável por essa obrigação de devolução). A preocupação central da disciplina das operações de crédito estaria, assim, no endividamento público, avaliando seus impactos nas próximas gerações e buscando um equilíbrio intergeracional.[545]

A discussão sobre a caracterização ou não da securitização de créditos públicos como uma operação de crédito não terá uma resposta única, mas dependerá das obrigações assumidas pelo ente público no arranjo da securitização.[546] Como visto,[547] se o veículo de securitização

---

[543] A respeito desses limites e condições, ver OLIVEIRA, Regis Fernandes de. *Curso de direito financeiro*. 4. ed. São Paulo: Revista dos Tribunais, 2011, p. 521-523; SCAFF, Fernando Facury. Crédito público e sustentabilidade financeira. *Revista Fórum de Direito Financeiro e Econômico*, Belo Horizonte, v. 3, n. 5, p. 55-70, 2014.

[544] Cf. ARELLANO, Luis Felipe Vidal. *Teoria jurídica do crédito público e operações estruturadas*: empréstimos públicos, securitizações, PPPs, garantias e outras operações estruturadas no direito financeiro. São Paulo: Blucher Open Access, 2020, p. 179; 207; 208). A respeito das discussões em torno do conceito de operação de crédito, ver ARELLANO, Luis Felipe Vidal. *Teoria jurídica do crédito público e operações estruturadas*: empréstimos públicos, securitizações, PPPs, garantias e outras operações estruturadas no direito financeiro. São Paulo: Blucher Open Access, 2020, p. 164-179; MARTYNYCHEN, Marina Michel de Macedo. *Securitização e o Estado brasileiro*: o fluxo dos recebíveis tributários e os impactos no federalismo fiscal. 2020. Tese (Doutorado em Direito Econômico, Financeiro e Tributário) – Faculdade de Direito, Universidade de São Paulo, São Paulo, 2020, p. 253-258.

[545] A respeito da intergeracionalidade no Direito Financeiro, ver ARELLANO, Luis Felipe Vidal. O problema da representação das futuras gerações no endividamento público: repercussões para o princípio jurídico de equilíbrio intergeracional. In: José Maurício Conti. (Coord.). *Dívida pública*. São Paulo: Blucher Open Access, 2019, p. 337-361; MARQUES, Rogério Cesar. *O conflito intergeracional do crédito público*. 2016. Dissertação (Mestrado em Direito Econômico, Financeiro e Tributário) – Faculdade de Direito, Universidade de São Paulo, São Paulo, 2016; SCAFF, Fernando Facury. Crédito público e sustentabilidade financeira. *Revista Fórum de Direito Financeiro e Econômico*, Belo Horizonte, v. 3, n. 5, p. 55-70, 2014; SCAFF, Fernando Facury. Equilíbrio orçamentário, sustentabilidade financeira e justiça intergeracional. *Interesse Público*, Belo Horizonte, ano 21, n. 85, p. 37-50, maio/jun. 2014.

[546] Cf. PINTO JUNIOR, Mario Engler. Fundo de investimento em direitos creditórios: alternativa de financiamento pelo mercado de capitais. In: LIMA, Maria Lúcia L. M. Pádua (Org.). *Direito e economia*: 30 anos de Brasil – Agenda Contemporânea. São Paulo: Saraiva, 2012, v. 2, p. 47-79 (77).

[547] Ver item 2.3 acima.

utilizado for um FIDC-NP, as normas da CVM exigem,[548] inclusive, a apresentação de manifestação acerca da existência ou não de compromisso financeiro que se caracterize como operação de crédito, devendo, em caso positivo, também ser apresentada a respectiva autorização do Ministério da Fazenda (atual Ministério da Economia).[549]

No âmbito dessa discussão, o atual entendimento majoritário parece ser no sentido de que a cessão de créditos públicos já constituídos[550] (ou de seu fluxo financeiro) feita pelo ente público no âmbito da securitização, desde que sem a assunção de qualquer responsabilidade pelo ente em garantir ao veículo de securitização e aos investidores o efetivo pagamento dos créditos pelos respectivos devedores, não seria enquadrada como uma operação de crédito, mas sim como uma alienação de ativos. Esse seria o entendimento da maioria dos trabalhos sobre o

---

[548] Nos termos do artigo 7º, §9º, da Instrução CVM nº 444/06.

[549] De acordo com a jurisprudência do Colegiado da CVM, a apresentação dessa manifestação sobre a caracterização ou não de uma operação de crédito não pode ser dispensada pela CVM, mas se permite que seja feita quando da aquisição dos créditos públicos (não sendo necessária no momento da concessão do registro do fundo). Cf. COMISSÃO DE VALORES MOBILIÁRIOS. Colegiado. *Processo CVM nº RJ2007/3611.* Relator SRE/GER-1. Rio de Janeiro, 28 de junho de 2007. Disponível em: <http://conteudo.cvm.gov.br/decisoes/2007/20070628_R1/20070628_D08.html>. Acesso em: 8 abr. 2022; COMISSÃO DE VALORES MOBILIÁRIOS. Colegiado. *Processo CVM nº RJ2007/3266.* Relator SRE/GER-1. Rio de Janeiro, 17 de julho de 2007. Disponível em: <http://conteudo.cvm.gov.br/decisoes/2007/20070717_R1/20070717_D08. html>. Acesso em: 8 abr. 2022; COMISSÃO DE VALORES MOBILIÁRIOS. Colegiado. *Processo CVM nº RJ2008/11194.* Relator SIN. Rio de Janeiro, 17 de fevereiro de 2009. Disponível em: <http://conteudo.cvm.gov.br/decisoes/2009/20090217_R1/20090217_D02.html>. Acesso em: 8 abr. 2022; COMISSÃO DE VALORES MOBILIÁRIOS. Colegiado. *Processo CVM nº RJ2008/9648.* Relator SIN/GIE. Rio de Janeiro, 14 de abril de 2009. Disponível em: <http://conteudo.cvm.gov.br/decisoes/2009/20090414_R1/20090414_D14.html>. Acesso em: 8 abr. 2022.

[550] Ressalta-se que a CVM, na apreciação de um caso de cessão a um FIDC de créditos futuros (referentes às receitas que viriam a ser auferidas pela SABESP e repassadas à Prefeitura de São Paulo), entendeu pela existência de uma operação de crédito (reconhecendo, por outro lado, a competência do Tribunal de Contas da União para se manifestar sobre a questão), exigindo a apresentação de manifestação formal a respeito nos termos do artigo 7º, §9º, da Instrução CVM nº 444/06 (cf. COMISSÃO DE VALORES MOBILIÁRIOS. Colegiado. *Processo CVM nº RJ2014/0359.* Relator SIN/GIE. Rio de Janeiro, 23 de novembro de 2014. Disponível em: <http://conteudo.cvm.gov.br/decisoes/2014/20140923_R1/20140923_D03.html>. Acesso em: 8 abr. 2022). Além disso, tem-se a limitação, mencionada abaixo, do artigo 37, inciso I, da Lei de Responsabilidade Fiscal, que veda a antecipação de receita de tributo ou de contribuição cujo fato gerador ainda não tenha ocorrido.

assunto,[551-552] bem como da Procuradoria Geral da Fazenda Nacional[553] e da Comissão de Assuntos Econômicos do Senado Federal.[554] No caso da securitização do Estado de São Paulo, a Consultoria Jurídica da Secretaria da Fazenda do Estado de São Paulo também entendeu não se tratar de

---

[551] Cf. ARELLANO, Luis Felipe Vidal. *Teoria jurídica do crédito público e operações estruturadas*: empréstimos públicos, securitizações, PPPs, garantias e outras operações estruturadas no direito financeiro. São Paulo: Blucher Open Access, 2020, p. 200-225; ARELLANO, Luis Felipe Vidal. Securitização de ativos e endividamento no setor público. *Revista Fórum de Direito Financeiro e Econômico*, Belo Horizonte, ano 8, n. 12, p. 229-252, set./fev. 2017; COÊLHO, Sacha Calmon Navarro. A questão da cessibilidade a terceiros, pelo Município, de créditos tributários inscritos em dívida ativa ou parcelados administrativamente. *Revista Dialética de Direito Tributário*, São Paulo, n. 128, p. 117-137, maio 2016; FERREIRA, Cláudio de Araújo. *As operações de securitização de dívida ativa*: equacionando as contas públicas. São Paulo: Quartier Latin, 2019, p. 29; PEREIRA, Evaristo Dumont de Lucena. Fundos de investimento em direitos creditórios (FIDC): um veículo para securitização de créditos tributários. In: FREITAS, Bernardo Vianna; VERSIANI, Fernanda Valle (Coord.). *Fundos de investimento*: aspectos jurídicos, regulamentares e tributários. São Paulo: Quartier Latin, 2015, p. 229-253; PINTO JUNIOR, Mario Engler. Fundo de investimento em direitos creditórios: alternativa de financiamento pelo mercado de capitais. In: LIMA, Maria Lúcia L. M. Pádua (Org.). *Direito e economia*: 30 anos de Brasil – Agenda Contemporânea. São Paulo: Saraiva, 2012, v. 2, p. 47-79 (77); RIBEIRO, Erick Tavares. Autonomia e federalismo: a securitização de ativos como alternativa para a obtenção de receita por Estados e Municípios. *Revista de Direito da Procuradoria Geral do Estado do Rio de Janeiro*, Rio de Janeiro, n. 68, p. 113-137, 2014.

[552] Em sentido contrário, ver HARADA, Kiyoshi. Cessão de crédito tributário. *Revista Fórum de Direito Tributário*, Belo Horizonte, ano 8, n. 43, jan./fev. 2010. Para o autor, a cessão de créditos tributários sob o regime de parcelamento seria uma operação de crédito, independentemente de suas características, tendo ou não garantia do ente público cedente, inclusive porque, na sua opinião, essa cessão de crédito teria introduzido "uma nova modalidade de operação de crédito por antecipação de receita de créditos tributários sob parcelamento, não reconhecida pelo nosso ordenamento jurídico" (n.p.).

[553] Cf., por exemplo, PROCURADORIA GERAL DA FAZENDA NACIONAL. *Parecer PGFN/CAF/nº 2900/2007*, datado de 20 de dezembro de 2007. Disponível em: <http://dados.pgfn.fazenda.gov.br/>. Acesso em: 8 abr. 2022; PROCURADORIA GERAL DA FAZENDA NACIONAL. *Parecer PGFN/CAF/nº 1612/2012*, datado de 20 de agosto de 2012. Disponível em: <http://dados.pgfn.fazenda.gov.br/>. Acesso em: 8 abr. 2022; PROCURADORIA GERAL DA FAZENDA NACIONAL. *Parecer PGFN/CAF/nº 1579/2014*, datado de 23 de setembro de 2014. Disponível em: <http://dados.pgfn.fazenda.gov.br/>. Acesso em: 8 abr. 2022; PROCURADORIA GERAL DA FAZENDA NACIONAL. *Parecer PGFN/CAF/nº 2035/2014*, datado de 15 de dezembro de 2014. Disponível em: <http://dados.pgfn.fazenda.gov.br/>. Acesso em: 8 abr. 2022.

[554] Cf. COMISSÃO DE ASSUNTOS ECONÔMICOS DO SENADO FEDERAL. *Parecer*, datado de 26 de abril de 2016. Disponível em: <https://legis.senado.leg.br/sdleg-getter/documento?dm=4158087&disposition=inline>. Acesso em: 8 abr. 2022. Esse parecer foi emitido em resposta ao Acórdão nº 772/2016 do Tribunal de Contas da União, no Processo nº TC 016.585/2009-0, que determinou a oitiva da Comissão de Assuntos Econômicos do Senado Federal sobre o assunto (cf. TRIBUNAL DE CONTAS DA UNIÃO. Plenário. *Processo nº TC 016.585/2009-0*. Acórdão nº 772/2016. Relator Ministro Raimundo Carreiro. Brasília, 6 de abril de 2016. Disponível em: <http://www.tcu.gov.br/Consultas/Juris/Docs/CONSES/TCU_ATA_0_N_2016_11.PDF>. Acesso em: 8 abr. 2022).

uma operação de crédito.[555] A cessão feita sem responsabilidade pelo adimplemento dos créditos não geraria um endividamento do ente público, distinguindo-se, assim, das operações de crédito (inclusive das operações pela modalidade de antecipação de receita orçamentária, nas quais também há a obrigação de devolução do valor recebido[556]). Ainda, na securitização sem garantia do ente público, o risco de crédito dos investidores concentra-se na carteira de créditos securitizados, e não – como é o caso das operações de crédito – na solvência do ente público cedente.[557]

Por outro lado, de acordo com esse entendimento, caso as obrigações do ente público no âmbito da securitização resultem na assunção de responsabilidade pelo efetivo pagamento dos créditos securitizados, seria caracterizada uma operação de crédito. Essa assunção de responsabilidade poderia se dar, especialmente, por meio de pactuação de coobrigação do ente cedente na cessão de crédito,[558] por uma obrigação de substituição de créditos inadimplidos por novos créditos,[559] ou ainda por uma obrigação de manutenção da razão de subordinação.[560] Tal assunção de responsabilidade seria enquadrada como uma operação de crédito pelo fato de o ente público assumir uma obrigação de restituição, no futuro, dos valores recebidos caso os créditos cedidos

---

[555] Cf. CONSULTORIA JURÍDICA DA SECRETARIA DA FAZENDA DO ESTADO DE SÃO PAULO. *Parecer nº 611/2010*, emitido no Processo nº 23752-430087/2010, datado de 25 de junho de 2010. Documento retirado dos autos da Ação Popular nº 1039132-29.2016.8.26.0053, em trâmite perante a 12ª Vara de Fazenda Pública do Foro Central da Comarca de São Paulo, fls. 1503-1531.

[556] Cf. ARELLANO, Luis Felipe Vidal. *Teoria jurídica do crédito público e operações estruturadas*: empréstimos públicos, securitizações, PPPs, garantias e outras operações estruturadas no direito financeiro. São Paulo: Blucher Open Access, 2020, p. 218.

[557] Cf. ARELLANO, Luis Felipe Vidal. *Teoria jurídica do crédito público e operações estruturadas*: empréstimos públicos, securitizações, PPPs, garantias e outras operações estruturadas no direito financeiro. São Paulo: Blucher Open Access, 2020, p. 210-213; 225.

[558] Nos termos do artigo 296 do Código Civil, "[s]alvo estipulação em contrário, o cedente não responde pela solvência do devedor". A respeito da cessão de crédito sem coobrigação ("cessão *pro soluto*") e com coobrigação ("cessão *pro solvendo*"), ver: EIZIRIK, Nelson. Cessão de crédito no mercado financeiro. *Revista de Direito Mercantil, Industrial, Econômico e Financeiro*, São Paulo, v. 39, n. 116, p. 200-210, out./dez. 1999.

[559] Cf. PEREIRA, Evaristo Dumont de Lucena. Fundos de investimento em direitos creditórios (FIDC): um veículo para securitização de créditos tributários. In: FREITAS, Bernardo Vianna; VERSIANI, Fernanda Valle (Coord.). *Fundos de investimento*: aspectos jurídicos, regulamentares e tributários. São Paulo: Quartier Latin, 2015, p. 229-253 (234).

[560] Conforme mais bem explorado no item 4.1.5 abaixo.

SECURITIZAÇÃO DE CRÉDITOS PÚBLICOS: ESPECIFICIDADES *VS.* INTERESSES PROTEGIDOS E RISCOS CONSIDERADOS...

não sejam suficientes, estando presente o caráter de temporariedade das operações de crédito.[561]

A Resolução do Senado Federal nº 43/01 (que versa sobre as operações de crédito interno e externo dos estados, do Distrito Federal e dos municípios), conforme alterada pela Resolução do Senado Federal nº 17/15, estabelece regra nesse sentido, aplicável especificamente à securitização de dívida ativa.[562] Por essa norma, permite-se a cessão do fluxo de recebimentos dos créditos da dívida ativa, desde que: a) feita de forma definitiva e sem a possibilidade de revogação da cessão; e b) sem assunção de responsabilidade, por parte do ente federativo, pelo efetivo pagamento desses créditos ou de compromisso financeiro caracterizado como operação de crédito nos termos da Lei de Responsabilidade Fiscal.[563]

Além disso, o artigo 37, inciso I, da Lei de Responsabilidade Fiscal, equipara às operações de crédito a captação de recursos a título de antecipação de receita de tributo ou de contribuição cujo fato gerador ainda não tenha ocorrido, vedando tal antecipação. Dessa forma, no caso do Estado de São Paulo,[564] impôs-se uma limitação ao crédito tributário que poderia ser securitizado, permitindo-se a securitização apenas daquele cujo fato gerador já tenha ocorrido. Nesse caso, de acordo com o parecer da Consultoria Jurídica da Secretaria da Fazenda do Estado de São Paulo no âmbito da operação,[565] não se aplicaria o disposto no artigo 37, inciso I, da Lei de Responsabilidade Fiscal.[566]

---

[561] Cf. ARELLANO, Luis Felipe Vidal. *Teoria jurídica do crédito público e operações estruturadas*: empréstimos públicos, securitizações, PPPs, garantias e outras operações estruturadas no direito financeiro. São Paulo: Blucher Open Access, 2020, p. 206-207.

[562] Como mencionado na Introdução, o termo securitização de *créditos públicos* utilizado no presente trabalho é mais amplo, visto que os ativos a serem securitizados não se limitam aos créditos inscritos em dívida ativa, mas incluem geralmente outros créditos cujo credor é um ente público, incluindo aqueles reconhecidos pelo contribuinte ou devedor mediante a formalização de parcelamento (como é o caso do Estado de São Paulo).

[563] Nos termos do artigo 5º, inciso VII, da Resolução do Senado Federal nº 43/01. Ver, ainda, COMISSÃO DE ASSUNTOS ECONÔMICOS DO SENADO FEDERAL. *Parecer*, datado de 26 de abril de 2016. Disponível em: <https://legis.senado.leg.br/sdleg-getter/documento?dm=4158087&disposition=inline>. Acesso em: 8 abr. 2022.

[564] Ver item 3.1.2 acima.

[565] Cf. CONSULTORIA JURÍDICA DA SECRETARIA DA FAZENDA DO ESTADO DE SÃO PAULO. *Parecer nº 611/2010*, emitido no Processo nº 23752-430087/2010, datado de 25 de junho de 2010. Documento retirado dos autos da Ação Popular nº 1039132-29.2016.8.26.0053, em trâmite perante a 12ª Vara de Fazenda Pública do Foro Central da Comarca de São Paulo, fls. 1503-1531.

[566] Nesse mesmo sentido, v. PINTO JUNIOR, Mario Engler. Fundo de investimento em direitos creditórios: alternativa de financiamento pelo mercado de capitais. In: LIMA, Maria Lúcia

A cessão de créditos públicos no âmbito de uma securitização, sendo caracterizada como uma alienação de ativos, também deve obedecer às regras que resguardam o equilíbrio intergeracional. A preocupação aqui não seria com o endividamento público, mas com a alienação de um bem estatal. Para esse caso, a Lei de Responsabilidade Fiscal, em seu artigo 44, estabelece que a receita recebida pela alienação do bem (no caso, pela cessão dos fluxos financeiros decorrentes dos créditos públicos) não pode ser aplicada[567] no financiamento de despesa corrente, salvo se destinada por lei aos regimes de previdência social, geral e próprio dos servidores públicos.[568]

Apesar dos trabalhos e das manifestações da Procuradoria Geral da Fazenda Nacional sobre o tema, ainda há incertezas em torno da qualificação da securitização de créditos públicos dentro das categorias da Lei de Responsabilidade Fiscal – como evidenciado pelo processo em trâmite perante o Tribunal de Contas da União.[569] No caso do Estado de São Paulo,[570] os questionamentos levantados nos processos em andamento poderiam levar até à invalidade da cessão do fluxo financeiro dos créditos públicos ao veículo de securitização (i.e., a CPSEC), se julgados procedentes. Essas incertezas e questionamentos afetam a efetiva segregação do ativo na securitização,[571] constituindo um risco adicional aos investidores das debêntures da CPSEC.

L. M. Pádua (Org.). *Direito e economia*: 30 anos de Brasil – Agenda Contemporânea. São Paulo: Saraiva, 2012, v. 2, p. 47-79 (73-74).

[567] A partir da análise dos documentos do caso do Estado de São Paulo (listados no Apêndice), não foi possível confirmar a destinação das receitas recebidas com a cessão do fluxo financeiro dos créditos públicos do Estado de São Paulo.

[568] Cf. ARELLANO, Luis Felipe Vidal. *Teoria jurídica do crédito público e operações estruturadas*: empréstimos públicos, securitizações, PPPs, garantias e outras operações estruturadas no direito financeiro. São Paulo: Blucher Open Access, 2020, p. 224-225; COMISSÃO DE ASSUNTOS ECONÔMICOS DO SENADO FEDERAL. *Parecer*, datado de 26 de abril de 2016. Disponível em: <https://legis.senado.leg.br/sdleg-getter/documento?dm=4158087&disposition=inline>. Acesso em: 8 abr. 2022; PROCURADORIA GERAL DA FAZENDA NACIONAL. *Parecer PGFN/CAF/nº 2900/2007*, datado de 20 de dezembro de 2007. Disponível em: <http://dados.pgfn.fazenda.gov.br/>. Acesso em: 8 abr. 2022; RIBEIRO, Erick Tavares. Autonomia e federalismo: a securitização de ativos como alternativa para a obtenção de receita por Estados e Municípios. *Revista de Direito da Procuradoria Geral do Estado do Rio de Janeiro*, Rio de Janeiro, n. 68, p. 113-137, 2014.

[569] Ver item 4.1.1 acima.

[570] Ver item 3.2 acima.

[571] A respeito da importância da efetiva segregação do ativo na securitização, ver item 1.2 acima.

4.1.3.5 Segregação do risco do originador

A transferência – do originador (e/ou cedente) aos investidores – do risco de solvência dos devedores dos créditos é usual nas operações de securitização. No caso em questão, o risco dos devedores dos créditos cujo fluxo foi cedido à CPSEC foi transferido aos investidores das debêntures. Porém, o efeito de segregar o risco ligado ao originador, típico do mecanismo de securitização, parece não se dar por completo no caso em estudo, visto que o veículo de securitização e os investidores ainda estariam sujeitos a ações do originador (e cedente) – o Estado de São Paulo – para a realização dos créditos securitizados.

De forma geral, a segregação do risco relativo às obrigações do originador quanto aos ativos securitizados pode ser efetiva, relativa ou tênue.[572] Nos FIDC, admite-se inclusive a securitização de direitos creditórios performados, direitos creditórios não performados e direitos creditórios de existência futura e montante desconhecido (os quais podem ser adquiridos apenas pelos FIDC-NP).[573] No entanto, as discussões sobre essas classificações da securitização no setor privado relacionam-se a situações diversas daquela da securitização do Estado de São Paulo. No caso sob estudo, os créditos tributários securitizados já foram devidamente constituídos e reconhecidos pelo contribuinte mediante a formalização de parcelamento. Não há prestações devidas pelo Estado de São Paulo – originador e cedente – para a constituição dos créditos, ou para que os créditos sejam exigíveis dos respectivos devedores em seu vencimento. De acordo com as classificações vistas na Parte I da pesquisa, os créditos públicos securitizados seriam, em realidade, "performados", sendo a segregação do risco de obrigações do originador "efetiva". As especificidades do caso do Estado de São Paulo quanto à segregação do risco do originador referem-se não à dependência de prestações do originador para a constituição ou para a exigibilidade do crédito, mas sim à importância e à ingerência que o originador continua a ter após a constituição dos créditos públicos e da cessão de seu fluxo ao veículo de securitização – o que parece fugir do padrão da securitização no setor privado analisado na Parte I.

Como visto acima,[574] a titularidade dos créditos públicos em questão permanece com o Estado de São Paulo, o qual continua responsável

---

[572] Ver item 1.2 acima.
[573] Ver item 2.3 acima.
[574] Ver itens 3.1.2 e 4.1.3.1 acima.

pelas atividades de cobrança desses créditos.[575] O Estado – titular dos créditos securitizados – continua a ter prerrogativas de modificar as características desses créditos, potencialmente em prejuízo dos investidores. Poderia, por exemplo, conceder dilações de prazo ou condições mais vantajosas para o pagamento desses créditos, ou mesmo extingui-los total ou parcialmente pela concessão de anistia ou remissão.[576] Além disso, a execução das garantias de cessão fiduciária sobre os direitos creditórios de titularidade do veículo de securitização (i.e., os direitos da CPSEC aos fluxos financeiros dos créditos públicos) pode também depender do originador, visto que nova cessão desses direitos creditórios, no âmbito da execução das garantias, apenas poderia ser feita mediante concordância prévia do Estado de São Paulo.[577] Ainda que eventual discordância do Estado deva ser justificada, a execução dessas garantias continua a depender de um ato do originador.

Para controlar as ações do originador, arranjos contratuais podem ser firmados limitando suas ações – nota-se, por exemplo, que o Estado de São Paulo assume algumas obrigações de não fazer nesse sentido.[578] Contudo, a particularidade advinda do fato de o originador ser um ente público impõe limitações adicionais às obrigações que poderiam ser por ele assumidas, não podendo se responsabilizar pela solvência dos devedores a fim de evitar a caracterização de uma operação de crédito.[579] A coobrigação do originador pelo adimplemento dos créditos securitizados – um dos mecanismos para retenção de risco e alinhamento de interesses entre o originador e os investidores na securitização[580] – não poderia, então, ser utilizada nesse caso.

Observa-se que no caso em estudo está presente uma estrutura de eventos de avaliação, de amortização antecipada e de liquidação[581] – como também ocorre em operações de securitizações no setor privado.[582] Considerando que a inobservância pelo Estado de São Paulo de suas

---

[575] Como melhor explorado no item 4.1.4 abaixo.

[576] Ver item 3.1.2 acima.

[577] Ver item 3.1.3 acima.

[578] Ver item 3.1.2 acima.

[579] Ver item 4.1.3.4 acima. Nesse sentido, cf. PINTO JUNIOR, Mario Engler. Fundo de investimento em direitos creditórios: alternativa de financiamento pelo mercado de capitais. In: LIMA, Maria Lúcia L. M. Pádua (Org.). *Direito e economia*: 30 anos de Brasil – Agenda Contemporânea. São Paulo: Saraiva, 2012, v. 2, p. 47-79 (77-78).

[580] Ver itens 1.3 e 2.2 acima.

[581] Ver item 3.1.3 acima.

[582] Ver item 2.2 acima.

obrigações pode configurar tais eventos, bem como que os pagamentos das debêntures detidas pelo Estado devem ser interrompidos estando em curso um desses eventos, essa estrutura poderia ser considerada um incentivo para que o originador cumpra com suas obrigações (observadas as limitações às debêntures subordinadas do Estado exploradas no item 4.1.5 abaixo).

Por outro lado, os recursos disponíveis ao veículo de securitização e aos investidores em caso de descumprimento das obrigações assumidas pelo originador parecem ser especialmente limitados no caso de securitização de créditos públicos sob estudo. Primeiramente, pelas restrições contratuais à execução específica em certas hipóteses. Em seguida, pelas dificuldades ligadas ao recebimento de valores devidos pelo Estado a título de indenização ou de multa compensatória.

Como visto no relato do caso,[583] de acordo com o pactuado nos documentos da operação, as obrigações de não fazer assumidas pelo Estado de São Paulo no sentido de não conceder anistia e/ou remissão e de não celebrar transação com extinção total ou parcial dos créditos securitizados não poderiam ser objeto de tutela específica. Nessa mesma linha, os contratos preveem que as obrigações de prestação de informações e de apresentação de relatórios pelo Estado de São Paulo também não dariam ensejo à tutela específica.[584] Apesar de ser possível questionar a validade de uma renúncia contratual à disciplina da tutela específica,[585] tais cláusulas parecem limitar (ou, ao menos, dificultar) os meios de execução disponíveis ao veículo de securitização. De outra parte, as demais obrigações do Estado de São Paulo, incluindo aquela de repassar à CPSEC o fluxo de pagamento dos créditos securitizados (especialmente importante nas hipóteses em que o pagamento se dê na conta do próprio Estado[586]), poderiam ser objeto de pedido de tutela específica por parte da CPSEC.[587]

---

[583] Ver item 3.1.2 acima.

[584] Ver itens 3.1.2 e 4.1.2 acima.

[585] Cf. PELA, Juliana Krueger. Inadimplemento eficiente (*efficient breach*) nos contratos empresariais. *Revista Jurídica Luso-Brasileira*, Lisboa, ano 2, n. 1, p. 1091–1103, 2016.

[586] Ver itens 3.1.2 e 4.1.3.2 acima.

[587] Inclusive, de acordo com a jurisprudência do Superior Tribunal de Justiça, é possível a cominação de multa diária (*astreinte*) contra a Fazenda Pública como meio executivo para cumprimento de obrigação de fazer ou de entregar coisa (cf., por exemplo, SUPERIOR TRIBUNAL DE JUSTIÇA. 2ª Turma. *Agravo Interno no Recurso Especial nº 1658810/PR*. Relatora Ministra Assusete Magalhães. Brasília, 8 de fevereiro de 2021. Disponível em: <https://scon.stj.jus.br/SCON/GetInteiroTeorDoAcordao?num_registro=201700514265&dt_publicacao=11/02/2021>. Acesso em: 8 abr. 2022).

O descumprimento pelo Estado de suas obrigações de não fazer consiste em uma das hipóteses de indenização previstas nos Contratos de Promessa de Cessão do PPI e do PEP (firmados entre o Estado de São Paulo e a CPSEC).[588] Também se incluem nessas hipóteses o recebimento do pagamento dos créditos pelo Estado por outras formas,[589] bem como a responsabilização do Estado, enquanto cedente, quanto à existência do crédito na data de cessão.[590] Em qualquer caso, a indenização se dará exclusivamente pelos valores que a CPSEC deixar de receber por conta dos créditos securitizados, a ser paga pelo Estado de São Paulo à CPSEC.[591] Já para a obrigação de não conceder aos contribuintes dilações de prazo ou condições de pagamento mais vantajosas (desde que passível de afetar a capacidade da CPSEC de amortizar as debêntures ofertadas publicamente), previu-se uma multa compensatória específica.

De um lado, os Contratos de Promessa de Cessão do PPI e do PEP preveem que a indenização devida à CPSEC poderia ser compensada com as parcelas de amortização das debêntures subscritas pelo Estado de São Paulo.[592] De outro lado, a eventual necessidade de cobrança de valores devidos pelo Estado de São Paulo a título de indenização ou ainda de multa encontraria dificuldades adicionais. Tais dificuldades relacionam-se ao fato de que os pagamentos seriam feitos por meio da emissão de precatórios (após a tramitação dos competentes procedimentos legais e o trânsito em julgado das respectivas decisões judiciais), sujeitos, assim, ao respectivo regime de pagamento.[593-594]

---

[588] Ver item 3.1.2 acima.

[589] I.e., por compensação, liquidação com utilização de crédito acumulado de ICMS ou dação em pagamento.

[590] De acordo com o artigo 295 do Código Civil, nas cessões de crédito a título oneroso o cedente "fica responsável ao cessionário pela existência do crédito ao tempo em que lhe cedeu".

[591] Como visto no relato do caso (ver item 3.1.2 acima), de acordo com o parecer da Consultoria Jurídica da Secretaria da Fazenda do Estado de São Paulo, o pagamento de indenização pelo Estado de São Paulo não levaria à caracterização de uma operação de crédito (cf. CONSULTORIA JURÍDICA DA SECRETARIA DA FAZENDA DO ESTADO DE SÃO PAULO. *Parecer nº 611/2010*, emitido no Processo nº 23752-430087/2010, datado de 25 de junho de 2010. Documento retirado dos autos da Ação Popular nº 1039132-29.2016.8.26.0053, em trâmite perante a 12ª Vara de Fazenda Pública do Foro Central da Comarca de São Paulo, fls. 1503-1531). Nesse mesmo sentido, ver PINTO JUNIOR, Mario Engler. Fundo de investimento em direitos creditórios: alternativa de financiamento pelo mercado de capitais. In: LIMA, Maria Lúcia L. M. Pádua (Org.). *Direito e economia*: 30 anos de Brasil – Agenda Contemporânea. São Paulo: Saraiva, 2012, v. 2, p. 47-79 (77-78).

[592] Ver item 3.1.2 acima.

[593] Cf. Prospecto da Terceira Emissão de Debêntures da CPSEC.

[594] Sobre o regime de pagamento de precatórios e as dificuldades a ele relacionadas, ver: KANAYAMA, Rodrigo Luís; ROBL FILHO, Ilton Norberto; TOMIO, Fabrício Ricardo de

Como visto,[595] o Estado de São Paulo também assumiu obrigações perante os agentes fiduciários dos debenturistas, enquanto interveniente nos Contratos de Promessa de Cessão Fiduciária do PPI e do PEP (firmados entre a CPSEC e os agentes fiduciários). Tais obrigações consistem em não impedir o crédito dos fluxos de pagamento nas contas especificadas, bem como em agir como fiel depositário[596] desses valores até sua transferência a tais contas. O descumprimento dessas obrigações daria direito a um pedido de indenização por parte dos agentes fiduciários, limitada ao valor dos fluxos de pagamento cedidos fiduciariamente e não recebidos pela CPSEC. Nesse caso, porém, a indenização não estaria sujeita ao mecanismo de compensação com a amortização das debêntures subscritas pelo Estado, mas teria de necessariamente aguardar os trâmites do pagamento por meio da emissão de precatórios.

4.1.4 Especificidades quanto à cobrança dos créditos

Nas operações de securitização por meio dos FIDC,[597] as atividades de cobrança regular dos direitos creditórios devem ser exercidas pelo custodiante do fundo. Para a cobrança dos direitos creditórios inadimplidos, por outro lado, pode ser contratado um terceiro – incluindo o cedente – como agente de cobrança do FIDC. A titularidade dos direitos creditórios e a prerrogativa de sua cobrança são transferidas ao FIDC, sendo que o custodiante e o agente de cobrança agem em nome do fundo na cobrança dos direitos creditórios, devendo atuar em linha com os procedimentos descritos no regulamento. Ainda, caso o custodiante ou o agente de cobrança – os quais estão sob a fiscalização do administrador – não cumpram com suas obrigações, poderão ser destituídos pelo FIDC (pela assembleia geral de cotistas ou pelo próprio administrador, a depender do disposto no regulamento).

Limas. Endividamento dos entes subnacionais e regime de precatórios. In: José Maurício Conti. (Coord.). *Dívida pública*. São Paulo: Blucher Open Access, 2019, p. 475-489; PISCITELLI, Tathiane. *Direito Financeiro*. 6. ed. São Paulo: Método, 2018 [*e-book*], capítulo 5.

[595] Ver item 3.1.3 acima.

[596] Nos termos do artigo 627 e seguintes do Código Civil. A respeito do depósito e das obrigações do depositário, ver GONÇALVES, Carlos Roberto. *Direito civil brasileiro*: contratos e atos unilaterais. 14. ed. São Paulo: Saraiva, 2017, v. 3 [*e-book*], primeira parte, título II, capítulo IX.

[597] Ver itens 2.4 e 2.5 acima.

Na securitização sob análise,[598] o cedente (i.e., o Estado de São Paulo) permanece como o único responsável por qualquer cobrança dos créditos securitizados, seja no seu curso regular de pagamento, seja no caso de inadimplência. A transferência ao veículo de securitização da prerrogativa de cobrança de créditos públicos enfrenta questionamentos em virtude da competência atribuída aos órgãos estatais, além de esbarrar em aspectos processuais específicos, como a aplicação dos procedimentos previstos na Lei nº 6.830/80 (a Lei de Execução Fiscal).[599] No caso em estudo,[600] foi inclusive ressaltado pela Consultoria Jurídica da Secretaria da Fazenda do Estado de São Paulo[601] que a prerrogativa de cobrança dos créditos securitizados caberia exclusivamente ao Estado de São Paulo, por meio dos órgãos estaduais competentes (quais sejam, a Secretaria da Fazenda e a Procuradoria Geral do Estado).

As especificidades ligadas à cobrança em uma securitização de créditos públicos já eram levadas em consideração pela CVM antes mesmo da reforma das regras de governança dos FIDC pela Instrução CVM nº 531/13, como se depreende do voto do presidente Marcelo Trindade no Processo CVM nº RJ2005/0739[602] mencionado acima.[603] Nesse processo, o então presidente da CVM recomendou o reforço das informações divulgadas aos investidores, indicando que os fatores de risco do prospecto do FIDC sob análise destacassem, especialmente, "a) as controvérsias existentes acerca da possibilidade do Fundo promover, diretamente, a cobrança dos créditos objeto de parcelamento cedidos; b) as conseqüências que daí poderão advir para o Fundo; e c) os procedimentos e medidas cabíveis para o Fundo caso o Município

---

[598] Ver item 3.1.2 acima.

[599] A respeito da cobrança de créditos públicos em uma operação de securitização, ver PEREIRA, Evaristo Dumont de Lucena. Fundos de investimento em direitos creditórios (FIDC): um veículo para securitização de créditos tributários. In: FREITAS, Bernardo Vianna; VERSIANI, Fernanda Valle (Coord.). *Fundos de investimento*: aspectos jurídicos, regulamentares e tributários. São Paulo: Quartier Latin, 2015, p. 229-253 (249-252).

[600] Ver item 3.1.2 acima.

[601] Cf. CONSULTORIA JURÍDICA DA SECRETARIA DA FAZENDA DO ESTADO DE SÃO PAULO. *Parecer nº 611/2010*, emitido no Processo nº 23752-430087/2010, datado de 25 de junho de 2010. Documento retirado dos autos da Ação Popular nº 1039132-29.2016.8.26.0053, em trâmite perante a 12ª Vara de Fazenda Pública do Foro Central da Comarca de São Paulo, fls. 1503-1531.

[602] Cf. COMISSÃO DE VALORES MOBILIÁRIOS. Colegiado. *Processo CVM nº RJ2005/0739*. Relator Presidente Marcelo Trindade. Rio de Janeiro, 25 de outubro de 2005. Disponível em: <http://conteudo.cvm.gov.br/decisoes/2005/20051025_R1/20051025_D06.html>. Acesso em: 8 abr. 2022.

[603] Ver item 4.1.3.1 acima.

não cumpra com sua obrigação de substituição dos créditos não pagos", devendo esclarecer "a possibilidade de que os direitos do Fundo ao produto do adimplemento dos créditos parcelados" estariam sujeitos a "se resolver em perdas e danos contra o Município, demandáveis em ação judicial, e a serem recebidas por precatório".

Como visto no relato do caso,[604] o Estado de São Paulo, obrigou-se contratualmente a adotar as medidas necessárias para a preservação dos créditos securitizados e para enviar os melhores esforços na atividade de cobrança dos créditos inadimplidos (i.e., no caso de parcelamentos rompidos). Por outro lado, previu-se que o Estado não assumiria qualquer compromisso com relação à probabilidade de sucesso na recuperação desses créditos inadimplidos.

Mesmo no caso de o Estado de São Paulo não cumprir com suas obrigações relacionadas à cobrança dos créditos públicos securitizados, a CPSEC não teria a prerrogativa de cobrar diretamente os respectivos contribuintes. Além disso, como visto,[605] a CPSEC e os agentes fiduciários das debêntures apenas poderão ter acesso aos documentos comprobatórios dos créditos e às informações dos contribuintes em hipóteses restritas, o que poderia dificultar uma efetiva fiscalização sobre tais obrigações do cedente. Ainda, se o Estado de São Paulo descumprir com suas obrigações referentes à cobrança dos créditos e a CPSEC demandar uma indenização judicialmente (visto que o descumprimento dessas obrigações não está previsto contratualmente como uma hipótese de indenização), o seu pagamento seria feito por meio da emissão de precatório.[606]

Nesse contexto, o Estado de São Paulo teria, a princípio, poucos incentivos para continuar a ser diligente na cobrança dos créditos públicos após a cessão de seu fluxo à CPSEC. Os mecanismos de alinhamento de interesses ganham, assim, especial relevância nessa estrutura de securitização, buscando evitar o "risco moral" de modificação do comportamento pós-contratual do Estado.[607] No presente caso, além de o descumprimento pelo Estado de São Paulo de suas obrigações

---

[604] Ver item 3.1.2 acima.

[605] Ver itens 3.1.2, 4.1.2 e 4.1.3.3 acima.

[606] Ver itens 3.1.2 e 4.1.3.5 acima.

[607] Sobre o "risco moral" ou "*moral hazard*", ver: CAMILO JUNIOR, Ruy Pereira. *Direito Societário e regulação econômica*. Barueri: Manole, 2018 [*e-book*], capítulo 1, item "Imperfeições da informação"; DIAS, Luciana Pires. *Transparência como estratégia regulatória no mercado de valores mobiliários*: um estudo empírico das transações com partes relacionadas. 2014. Tese (Doutorado em Direito Comercial) – Faculdade de Direito, Universidade de São Paulo,

poder configurar um evento de interrupção do pagamento de suas debêntures subordinadas (como visto acima[608]), a subordinação em si também pode ser considerada como um mecanismo de alinhamento de interesses.[609] Ressalta-se que, mesmo com esses incentivos, o veículo de securitização e os investidores continuam a ser dependentes de ações do cedente para o efetivo recebimento dos créditos securitizados.[610]

4.1.5 Especificidades quanto aos valores mobiliários subordinados

A importância do alinhamento de interesses entre, de um lado, os atores ligados à originação e à estruturação da securitização e, de outro, os investidores, foi um dos cernes das discussões sobre a regulação da securitização após a crise dos *subprime*.[611] Para assegurar o alinhamento com o originador, podem ser utilizados mecanismos para a retenção de parte do risco da operação, garantindo o seu *skin in the game*. Nesse caso, os principais mecanismos utilizados no setor privado brasileiro seriam a coobrigação do originador quando da cessão dos créditos (incluindo a hipótese de se obrigar a substituir os créditos inadimplidos por novos créditos) ou a subscrição de valores mobiliários subordinados pelo originador.[612] Além disso, a implementação de mecanismos de mitigação de conflitos de interesses – um dos focos da regulação dos FIDC pela CVM[613] – busca contribuir para esse alinhamento.

Na securitização de créditos públicos, para se evitar a caracterização de uma operação de crédito, o ente público não poderia coobrigar-se pelo adimplemento dos créditos securitizados.[614] No caso em estudo, o Estado de São Paulo não garante o adimplemento dos créditos pelos devedores, mas continua a reter parte do risco econômico da operação

---

São Paulo, 2014, p. 59-66; FORGIONI, Paula Andrea. *Contratos empresariais*: teoria geral e aplicação. 5. ed. São Paulo: Thomson Reuters Brasil, 2020, p. 172-173.

[608] Ver itens 3.1.3 e 4.1.3.5 acima.

[609] Conforme mais bem explorado no item 4.1.5 abaixo.

[610] Além disso, há críticas, de forma geral, sobre a falta de eficiência dos entes públicos na cobrança de créditos tributários (cf. GOMES, Anderson Ricardo. Perspectivas para a cobrança de créditos tributários no ordenamento jurídico brasileiro. *Revista de Direito Tributário Contemporâneo*, São Paulo, v. 2, n. 8, p. 139-164, set./out. 2017).

[611] Ver item 1.3 acima.

[612] Ver itens 1.3 e 2.2 acima.

[613] Ver item 2.5 acima.

[614] Conforme explorado no item 4.1.3.4 acima.

por meio da subscrição das debêntures subordinadas. Como visto,[615] o pagamento das debêntures subordinadas do Estado de São Paulo será realizado observando-se a preferência de pagamento das debêntures mais seniores, destinadas aos investidores. Além disso, a Consultoria Jurídica da Secretaria da Fazenda do Estado de São Paulo destacou que um dos objetivos visados com a subscrição de debêntures subordinadas pelo Estado seria a diminuição da percepção do risco pelos investidores e pelas agências de *rating*, o que reduziria a taxa de remuneração das debêntures seniores exigida pelos investidores (diminuindo o custo do Estado nessa captação de recursos).[616]

A subscrição de valores mobiliários subordinados pelo ente público pode gerar discussões quanto à caracterização da securitização como uma operação de crédito para os fins da Lei de Responsabilidade Fiscal. A princípio, de acordo com a análise da securitização de créditos públicos feita por Luis Felipe Vidal Arellano,[617] a mera subscrição e integralização, no início da operação, de valores mobiliários subordinados (cotas subordinadas, caso utilizado um FIDC-NP como veículo, ou debêntures subordinadas, caso utilizada uma sociedade de propósito específico) não caracterizaria uma operação de crédito. Isso porque a retenção de parcela do risco pelo ente público não se confundiria com a assunção de uma garantia pelo efetivo pagamento dos créditos securitizados. Ainda que haja um "colchão" dos valores mobiliários subordinados para absorver as primeiras perdas, o risco de crédito assumido pelos investidores continua a se concentrar na solvência dos devedores dos créditos, e não na solvência do ente público (como nas operações de crédito).

---

[615] Ver item 3.1.3 acima.

[616] "O nível de subordinação está indiretamente correlacionado com a percepção de risco que a estrutura jurídica e financeira adotada para Securitização de Recebíveis transmite aos potenciais investidores. Quanto maior o nível de subordinação, menor será a percepção de risco, com reflexo positivo na nota de crédito a ser conferida por agência especializada (*rating*). Por outro lado, quanto melhor a nota de crédito, menor será o custo da Securitização de Recebíveis representado pela taxa de juros das Debêntures Seniores em função do prazo de amortização previsto." (CONSULTORIA JURÍDICA DA SECRETARIA DA FAZENDA DO ESTADO DE SÃO PAULO. *Parecer nº 611/2010*, emitido no Processo nº 23752-430087/2010, datado de 25 de junho de 2010, p. 6. Documento retirado dos autos da Ação Popular nº 1039132-29.2016.8.26.0053, em trâmite perante a 12ª Vara de Fazenda Pública do Foro Central da Comarca de São Paulo, fls. 1503-1531).

[617] Cf. ARELLANO, Luis Felipe Vidal. *Teoria jurídica do crédito público e operações estruturadas*: empréstimos públicos, securitizações, PPPs, garantias e outras operações estruturadas no direito financeiro. São Paulo: Blucher Open Access, 2020, p. 209-213.

Observa-se que o nível de subordinação inicial da operação pode diminuir em caso de insuficiência do fluxo de pagamento dos créditos securitizados. Se além de efetuar a subscrição e a integralização de valores mobiliários subordinados no início da operação, o ente público assumir uma obrigação de realizá-las de forma sistemática se a razão de subordinação diminuir, poderia ser economicamente equiparada a uma garantia do ente público pelo efetivo pagamento dos créditos (já que se obrigaria a sempre recompor o "colchão" dos investidores seniores em caso de aumento da inadimplência da carteira). Nesse sentido, tal hipótese poderia ser enquadrada como uma operação de crédito.[618]

Essa questão foi levada em consideração no âmbito da medida cautelar concedida pelo Tribunal de Contas da União no caso da securitização de créditos públicos do Município de Nova Iguaçu,[619] mencionada acima.[620] Na apreciação dessa medida cautelar, o Tribunal de Contas da União concordou, de forma preliminar, com parecer da Procuradoria Geral da Fazenda Nacional[621] no sentido de não caracterizar operação de crédito a simples cessão do fluxo de recebíveis dos créditos públicos. De acordo com o Tribunal, tal questão deve ser "avaliada em cada caso concreto à luz, principalmente, dos aspectos contratuais, a fim de verificar a existência ou não de obrigação por parte do cedente de garantir eventual crédito inadimplido pelo devedor". No caso em questão, apontou-se que o Município de Nova Iguaçu teria assumido uma obrigação de reenquadramento da razão de subordinação do FIDC-NP: o ente público se comprometeria a integralizar novas cotas subordinadas ou a ceder novos direitos creditórios para a manutenção dessa razão, caso o pagamento pelos devedores dos créditos securitizados fosse insuficiente para tanto. Nesse contexto específico, o Tribunal considerou que tal obrigação assumida pelo Município de Nova Iguaçu caracterizaria uma operação de crédito, visto que "a cláusula em questão impõe ao

---

[618] Cf. ARELLANO, Luis Felipe Vidal. *Teoria jurídica do crédito público e operações estruturadas*: empréstimos públicos, securitizações, PPPs, garantias e outras operações estruturadas no direito financeiro. São Paulo: Blucher Open Access, 2020, p. 212-213.

[619] Cf. TRIBUNAL DE CONTAS DA UNIÃO. Plenário. *Processo nº TC 043.416/2012-8*. Medida Cautelar. Relator Ministro Bruno Dantas. Brasília, 3 de dezembro de 2014. Disponível em: <http://www.tcu.gov.br/consultas/juris/docs/conses/tcu_ata_0_n_2014_48.pdf>. Acesso em: 8 abr. 2022.

[620] Ver item 4.1.1 acima.

[621] Cf. PROCURADORIA GERAL DA FAZENDA NACIONAL. *Parecer PGFN/CAF/nº 1579/2014*, datado de 23 de setembro de 2014. Disponível em: <http://dados.pgfn.fazenda.gov.br/>. Acesso em: 8 abr. 2022.

município uma obrigação residual de pagar em caso de frustração da receita esperada como resultado da cobrança das dívidas transferidas ao Fundo". Assim, o Tribunal de Contas da União concedeu a medida cautelar para a suspensão pela CVM do registro desse fundo. Como mencionado acima,[622] determinou, ainda, de forma ampla, que a CVM suspendesse o registro de qualquer FIDC-NP que adquirisse créditos decorrentes de receitas públicas e que não obtivesse a aprovação, referida na Lei de Responsabilidade Fiscal, do Ministério da Fazenda (atual Ministério da Economia).

Diante dessas discussões em torno da caracterização da subscrição de valores mobiliários subordinados pelo ente público sob o prisma da Lei de Responsabilidade Fiscal, uma primeira especificidade do caso do Estado de São Paulo está na ausência de uma obrigação do originador de manter um nível mínimo de subordinação. Além disso, não se pode afastar as discussões nesse âmbito quanto à caracterização da própria subscrição e integralização inicial de valores mobiliários subordinados por um ente estatal.[623]

Esses questionamentos do ponto de vista do Direito Público em torno do mecanismo de subordinação parecem ser particularmente relevantes diante das características do caso sob análise. O alinhamento de interesses com o originador dos créditos securitizados tem especial importância no caso do Estado de São Paulo, tendo em vista a frágil segregação do risco do originador, a dependência de diversas obrigações do originador para a efetiva realização dos ativos e os potenciais conflitos de interesse na estrutura.[624] Ainda, o sistema de eventos de avaliação, de amortização antecipada e de liquidação das debêntures seniores[625] depende da existência de debêntures subordinadas do Estado para que seja eficaz como um incentivo para o originador cumprir suas

---

[622] Ver item 4.1.1 acima.

[623] Em outro sentido da avaliação feita por Luis Felipe Vidal Arellano (cf. *Teoria jurídica do crédito público e operações estruturadas*: empréstimos públicos, securitizações, PPPs, garantias e outras operações estruturadas no direito financeiro. São Paulo: Blucher Open Access, 2020, p. 209-213) e das considerações da medida cautelar do Tribunal de Contas da União acima mencionada, Marina Michel de Macedo Martynychen parece considerar que a subscrição de valores mobiliários subordinados em si representaria uma operação de crédito, nos termos da Lei de Responsabilidade Fiscal (cf. *Securitização e o estado brasileiro*: o fluxo dos recebíveis tributários e os impactos no federalismo fiscal. 2020. Tese [Doutorado em Direito Econômico, Financeiro e Tributário] – Faculdade de Direito, Universidade de São Paulo, São Paulo, 2020, p. 259-260).

[624] Conforme explorado ao longo deste Capítulo 4.

[625] Ver itens 3.1.3 e 4.1.3.5 acima.

obrigações. Nesse contexto, a ausência de obrigação de manutenção de um nível mínimo de subordinação assume relevância, tendo em vista a potencial redução do interesse do Estado no sucesso da operação em caso de eventual diminuição do valor das debêntures subordinadas (além da deterioração do "colchão" dos investidores seniores). Ademais, questionamentos quanto ao mecanismo de subordinação em si poderiam fragilizar ainda mais o alinhamento de interesses na estrutura de securitização do Estado de São Paulo.

4.2 Securitização de créditos públicos: principais preocupações quanto aos interesses protegidos e riscos considerados pela regulação do mercado de capitais

O presente Capítulo 4 buscou avaliar as especificidades do caso de securitização de créditos públicos do Estado de São Paulo quando comparado com a securitização no setor privado analisada na Parte I, especialmente com o modelo de securitização por meio dos FIDC abordado no Capítulo 2. A seguir, busca-se sintetizar as principais preocupações encontradas nas especificidades do caso sob estudo, conforme exploradas neste Capítulo 4, considerando as discussões sobre a regulação da securitização e dos FIDC no setor privado.

A especificidade inicial está na utilização de um veículo fora do padrão encontrado no setor privado para a securitização de direitos creditórios: uma sociedade de propósito específico, com a correspondente emissão de debêntures. Além de o caso sob estudo não utilizar um FIDC, as demais especificidades destacadas neste Capítulo 4 mostram ainda como certas preocupações regulatórias discutidas especialmente no âmbito dos FIDC não são plenamente atendidas na securitização de créditos públicos do Estado de São Paulo. As deficiências de salvaguardas regulatórias têm especial relevância diante das características dessa estrutura de securitização, decorrentes especialmente das discussões em torno da natureza pública do crédito e de seu originador/cedente.

Na estrutura sob estudo, a segregação do ativo securitizado é frágil, uma vez que ocorre a cessão apenas do fluxo financeiro do crédito público, permanecendo a titularidade do crédito em si com o Estado. Essa tênue segregação pode ainda ser contestada em razão das discussões em torno de sua qualificação como operação de crédito no âmbito do Direito Público – sendo de fato alvo de questionamento nas ações em curso contra as operações da CPSEC que buscam, inclusive, invalidar essa cessão. A segregação do fluxo financeiro também apresenta fragilidades, aumentando-se o risco de fungibilidade das operações de securitização do Estado de São Paulo.

A segregação do risco do originador é, além de frágil, peculiar, visto que o veículo de securitização e os investidores continuam a depender de diversas ações do originador e cedente (o Estado de São Paulo) para o efetivo recebimento dos créditos securitizados, bem como para que tal recebimento não seja frustrado. Ademais, em caso de descumprimento das obrigações do Estado, os recursos disponíveis ao veículo de securitização e aos investidores são limitados – pelas restrições contratuais à execução específica e pelas dificuldades ligadas ao recebimento de valores devidos pelo Estado a título de indenização ou de multa compensatória. Há, ainda, a presença de conflitos de interesse estruturais entre o originador e cedente dos créditos (i.e., o Estado de São Paulo) e os investidores.

Quanto à transparência dessa estrutura de securitização de créditos públicos, observa-se que não são atingidos os padrões de transparência e de adequada informação do investidor normalmente exigidos para uma securitização.

A estruturação de uma operação de securitização – incluindo a de créditos públicos – leva em conta inúmeros fatores além das preocupações regulatórias, como a situação do mercado, a atratividade dos valores mobiliários para os investidores e os interesses do cedente/originador dos ativos. Nada obstante, a partir da análise das especificidades do caso sob estudo, é possível formular algumas diretrizes para a estruturação de uma operação de securitização de créditos públicos, considerando as preocupações identificadas da perspectiva do regulador do mercado de capitais e dos investidores.

Idealmente, entende-se que seria mais interessante utilizar um FIDC-NP como veículo para a securitização de créditos públicos. Isso porque se trata de um veículo cuja regulação tem evoluído para fazer face às falhas e aos riscos encontrados na securitização. Além do constante aprimoramento de suas regras de governança, os FIDC contam com uma estrutura de prestadores de serviços regulados pela CVM, com relevantes deveres fiduciários em relação aos investidores e com um papel de *gatekeepers* desse mercado. Quanto aos interesses protegidos pela CVM – incluindo a segurança do mercado de securitização e a proteção do investidor –, os FIDC oferecem mais salvaguardas do que as sociedades de propósito específico em geral. Todavia, como visto neste Capítulo 4, atualmente há uma limitação institucional à utilização dos FIDC na securitização de créditos públicos em razão da medida cautelar concedida pelo Tribunal de Contas da União. Nesse cenário, não obstante a relevância de identificar e corrigir irregularidades pontuais, seria importante que o Tribunal ponderasse o impacto de uma vedação total ao uso dos FIDC quando de sua decisão final.

Independentemente do veículo adotado, um ponto de atenção na estruturação de uma operação de securitização de créditos públicos encontra-se na segregação do ativo. Da perspectiva da regulação do mercado de capitais e dos investidores, seria mais adequado se houvesse a efetiva transferência da titularidade dos créditos para o veículo de securitização – o que, todavia, poderia encontrar óbice em questões de Direito Público. Por essa razão, enquanto não forem implementadas mudanças legislativas que viabilizem a efetiva cessão de créditos tributários, o problema relativo à segregação do ativo poderia ser mais adequadamente tratado com relação a créditos públicos de natureza não tributária. Ainda, a estrutura da operação deveria privilegiar a efetiva segregação dos fluxos financeiros dos créditos cedidos, bem como o controle dos prestadores de serviços fiduciários sobre esse fluxo.

Dentre os principais riscos da securitização encontram-se aqueles decorrentes de conflitos de interesse. Caso fosse adotado um FIDC-NP como veículo de securitização de créditos públicos, tais riscos poderiam ser mais facilmente mitigados (lembrando que a mitigação de conflitos de interesse se encontra entre os focos da regulação dos FIDC pela CVM). Diante das especificidades do veículo do caso sob análise – uma sociedade de propósito específico controlada pelo Estado de São Paulo –, verifica-se que a utilização de um FIDC-NP representaria uma maior desvinculação entre o veículo e o originador/cedente dos créditos. Não sendo adotado um FIDC-NP, tornam-se ainda mais relevantes os mecanismos de alinhamento de interesses entre o originador/cedente e os investidores. No caso sob estudo, o principal incentivo à colaboração do Estado de São Paulo no interesse dos investidores estaria na subscrição de debêntures subordinadas (e nos mecanismos de interrupção de seu pagamento). Eventuais questionamentos a essas debêntures subordinadas do ponto de vista do Direito Público teriam, assim, especial impacto nessa estrutura. Ademais, poder-se-ia cogitar o reforço dos incentivos contratuais nessa estrutura. Por exemplo, a

CAPÍTULO 4

SECURITIZAÇÃO DE CRÉDITOS PÚBLICOS: ESPECIFICIDADES *VS.* INTERESSES PROTEGIDOS E RISCOS CONSIDERADOS...

mera previsão contratual de tutela específica e de multa em caso de inadimplência pode ser considerada como um incentivo para a colaboração do ente público, ainda que sua execução, se necessária, possa encontrar dificuldades práticas.

Visando à adequada informação dos investidores e à redução dos riscos decorrentes da assimetria de informação, a transparência de uma securitização de créditos públicos deveria ser acentuada. O caso sob estudo, inclusive, poderia se beneficiar de uma maior transparência, para que se diminua a assimetria de informação entre o originador/cedente, os participantes estruturais (especialmente o agente fiduciário dos debenturistas) e os investidores. Tendo em vista a importância que o originador/cedente continua a ter para a efetiva realização dos créditos securitizados, de início seria importante reforçar as suas obrigações contratuais de transparência e de prestação de informação. Além disso, para a adequada informação dos investidores (antes e durante seu investimento), parece conveniente ampliar a divulgação de informações prévias e periódicas sobre a operação, tendo por inspiração as exigências regulatórias sobre os FIDC (desenvolvidas especificamente para mitigar a assimetria de informação na securitização em geral). Como destacado nas decisões do Colegiado da CVM sobre a securitização de créditos públicos por FIDC, a divulgação de informação aos investidores deveria, em realidade, ser intensificada na securitização desses ativos.

Ainda no âmbito da proteção do investidor, poder-se-ia avaliar uma restrição ao público-alvo de valores mobiliários lastreados em créditos públicos. Como visto neste Capítulo 4, uma securitização de créditos públicos por meio de FIDC, de forma geral, já seria considerada pela CVM como especialmente complexa e arriscada, sendo limitada aos FIDC-NP e, portanto, acessível apenas aos investidores *profissionais* (visando à proteção dos investidores menos sofisticados). Não há, atualmente, restrição regulatória de público-alvo para o investimento em debêntures emitidas por uma sociedade de propósito específico em um contexto de securitização, quando ofertadas nos termos da Instrução CVM nº 400/03. No caso do Estado de São Paulo, a limitação do público-alvo da oferta das debêntures da CPSEC da terceira emissão, além de voluntária, foi feita apenas quanto aos investidores de varejo. Em outras palavras, permitiu-se o acesso a essas debêntures pelos investidores *qualificados*, menos sofisticados do que os profissionais. Todavia, em linha com as discussões da regulação dos FIDC pela CVM e considerando a complexidade e os riscos envolvidos, seria mais adequado que a oferta de qualquer valor mobiliário lastreado em créditos públicos se destinasse apenas aos investidores de maior sofisticação segundo a CVM – isto é, os investidores profissionais.

Diante do apresentado, considerando as especificidades da securitização de créditos públicos em estudo, parece ser ainda mais importante que se resguardem os interesses protegidos pelo regulador do mercado de capitais e que se mitiguem os riscos envolvidos na securitização. Dessa forma, conclui-se que a estruturação de operações de securitização de créditos públicos, além de observar as questões de Direito Público pertinentes, deve também considerar as preocupações do ponto de vista do Direito Comercial e da regulação do mercado de capitais destacadas na presente pesquisa.

SÍNTESE CONCLUSIVA

A presente pesquisa propôs-se a estudar a securitização de créditos públicos sob a perspectiva do Direito Comercial e da regulação do mercado de capitais.

Os objetivos principais do trabalho consistiram em: a) identificar as particularidades da securitização de créditos públicos, quando comparada com a securitização no setor privado; e b) avaliar quais seriam os impactos dessas especificidades, do ponto de vista do Direito Comercial e da regulação do mercado de capitais.

A securitização é um mecanismo que foi desenvolvido no âmbito do mercado de capitais, tornando-se uma relevante alternativa de financiamento, de gerenciamento de risco e de investimento, especialmente para o setor privado. Apesar dos potenciais riscos associados ao seu uso, a importância desse mecanismo para o funcionamento da economia é reafirmada pelos reguladores do mercado de capitais, os quais se dedicam ao desenvolvimento da regulação em torno da securitização para mitigar esses riscos, bem como para resguardar os interesses eleitos como dignos de proteção. Entende-se que as discussões regulatórias sobre o uso da securitização no setor privado podem contribuir para o estudo de uma operação em particular, marcada por especificidades decorrentes da natureza pública de seus ativos subjacentes e de seu originador: a securitização de créditos públicos.

Para se atingirem os objetivos da presente pesquisa, foi analisada, primeiramente, a securitização no setor privado, para, na sequência, explorar a securitização de créditos públicos.

No estudo da securitização no setor privado, observou-se que a estrutura do funcionamento da securitização pode ser dividida em três fases: a) constituição do veículo de securitização; b) segregação do ativo;

e c) emissão e subscrição dos valores mobiliários. No Brasil, os veículos de securitização normalmente utilizados no setor privado consistem nas companhias securitizadoras e nos FIDC. A fase da segregação do ativo relaciona-se com a segregação de risco feita pela securitização, buscando-se evitar que eventuais obrigações do originador afetem os ativos securitizados ou que os passivos do originador contaminem esses ativos. Na fase de emissão dos valores mobiliários tem-se a efetiva realização da securitização, quando os ativos que lhe servem de lastro se transformam em títulos negociáveis.

Os riscos ligados à securitização foram trazidos à tona pela crise dos *subprime*. Ainda assim, tendo em vista a sua importância sistêmica, a reação dos reguladores a essa crise não consistiu na vedação ao uso da securitização, mas sim na sua regulação. As discussões sobre a regulação após a crise giram em torno de evitar que a securitização seja novamente utilizada de forma inadequada, mas também de preservar seus aspectos positivos e de estimular o desenvolvimento saudável do mercado de securitização.

Também no estudo da securitização no setor privado, foi explorado o modelo de securitização por meio do principal veículo brasileiro: o FIDC. Na investigação desse veículo, buscou-se apresentar não apenas a estrutura e as normas existentes, mas também os fundamentos por trás de tais normas, identificando-se os interesses protegidos e os riscos considerados pelo regulador do mercado de capitais. Os principais interesses resguardados pela CVM consistem na proteção do investidor (inclusive por meio de sua adequada informação), bem como na integridade, na segurança e na confiabilidade dos FIDC e do mercado de securitização. Dentre os principais riscos considerados pela CVM, encontram-se os riscos decorrentes da assimetria de informação, o risco de fraude, os riscos decorrentes de conflitos de interesses e o risco de fungibilidade.

Para a análise da securitização de créditos públicos, optou-se por realizar um estudo de caso das operações de securitização do Estado de São Paulo. O estudo de um caso divide-se em duas partes essenciais: o relato do caso e a análise crítica do caso.

Assim, primeiramente, foi apresentado o relato do caso das operações de securitização de créditos públicos do Estado de São Paulo, com seus elementos essenciais sistematizados, passando por cada uma das fases de uma operação de securitização. Observou-se que o Estado de São Paulo cedeu a uma sociedade de propósito específico – a CPSEC

– o fluxo financeiro decorrente de créditos de sua titularidade relativos a programas de parcelamento de débitos fiscais. A CPSEC, em seguida, emitiu debêntures para colocação junto a investidores no mercado de capitais e transferiu ao Estado os recursos assim arrecadados a título de pagamento pela cessão do fluxo financeiro. Os titulares das debêntures seniores fazem jus a uma taxa de juros estabelecida conforme as condições de mercado então vigentes e, em contrapartida, assumem o risco de o fluxo financeiro ser insuficiente para amortizá-las (em caso de inadimplência dos contribuintes devedores dos créditos parcelados). Por fim, o fluxo financeiro recebido pela CPSEC, no que exceder ao montante necessário para amortizar as debêntures distribuídas ao mercado, retorna ao Estado de São Paulo por meio das debêntures subordinadas que ele próprio subscreveu. Nota-se que as operações de securitização de créditos públicos do Estado de São Paulo são alvo de questionamentos (quanto à sua regularidade do ponto de vista do Direito Público) em um processo administrativo e em dois processos judiciais, todos eles sem julgamento de mérito até o momento.

A partir do relato do caso das operações de securitização do Estado de São Paulo, foi possível analisá-lo criticamente – do ponto de vista do Direito Comercial e da regulação do mercado de capitais – para identificar e avaliar as especificidades encontradas em comparação com a securitização no setor privado (especialmente com relação ao modelo de securitização por meio dos FIDC). As características desse caso que se afastam dos padrões da securitização no setor privado – em decorrência, especialmente, dos desafios trazidos pela natureza pública dos créditos e de seu originador/cedente – foram verificadas: a) no veículo de securitização; b) na transparência da estrutura; c) na segregação dos ativos e do risco; d) na cobrança dos créditos; e e) nos valores mobiliários subordinados. Considerando essas especificidades, entende-se ser ainda mais importante que se resguardem os interesses protegidos pelo regulador do mercado de capitais e que se mitiguem os riscos envolvidos na securitização.

A estruturação de uma operação de securitização leva em conta inúmeros fatores além das preocupações regulatórias. Nada obstante, é possível formular algumas diretrizes para a estruturação de uma operação de securitização de créditos públicos, considerando as preocupações identificadas da perspectiva do regulador do mercado de capitais e dos investidores: a) idealmente, utilizar como veículo um FIDC-NP; b) ter atenção à efetiva segregação do ativo e dos fluxos financeiros; c) reforçar os mecanismos de alinhamento de interesses entre o originador/cedente e os investidores; d) buscar, de forma acentuada, a transparência da estrutura; e e) restringir o público-alvo da oferta aos investidores considerados como mais sofisticados pela CVM (os investidores profissionais).

Assim, conclui-se que, quando da estruturação de uma operação de securitização de créditos públicos (ou, ainda, quando de seu estudo sob a perspectiva do Direito Público), além de considerar as preocupações típicas de Direito Público, não se pode ignorar as preocupações sob o ponto de vista do Direito Comercial e da regulação do mercado de capitais encontradas na presente pesquisa.

REFERÊNCIAS

AFONSO, José Roberto Rodrigues; CASTO, Kleber Pacheco de. Securitização de recebíveis: uma avaliação de créditos tributários e dívida ativa no setor público brasileiro. *Economic Analysis of Law Review*, Brasília, v. 9, n. 2, p. 5-34, maio/ago. 2018.

AFONSO, José Roberto Rodrigues; RIBEIRO, Leonardo. Securitização de créditos tributários, um primeiro passo. *Revista Conjuntura Econômica*, Rio de Janeiro, p. 18-20, jan. 2018.

AKERLOF, George A. The market for "lemons": quality uncertainty and the market mechanism. *The Quarterly Journal of Economics*, Cambridge, v. 84, n. 3, p. 488-500, ago. 1970.

ARELLANO, Luis Felipe Vidal. Securitização de ativos e endividamento no setor público. *Revista Fórum de Direito Financeiro e Econômico*, Belo Horizonte, ano 8, n. 12, p. 229-252, set./fev. 2017.

ARELLANO, Luis Felipe Vidal. O problema da representação das futuras gerações no endividamento público: repercussões para o princípio jurídico de equilíbrio intergeracional. In: José Maurício Conti. (Coord.). *Dívida pública*. São Paulo: Blucher Open Access, 2019, p. 337-361.

ARELLANO, Luis Felipe Vidal. *Teoria jurídica do crédito público e operações estruturadas*: empréstimos públicos, securitizações, PPPs, garantias e outras operações estruturadas no direito financeiro. São Paulo: Blucher Open Access, 2020.

ASCARELLI, Tullio. Evolução e papel do Direito Comercial. In: ASCARELLI, Tullio. *Panorama do Direito Comercial*. São Paulo: Saraiva, 1947, p. 11-52.

ASCARELLI, Tullio. Varietà di titoli di credito e investimento. In: ASCARELLI, Tullio. *Problemi giuridici*. Milano: Dott. A Giuffrè, 1959, t. II, p. 685-702.

AVELINO, Luiz Filipi de Cristófaro. *Aspectos jurídicos da securitização no Brasil*. 2014. Dissertação (Mestrado em Direito Comercial) – Faculdade de Direito, Universidade de São Paulo, São Paulo, 2014.

AZEVEDO, Luís André Negrelli de Moura; PATELLA, Laura Amaral. A transferência de créditos na securitização. In: CASTRO, Leandro Freitas e Moraes e (Org.). *Mercado financeiro & de capitais*: regulação e tributação. São Paulo: Quartier Latin, 2015, p. 391-410.

BARRIÈRE, François. Une cause de la crise financière: un défaut de réglementation? *La Semaine Juridique Entreprise et Affaires*, Paris, n. 23, 1571, 4 jun. 2009.

BARROSO, Luís Roberto. *Interpretação e aplicação da Constituição*: fundamentos de uma dogmática constitucional transformadora. 7. ed. São Paulo: Saraiva, 2009.

BENTEUX, Grégory; LEGRAND, Estelle; TACHET, Charlotte. Le nouveau cadre prudentiel de la titrisation au sein de l'Union européenne (commentaires sur le règlement (UE) n° 2017/2402 du 12 décembre 2017). *Bulletin Joly Bourse*. Issy-les-Moulineaux, n. 2, 1º mar. 2018, p. 100.

BENZINE, Lamia; PIETRANCOSTA, Alain. Titrisation, vecteur de propagation de la crise financière. *Revue Droit & Affaires*, Paris, n. 7, p. 4, dez. 2009.

BERNARDO, Daniel Walter Maeda; SANTOS, Alexandre Pinheiro dos. Notas sobre os fundos de investimento à luz da Lei de Liberdade Econômica. In: HANSZMANN, Felipe; HERMETO, Lucas (Org.). *Atualidades em direito societário e mercado de capitais*: fundos de investimento. Rio de Janeiro: Lumen Juris, 2021, v. V, p. 31-42.

BLANKENHEIM, Johannes et al. *Securitization*: lessons learned and the road ahead. International Monetary Fund, IMF working paper n° 13/255, nov. 2013. Disponível em: <https://www.imf.org/external/pubs/ft/wp/2013/wp13255.pdf>. Acesso em: 8 abr. 2022.

BONNEAU, Thierry. Titrisation. *Revue de Droit Bancaire et Financier*. Paris, n. 6, nov. 2011, com. 215.

BONNEAU, Thierry. Titrisation. *Revue de Droit Bancaire et Financier*. Paris, n. 2, mar. 2013, com. 75.

BORÇA JUNIOR, Gilberto Rodrigues; TORRES FILHO, Ernani Teixeira. Analisando a crise do *subprime*. *Revista do BNDES*, Rio de Janeiro, v. 15, n. 30, p. 129-159, dez. 2008.

BORGES, Luís Ferreira Xavier. Securitização como parte da segregação do risco empresarial. *Revista do Direito Bancário, do Mercado de Capitais e da Arbitragem*, São Paulo, v. 10, p. 257-267, out/dez. 2000.

BURANELLO, Renato; OIOLI, Erik. *Certificado de recebíveis do agronegócio*: os sistemas agroindustriais e o mercado de capitais. Londrina: Thoth, 2019 [*e-book*].[1]

CAMILO JUNIOR, Ruy Pereira. A reforma do sistema financeiro norte-americano. *Revista de Direito Bancário e do Mercado de Capitais*, São Paulo, v. 54, p. 59-95, out./dez. 2011.

CAMILO JUNIOR, Ruy Pereira. *Direito Societário e regulação econômica*. Barueri: Manole, 2018 [*e-book*].

CAMINHA, Uinie. *Securitização*. 2. ed. São Paulo: Saraiva, 2007.

CAMINHA, Uinie. Securitização. In: COELHO, Fabio Ulhoa (Coord.). *Tratado de Direito Comercial*. São Paulo: Saraiva, 2015, v. 4, p. 265-297.

CAMPOS, Eduardo Paschoin de Oliveira. *Aspectos jurídicos da securitização de direitos creditórios do agronegócio no mercado de capitais brasileiro*. 2019. Dissertação (Mestrado em Direito Comercial) – Faculdade de Direito, Universidade de São Paulo, São Paulo, 2019.

---

[1] Todas as obras indicadas como "*e-book*" na presente pesquisa consistem em livros eletrônicos sem paginação especificada.

REFERÊNCIAS | 177

CARVALHO, Mário Tavernard Martins de. *Regime jurídico dos fundos de investimento*. São Paulo: Quartier Latin, 2012.

CATAPANI, Márcio Ferro. *O mercado de títulos públicos*: desmaterialização e circulação. 2011. Tese (Doutorado em Direito Comercial) – Faculdade de Direito, Universidade de São Paulo, São Paulo, 2011.

CHALHUB, Melhim Namem. *Trust*: breves considerações sobre sua adaptação aos sistemas jurídicos de tradição romana. *Revista dos Tribunais*, São Paulo, v. 790, p. 79-113, ago. 2001.

CHALHUB, Melhim Namem. *Negócio fiduciário*: alienação fiduciária, cessão fiduciária, securitização, Decreto-Lei n. 911, de 1969, Lei n. 8.668, de 1993, Lei n. 9.514, de 1997, Lei n. 10.931/2004. Rio de Janeiro: Renovar, 2006.

COELHO, Alexandre Ramos. *A indústria de fundos de investimento no Brasil*: um estudo teórico e empírico sobre a relação fiduciária entre o administrador-gestor e os respectivos cotistas de fundos de investimento. 2015. Dissertação (Mestrado em Direito) – Escola de Direito de São Paulo da Fundação Getulio Vargas, São Paulo, 2015.

COELHO, Livia Alves Visnevski Fróes. *Securitização*. 2007. Dissertação (Mestrado em Direito Comercial) – Pontifícia Universidade Católica de São Paulo, São Paulo, 2007.

COÊLHO, Sacha Calmon Navarro. A questão da cessibilidade a terceiros, pelo Município, de créditos tributários inscritos em dívida ativa ou parcelados administrativamente. *Revista Dialética de Direito Tributário*, São Paulo, n. 128, p. 117-137, maio 2016.

COFFEE, John C. *Ratings reform*: the good, the bad, and the ugly. Columbia Law and Economics, working paper nº 375; set. 2010. Disponível em: <https://papers.ssrn.com/sol3/papers.cfm?abstract_id=1650802>. Acesso em: 8 abr. 2022.

DEMERS, Jonathan S. L. Towards a new regulatory approach for mortgage-backed securities. *Journal of Law in Society*, Cardiff, v. 18, n. 2, p. 266-290, 2018.

DIAS, Luciana Pires. *Transparência como estratégia regulatória no mercado de valores mobiliários*: um estudo empírico das transações com partes relacionadas. 2014. Tese (Doutorado em Direito Comercial) – Faculdade de Direito, Universidade de São Paulo, São Paulo, 2014.

DIAS, Luciana Pires. Fundos de investimentos em direitos creditórios. In: HANSZMANN, Felipe (Org.). *Atualidades em direito societário e mercado de capitais*. Rio de Janeiro: Lumen Juris, 2019, v. IV, p. 505-551.

DOTTA, Eduardo Montenegro. *Responsabilidade civil dos administradores e gestores de fundos de investimento*. São Paulo: Almedina, 2018.

DUFLOTH, Rodrigo. *A proteção do investidor em fundos de investimento*. Rio de Janeiro: Lumen Juris, 2017.

ECO, Umberto. *Como se faz uma tese*. 23. ed. São Paulo: Perspectiva, 2010.

EIZIRIK, Nelson. Cessão de crédito no mercado financeiro. *Revista de Direito Mercantil, Industrial, Econômico e Financeiro*, São Paulo, v. 39, n. 116, p. 200-210, out./dez. 1999.

EIZIRIK, Nelson et al. *Mercado de capitais*: regime jurídico. 3. ed. Rio de Janeiro: Renovar, 2011.

FAGUNDES, João Paulo F. A. Os fundos de investimento em direitos creditórios à luz das alterações promovidas pela Instrução CVM 393. *Revista de Direito Mercantil, Industrial, Econômico e Financeiro*, São Paulo, v. 42, n. 132, p. 96-105, out./dez. 2003.

FAURE-DAUPHIN, Fabrice. Le nouveau cadre réglementaire européen de la titrisation. *Revue Lamy Droit des Affaires*. Paris, nº 135, 1º mar. 2018.

FAVERO JUNIOR, Osvaldo Zanetti. *Securitização de ativos e transferência de risco*: evidências do mercado de capitais brasileiro. 2014. Dissertação (Mestrado em Contabilidade e Controladoria) – Faculdade de Economia, Administração e Contabilidade, Universidade de São Paulo, São Paulo, 2014.

FERREIRA, Cláudio de Araújo. *As operações de securitização de dívida ativa*: equacionando as contas públicas. São Paulo: Quartier Latin, 2019.

FORGIONI, Paula Andrea. *A evolução do Direito Comercial brasileiro*: da mercancia ao mercado. 3. ed. São Paulo: Revista dos Tribunais, 2016.

FORGIONI, Paula Andrea. *Contratos empresariais*: teoria geral e aplicação. 5. ed. São Paulo: Thomson Reuters Brasil, 2020.

GHIRARDI, José Garcez; PALMA, Juliana Bonacorsi de; VIANA, Manuela Trindade. Posso fazer um trabalho inteiro sobre um caso específico? In: FEFERBAUM, Marina; QUEIROZ, Rafael Mafei Rabelo (Coord.). *Metodologia jurídica*: um roteiro prático para trabalhos de conclusão de curso. São Paulo: Saraiva, 2012, p. 177-190.

GOMES, Anderson Ricardo. Perspectivas para a cobrança de créditos tributários no ordenamento jurídico brasileiro. *Revista de Direito Tributário Contemporâneo*, São Paulo, v. 2, n. 8, p. 139-164, set./out. 2017.

GONÇALVES, Carlos Roberto. *Direito civil brasileiro*: contratos e atos unilaterais. 14. ed. São Paulo: Saraiva, 2017, v. 3 [*e-book*].

GRANIER, Thierry et al. *Droit commercial:* Instruments de paiement et de crédit. Titrisation. 9. ed. Paris: Dalloz, 2017.

HAENSEL, Taimi. *A figura dos gatekeepers*: aplicação às instituições intermediárias do mercado organizado de valores mobiliários brasileiro. 2014. Dissertação (Mestrado em Direito Comercial) – Faculdade de Direito, Universidade de São Paulo, São Paulo, 2014.

HARADA, Kiyoshi. Cessão de crédito tributário. *Revista Fórum de Direito Tributário*, Belo Horizonte, ano 8, n. 43, jan./fev. 2010.

HUNT, John P. Credit rating agencies and the worldwide credit crisis: the limits of reputation, the insufficiency of reform, and a proposal for improvement. *Columbia Business Law Review*, New York, v. 2009, n. 1, jan. 2009.

KALANSKY, Daniel; LORIA, Eli. Responsabilidade e deveres do custodiante de FIDCs. In: HANSZMANN, Felipe; HERMETO, Lucas (Org.). *Atualidades em direito societário e mercado de capitais*: fundos de investimento. Rio de Janeiro: Lumen Juris, 2021, v. V, p. 469-480.

KANAYAMA, Rodrigo Luís; ROBL FILHO, Ilton Norberto; TOMIO, Fabrício Ricardo de Limas. Endividamento dos entes subnacionais e regime de precatórios. In: José Maurício Conti. (Coord.). *Dívida pública*. São Paulo: Blucher Open Access, 2019, p. 475-489.

KERGOMMEAUX, Xavier de. Titrisation. *Répertoire de Droit Commercial*. Paris, jan. 2010.

KOHN, Meir G. *The capital market before 1600*. Dartmouth College, Department of Economics, working paper n. 99-06, fev. 1999, p. 9. Disponível em: <https://papers.ssrn.com/sol3/papers.cfm?abstract_id=151868>. Acesso em: 8 abr. 2022.

KRUGMAN, Paul. *The return of depression economics and the crisis of 2008*. New York: W. W. Norton & Company, 2009.

LEÃES, Luiz Gastão Paes de Barros. O conceito de *"security"* no direito norte americano e o conceito análogo no Direito brasileiro. *Revista de Direito Mercantil*, São Paulo, v. 13, n. 14, p. 41-60, abr./jun. 1974.

LIMA, Adelaide Motta de; OLIVEIRA, Sandra Cristina Santos. Securitização no Brasil: caracterização normativa e evolução dos FIDC. *Revista Desenbahia*, Salvador, v. 11, p. 39-66, set. 2009.

LIMA, Stefan Lourenço de; WAISBERG, Ivo. Os fundos de investimento em direitos creditórios como estratégia de *funding* na atividade empresária. In: BOTREL, Sérgio; BARBOSA, Henrique Cunha. *Finanças corporativas*: aspectos jurídicos e estratégicos. São Paulo: Atlas, 2015, p. 515-532.

MARCHI, Eduardo C. Silveira. *Guia de metodologia jurídica*: teses, monografias e artigos. São Paulo: Saraiva, 2009.

MARQUES, Rogério Cesar. *O conflito intergeracional do crédito público*. 2016. Dissertação (Mestrado em Direito Econômico, Financeiro e Tributário) – Faculdade de Direito, Universidade de São Paulo, São Paulo, 2016.

MARTINS NETO, Carlos. Natureza jurídica dos fundos de investimento e responsabilidade de seus cotistas à luz da Lei de Liberdade Econômica: como ficou e como poderia ter ficado. In: HANSZMANN, Felipe; HERMETO, Lucas (Org.). *Atualidades em direito societário e mercado de capitais*: fundos de investimento. Rio de Janeiro: Lumen Juris, 2021, v. V, p. 55-72.

MARTYNYCHEN, Marina Michel de Macedo. *Securitização e o Estado brasileiro*: o fluxo dos recebíveis tributários e os impactos no federalismo fiscal. 2020. Tese (Doutorado em Direito Econômico, Financeiro e Tributário) – Faculdade de Direito, Universidade de São Paulo, São Paulo, 2020.

MATIAS, Armindo Saraiva. Titularização: um novo instrumento financeiro. *Revista de Direito Mercantil, Industrial, Econômico e Financeiro*, São Paulo, v. 36, n. 112, p. 48-54, out./dez. 1998.

MELO, Victória Baruselli Cabral de; SOUZA, Allan Crocci; VIDIGAL NETO, Rubens. FIDC-NP: o injustiçado da securitização de dívida ativa. *TLON (UQBAR)*, ago. 2016. Disponível em: <http://www.tlon.com.br/fidc/jornal/opiniao/12509-fidc-np-o-injusticado-da-securitizacao-de-divida-ativa>. Acesso em: 8 abr. 2022.

MELO, Victória Baruselli Cabral. La protection des investisseurs dans la titrisation. *Sorbonne Student Law Review – Revue juridique des étudiants de la Sorbonne*, Paris, v. 3, n. 1, p. 103-149, dez. 2020.

MENDES, Hélio Rubens de Oliveira. *Securitização de créditos e a Lei 11.101/05*. 2014. Tese (Doutorado em Direito Comercial) – Faculdade de Direito, Universidade de São Paulo, São Paulo, 2014.

MIRANDA, Pontes de (atualizado por GUEDES, Jefferson Carús; RODRIGUES JR., Otavio Luiz). *Tratado de Direito Privado*. São Paulo: Revista dos Tribunais, 2013, tomo XV.

MOURA, Paulo Sérgio. *Securitização de créditos imobiliários*: aspectos jurídicos. 2007. Dissertação (Mestrado em Direito Comercial) – Faculdade de Direito, Universidade de São Paulo, São Paulo, 2007.

MULLER, Anne-Catherine. Règlement (UE) 2017/2402 du 12 décembre 2017 créant un cadre général pour la titrisation, ainsi qu'un cadre spécifique pour les titrisations simples, transparentes et standardisées. *Revue de Droit Bancaire et Financier*. Paris, n. 2, mar. 2018, com. 58.

MUNIZ, Igor; VASCONCELLOS, Bernardo Fabião Barbeito de. Securitização. In: COMISSÃO DE VALORES MOBILIÁRIOS. *Direito do mercado de valores mobiliários*. Rio de Janeiro: Comissão de Valores Mobiliários, 2017, p. 691-746.

ODITAH, Fidelis. Selected issues in securitization. In: ODITAH, Fidelis (Org.). *The future for the global securities market*: legal and regulatory aspects. Oxford: Clarendon Press, 1996, p. 83-94.

OLIVA, Milena Donato. *Patrimônio separado*: herança, massa falida, securitização de créditos imobiliários, incorporação imobiliária, fundos de investimento imobiliário, *trust*. Rio de Janeiro: Renovar, 2009.

OLIVA, Milena Donato. O *trust* e o Direito brasileiro: patrimônio separado e titularidade fiduciária. *Revista Semestral de Direito Empresarial*, Rio de Janeiro, n. 6, p. 149-177, jan./jun. 2010.

OLIVA, Milena Donato; RENTERIA, Pablo. Notas sobre o regime jurídico dos fundos de investimento. In: HANSZMANN, Felipe; HERMETO, Lucas (Org.). *Atualidades em direito societário e mercado de capitais*: fundos de investimento. Rio de Janeiro: Lumen Juris, 2021, v. V, p. 13-29.

OLIVEIRA, Regis Fernandes de. *Curso de direito financeiro*. 4. ed. São Paulo: Revista dos Tribunais, 2011.

PARENTE, Norma Jonssen. Mercado de Capitais. In: CARVALHOSA, Modesto (Coord.). *Tratado de Direito Empresarial*. São Paulo: Revista dos Tribunais, 2016, v. 6.

PARLÉANI, Gilbert. La responsabilité civile des agences de notation. In: GOURIO, Alain; DAIGRE, Jean-Jacques (Coord.). *Droit bancaire et financier*. Paris: RB Éditions, Mélanges AEDBF-France VI, 2013, p. 555-580.

REFERÊNCIAS | 181

PARTNOY, Frank. How and why credit rating agencies are not like other gatekeepers. In: FUCHITA, Yasuyuki; LITAN, Robert E (Ed.). *Financial gatekeepers*: can they protect investors? Washington, D.C.: Brookings Institution Press, 2006, p. 59-102.

PAVIA, Eduardo Cherez. *Fundos de investimento*: estrutura jurídica e agentes de mercado como proteção do investimento. São Paulo: Quartier Latin, 2016.

PELA, Juliana Krueger. "Inadimplemento eficiente" (*efficient breach*) nos contratos empresariais. *Revista Jurídica Luso-Brasileira*, Lisboa, ano 2, n. 1, p. 1091–1103, 2016.

PENTEADO JUNIOR, Cassio Martins C. A securitização de recebíveis de créditos gerados em operações dos bancos: a Resolução nº 2.493 e sua perspectiva jurídica. *Revista de Direito Mercantil, Industrial, Econômico e Financeiro*, São Paulo, v. 36, n. 111, p. 120-124, jul./set. 1998.

PEREIRA, Evaristo Dumont de Lucena. Fundos de investimento em direitos creditórios (FIDC): um veículo para securitização de créditos tributários. In: FREITAS, Bernardo Vianna; VERSIANI, Fernanda Valle (Coord.). *Fundos de investimento*: aspectos jurídicos, regulamentares e tributários. São Paulo: Quartier Latin, 2015, p. 229-253.

PIETRANCOSTA, Alain. Titrisation, vecteur de propagation de la crise financière. *Revue Droit & Affaires*, Paris, n. 7, p. 4, dez. 2009.

PINETTI, Camilla Garcia. O risco sistêmico no foco da regulação financeira pós-crise. *Revista da Faculdade de Direito*, Universidade de São Paulo, São Paulo, v. 110, p. 819-847, maio 2016.

PINTO JUNIOR, Mario Engler. Fundo de investimento em direitos creditórios: alternativa de financiamento pelo mercado de capitais. In: LIMA, Maria Lúcia L. M. Pádua (Org.). *Direito e economia*: 30 anos de Brasil – Agenda Contemporânea. São Paulo: Saraiva, 2012, v. 2, p. 47-79.

PINTO JUNIOR, Mario Engler. Pesquisa jurídica no mestrado profissional. *Revista Direito GV*, São Paulo, v. 14, n. 1, p. 27-48, jan./abr. 2018.

PIRES, Daniela Marin. *Os fundos de investimento em direitos creditórios (FIDC)*. São Paulo: Almedina, 2013.

PISCITELLI, Tathiane. *Direito Financeiro*. 6. ed. São Paulo: Método, 2018 [*e-book*].

PISTOR, Katharina. *The code of capital*: how the law creates wealth and inequality. Princeton: Princeton University Press, 2019 [*e-book*].

POSNER, Richard A. *A failure of capitalism*: the crisis of '08 and the descent into depression. Cambridge: Harvard University Press, 2009.

QUIQUEREZ, Alexandre. *Droit et techniques internationales de la titrisation*. Bruxelles: Larcier, 2018.

RAMOS FILHO, Carlos Alberto de Moraes. Da impossibilidade de cessão de créditos tributários no Direito brasileiro. *Revista Tributária e de Finanças Públicas*, São Paulo, v. 66, p. 78-88, jan./fev. 2006.

RIBEIRO JUNIOR, José Alves. Securitização via FIDC: impactos da reforma introduzida pela Instrução CVM n. 531. *Revista de Direito das Sociedades e dos Valores Mobiliários*, São Paulo, v. 3, p. 175-205, maio 2016.

RIBEIRO JUNIOR, José Alves. *Elementos constitutivos da securitização de recebíveis no Direito brasileiro*. 2019. Dissertação (Mestrado Profissional) – Escola de Direito de São Paulo da Fundação Getulio Vargas, São Paulo, 2019.

RIBEIRO, Erick Tavares. Autonomia e federalismo: a securitização de ativos como alternativa para a obtenção de receita por Estados e Municípios. *Revista de Direito da Procuradoria Geral do Estado do Rio de Janeiro*, Rio de Janeiro, n. 68, p. 113-137, 2014.

RICARDO, Márcio Moura de Paula. *A securitização no agronegócio*: análise crítica da securitização de recebíveis agrícolas – CRA (certificado de recebíveis do agronegócio). 2019. Dissertação (Mestrado em Direito Comercial) – Faculdade de Direito, Universidade de São Paulo, São Paulo, 2019.

ROQUE, Pamela Romeu. *Securitização de créditos vencidos e pendentes de pagamento e risco judicial*. São Paulo: Almedina, 2014.

SALOMÃO FILHO, Calixto. *Teoria crítico-estruturalista do Direito Comercial*. São Paulo: Marcial Pons, 2015.

SALOMÃO NETO, Eduardo. *O trust e o Direito brasileiro*. São Paulo: Trevisan, 2016.

SCAFF, Fernando Facury. Crédito público e sustentabilidade financeira. *Revista Fórum de Direito Financeiro e Econômico*, Belo Horizonte, v. 3, n. 5, p. 55-70, 2014.

SCAFF, Fernando Facury. Equilíbrio orçamentário, sustentabilidade financeira e justiça intergeracional. *Interesse Público*, Belo Horizonte, ano 21, n. 85, p. 37-50, maio/jun. 2014.

SILVA FILHO, Edison Benedito da. *Securitização de ativos públicos para financiamento de projetos de infraestrutura*: o caso brasileiro e a experiência dos BRICS. Texto para discussão. Instituto de Pesquisa Econômica Aplicada. Brasília, jul. 2014.

SILVA, Ricardo Maia da. *Securitização de recebíveis*: uma visão sobre o mercado dos fundos de investimento em direitos creditórios (FIDC). 2010. Dissertação (Mestrado em Engenharia de Produção) – Universidade Federal Fluminense, Niterói, 2010.

SILVEIRA, Francisco Secaf Alves. *O estado econômico de emergência e as transformações do Direito Financeiro brasileiro*. Tese (Doutorado em Direito Econômico, Financeiro e Tributário) – Faculdade de Direito, Universidade de São Paulo, São Paulo, 2018.

SOUTO, Marcos Juruena Villela; ROCHA, Henrique Bastos. Securitização de recebíveis de *royalties* do petróleo. *Revista de Direito Bancário*, do Mercado de Capitais e da Arbitragem, São Paulo, v. 5, n. 16, p. 60-82, abr./jun. 2002.

STIGLITZ, Joseph E. *Freefall*: America, free markets, and the sinking of the world economy. New York: W. W. Norton & Company, 2010 [*e-book*].

THEODORO JÚNIOR, Humberto. Fraude contra credores e fraude de execução. *Revista dos Tribunais*, São Paulo, v. 776, p. 11-33, jun. 2000.

REFERÊNCIAS | 183

TINOCO, Camila; VIEIRA, Juliana Botini Hargreaves. A delimitação das atribuições dos administradores fiduciários e dos gestores de recursos à luz dos diferentes tipos de fundos de investimento. In: HANSZMANN, Felipe; HERMETO, Lucas (Org.). *Atualidades em direito societário e mercado de capitais*: fundos de investimento. Rio de Janeiro: Lumen Juris, 2021, v. V, p. 169-211.

TOLEDO, Paulo Fernando Campos Salles de. Valores mobiliários – inteligência do artigo 2º, n. III, da Lei 6.385, de 1976. *Justitia*, São Paulo, v. 45, n. 122, p. 176-184, jul./set. 1983.

TROVO, Beatriz Villas Boas Pimentel. *Captação de recursos por empresas em recuperação judicial e fundos de investimento em direitos creditórios (FIDC)*. 2013. Dissertação (Mestrado em Direito Comercial) – Faculdade de Direito, Universidade de São Paulo, São Paulo, 2013.

VIDIGAL NETO, Rubens. A securitização e a indústria dos fundos de investimento em direitos creditórios. In: COMISSÃO DE VALORES MOBILIÁRIOS. *Direito do mercado de valores mobiliários*. Rio de Janeiro: Comissão de Valores Mobiliários, 2017, p. 626-643.

YAZBEK, Otavio. O risco de crédito e os novos instrumentos: uma análise funcional. In: FONTES, Marcos Rolim Fernandes; WAISBERG, Ivo (Coord.). *Contratos bancários*. São Paulo: Quartier Latin, 2006, p. 309-337.

YAZBEK, Otavio. *Regulação do mercado financeiro e de capitais*. 2. ed. Rio de Janeiro: Elsevier, 2009.

YAZBEK, Otavio. Prefácio. In: FREITAS, Bernardo Vianna; VERSIANI, Fernanda Valle (Coord.). *Fundos de investimento*: aspectos jurídicos, regulamentares e tributários. São Paulo: Quartier Latin, 2015, p. 9-13.

YAZBEK. Otavio. A Lei nº 13.874/2019 e os fundos de investimento. In: CUEVA, Ricardo Villas Bôas; FRAZÃO, Ana; SALOMÃO, Luis Felipe (Coord.). *Lei de Liberdade Econômica e seus impactos no Direito brasileiro*. São Paulo: Thomas Reuters Brasil, 2020, p. 551-570.

YIN, Robert K. *Estudo de caso*: planejamento e métodos. 2. ed. Porto Alegre: Bookman, 2001.

Fontes primárias

Decisões do Colegiado da CVM:

COMISSÃO DE VALORES MOBILIÁRIOS. Colegiado. *Processo CVM nº RJ2004/6913*. Relator Presidente Marcelo Trindade. Rio de Janeiro, 4 de outubro de 2005. Disponível em: <http://conteudo.cvm.gov.br/decisoes/2005/20051004_R1/20051004_D03.html>. Acesso em: 8 abr. 2022.

COMISSÃO DE VALORES MOBILIÁRIOS. Colegiado. *Processo CVM nº RJ2005/0739*. Relator Presidente Marcelo Trindade. Rio de Janeiro, 25 de outubro de 2005. Disponível em: <http://conteudo.cvm.gov.br/decisoes/2005/20051025_R1/20051025_D06.html>. Acesso em: 8 abr. 2022.

COMISSÃO DE VALORES MOBILIÁRIOS. Colegiado. *Processo CVM nº RJ2006/4158*. Relator SRE/GER-1. Rio de Janeiro, 22 de agosto de 2006. Disponível em: <http://conteudo. cvm.gov.br/decisoes/2006/20060822_R1/20060822_D01.html>. Acesso em: 8 abr. 2022.

COMISSÃO DE VALORES MOBILIÁRIOS. Colegiado. *Processo CVM nº RJ2006/7974*. Relator SRE. Rio de Janeiro, 22 de novembro de 2006. Disponível em: <http://conteudo. cvm.gov.br/decisoes/2006/20061122_R1/20061122_D01.html>. Acesso em: 8 abr. 2022.

COMISSÃO DE VALORES MOBILIÁRIOS. Colegiado. *Processo CVM nº RJ2007/3611*. Relator SRE/GER-1. Rio de Janeiro, 28 de junho de 2007. Disponível em: <http://conteudo. cvm.gov.br/decisoes/2007/20070628_R1/20070628_D08.html>. Acesso em: 8 abr. 2022.

COMISSÃO DE VALORES MOBILIÁRIOS. Colegiado. *Processo CVM nº RJ2007/3266*. Relator SRE/GER-1. Rio de Janeiro, 17 de julho de 2007. Disponível em: <http://conteudo. cvm.gov.br/decisoes/2007/20070717_R1/20070717_D08.html>. Acesso em: 8 abr. 2022.

COMISSÃO DE VALORES MOBILIÁRIOS. Colegiado. *Processo CVM nº RJ2008/7014*. Relator SRE/GER-1. Rio de Janeiro, 7 de outubro de 2008. Disponível em: <http://conteudo. cvm.gov.br/decisoes/2008/20081007_R1/20081007_D14.html>. Acesso em: 8 abr. 2022.

COMISSÃO DE VALORES MOBILIÁRIOS. Colegiado. *Processo CVM nº RJ2008/9535*. Relator Diretor Sergio Weguelin. Rio de Janeiro, 11 de novembro de 2008. Disponível em: <http://conteudo.cvm.gov.br/decisoes/2008/20081111_R1/20081111_D04.html>. Acesso em: 8 abr. 2022.

COMISSÃO DE VALORES MOBILIÁRIOS. Colegiado. *Processo CVM nº RJ2008/11194*. Relator SIN. Rio de Janeiro, 17 de fevereiro de 2009. Disponível em: <http://conteudo. cvm.gov.br/decisoes/2009/20090217_R1/20090217_D02.html>. Acesso em: 8 abr. 2022.

COMISSÃO DE VALORES MOBILIÁRIOS. Colegiado. *Processo CVM nº RJ2008/9648*. Relator SIN/GIE. Rio de Janeiro, 14 de abril de 2009. Disponível em: <http://conteudo. cvm.gov.br/decisoes/2009/20090414_R1/20090414_D14.html>. Acesso em: 8 abr. 2022.

COMISSÃO DE VALORES MOBILIÁRIOS. Colegiado. *Processo CVM nº RJ2009/9811*. Relator Diretor Eli Loria. Rio de Janeiro, 19 de outubro de 2010. Disponível em: <http:// conteudo.cvm.gov.br/decisoes/2010/20101019_R1/20101019_D01.html>. Acesso em: 8 abr. 2022.

COMISSÃO DE VALORES MOBILIÁRIOS. Colegiado. *Processo CVM nº RJ2013/7141*. Relator SIN/GIE. Rio de Janeiro, 19 de novembro de 2013. Disponível em: <http://conteudo. cvm.gov.br/decisoes/2013/20131119_R1/20131119_D14.html>. Acesso em: 8 abr. 2022.

COMISSÃO DE VALORES MOBILIÁRIOS. Colegiado. *Processo CVM nº RJ2013/4911*. Relatora Diretora Luciana Dias. Rio de Janeiro, 15 de julho de 2014. Disponível em: <http://conteudo.cvm.gov.br/decisoes/2014/20140715_R1/20140715_D02.html>. Acesso em: 8 abr. 2022.

COMISSÃO DE VALORES MOBILIÁRIOS. Colegiado. *Processo CVM nº RJ2013/11017*. Relator SIN/GIE. Rio de Janeiro, 23 de setembro de 2014. Disponível em: <http://conteudo. cvm.gov.br/decisoes/2014/20140923_R1/20140923_D02.html>. Acesso em: 8 abr. 2022.

COMISSÃO DE VALORES MOBILIÁRIOS. Colegiado. *Processos CVM nº RJ2013/13258, RJ2014/8511 e RJ2014/8611*. Relator SIN/GIE. Rio de Janeiro, 18 de novembro de 2014. Disponível em: <http://conteudo.cvm.gov.br/decisoes/2014/20141118_R1/20141118_D27. html>. Acesso em: 8 abr. 2022.

REFERÊNCIAS | 185

COMISSÃO DE VALORES MOBILIÁRIOS. Colegiado. *Processo CVM nº RJ2014/0359*. Relator SIN/GIE. Rio de Janeiro, 23 de novembro de 2014. Disponível em: <http://conteudo. cvm.gov.br/decisoes/2014/20140923_R1/20140923_D03.html>. Acesso em: 8 abr. 2022.

COMISSÃO DE VALORES MOBILIÁRIOS. Colegiado. *Processos CVM nº RJ2014/8513, RJ2014/8677 e RJ2014/8678*. Relator SIN/GIE. Rio de Janeiro, 25 de novembro de 2014. Disponível em: <http://conteudo.cvm.gov.br/decisoes/2014/20141125_R1/20141125_D20. html>. Acesso em: 8 abr. 2022.

COMISSÃO DE VALORES MOBILIÁRIOS. Colegiado. *Processos CVM nº RJ2014/10761 e RJ2014/10762*. Relator SIN/GIE. Rio de Janeiro, 6 de janeiro de 2015. Disponível em: <http://conteudo.cvm.gov.br/decisoes/2015/20150106_R1/20150106_D9496.html>. Acesso em: 8 abr. 2022.

COMISSÃO DE VALORES MOBILIÁRIOS. Colegiado. *Processo CVM nº RJ2014/8566*. Relator SIN/GIE. Rio de Janeiro, 6 de janeiro de 2015. Disponível em: <http://conteudo. cvm.gov.br/decisoes/2015/20150106_R1/20150106_D9510.html>. Acesso em: 8 abr. 2022.

COMISSÃO DE VALORES MOBILIÁRIOS. Colegiado. *Processo CVM nº RJ2014/13932*. Relator SIN/GIR. Rio de Janeiro, 24 de março de 2015. Disponível em: <http://conteudo. cvm.gov.br/decisoes/2015/20150324_R1/20150324_9606.html>. Acesso em: 8 abr. 2022.

COMISSÃO DE VALORES MOBILIÁRIOS. Colegiado. *Processo CVM nº RJ2015/2614*. Relator SIN/GIE. Rio de Janeiro, 26 de maio de 2015. Disponível em: <http://conteudo. cvm.gov.br/decisoes/2015/20150526_R1/20150526_D9654.html>. Acesso em: 8 abr. 2022.

COMISSÃO DE VALORES MOBILIÁRIOS. Colegiado. *Processo CVM nº RJ2014/11177*. Relator SRE. Rio de Janeiro, 25 de agosto de 2015. Disponível em: <http://conteudo. cvm.gov.br/decisoes/2015/20150825_R1/20150825_D9801.html>. Acesso em: 8 abr. 2022.

COMISSÃO DE VALORES MOBILIÁRIOS. Colegiado. *Processo CVM nº RJ2014/8516*. Relator Diretor Pablo Renteria. Rio de Janeiro, 16 de fevereiro de 2016. Disponível em: <http://conteudo.cvm.gov.br/decisoes/2016/20160216_R1/20160216_D9460.html>. Acesso em: 8 abr. 2022.

COMISSÃO DE VALORES MOBILIÁRIOS. Colegiado. *Processo CVM nº 19957.007865/2017-82*. Relator SIN/GIE. Rio de Janeiro, 24 de outubro de 2017. Disponível em: <http://conteudo. cvm.gov.br/decisoes/2017/20171024_R1/20171024_D0826.html>. Acesso em: 8 abr. 2022.

COMISSÃO DE VALORES MOBILIÁRIOS. Colegiado. *Processo CVM nº 19957.005955/2019-09*. Relator SIN/GIES. Rio de Janeiro, 30 de julho de 2019. Disponível em: <http://conteudo. cvm.gov.br/decisoes/2019/20190730_R1/20190730_D1477.html>. Acesso em: 8 abr. 2022.

COMISSÃO DE VALORES MOBILIÁRIOS. Colegiado. *Processo CVM nº 19957.009481/2019-66*. Relator SIN/GIES. Rio de Janeiro, 14 de janeiro de 2020. Disponível em: <http://conteudo. cvm.gov.br/decisoes/2020/20200114_R1/20200114_D1617.html>. Acesso em: 8 abr. 2022.

COMISSÃO DE VALORES MOBILIÁRIOS. Colegiado. *Processo CVM nº 19957.002834/2020-31*. Relator SIN/GIES. Rio de Janeiro, 2 de junho de 2020. Disponível em: <http://conteudo. cvm.gov.br/decisoes/2020/20200602_R1/20200602_D1821.html>. Acesso em: 8 abr. 2022.

COMISSÃO DE VALORES MOBILIÁRIOS. Colegiado. *Processo CVM nº 19957.003483/2020-85*. Relator SIN/GIES. Rio de Janeiro, 7 de julho de 2020. Disponível em: <http://conteudo.cvm.gov.br/decisoes/2020/20200707_R1/20200707_D1849.html>. Acesso em: 8 abr. 2022.

COMISSÃO DE VALORES MOBILIÁRIOS. Colegiado. *Processo CVM nº 19957.003447/2020-11*. Relator SIN/GIES. Rio de Janeiro, 21 de julho de 2020. Disponível em: <http://conteudo.cvm.gov.br/decisoes/2020/20200721_R1/20200721_D1859.html>. Acesso em: 8 abr. 2022.

COMISSÃO DE VALORES MOBILIÁRIOS. Colegiado. *Processo CVM nº 19957.008349/2020-71*. Relator SIN/GIES. Rio de Janeiro, 19 de janeiro de 2021. Disponível em: <http://conteudo.cvm.gov.br/decisoes/2021/20210119_R1/20210119_D2037.html>. Acesso em: 8 abr. 2022.

COMISSÃO DE VALORES MOBILIÁRIOS. Colegiado. *Processo CVM nº 19957.007831/2020-93*. Relator SIN/GIES. Rio de Janeiro, 19 de janeiro de 2021. Disponível em: <http://conteudo.cvm.gov.br/decisoes/2021/20210119_R1/20210119_D2036.html>. Acesso em: 8 abr. 2022.

COMISSÃO DE VALORES MOBILIÁRIOS. Colegiado. *Processo CVM nº 19957.003707/2021-30*. Relator SSE/GSEC-1. Rio de Janeiro, 26 de outubro de 2021. Disponível em: <https://conteudo.cvm.gov.br/decisoes/2021/20211026_R1/20211026_D2360.html>. Acesso em: 8 abr. 2022.

COMISSÃO DE VALORES MOBILIÁRIOS. Colegiado. *Processo CVM nº 19957.005394/2021-54*. Relator SSE/GSEC-1. Rio de Janeiro, 7 de dezembro de 2021. Disponível em: <https://conteudo.cvm.gov.br/decisoes/2021/20211207_R1/20211207_D2425.html>. Acesso em: 8 abr. 2022.

Decisões de outras autoridades administrativas ou judiciais:

SUPERIOR TRIBUNAL DE JUSTIÇA. 2ª Turma. *Agravo Interno no Recurso Especial nº 1658810/PR*. Relatora Ministra Assusete Magalhães. Brasília, 8 de fevereiro de 2021. Disponível em: <https://scon.stj.jus.br/SCON/GetInteiroTeorDoAcordao?num_registro=201700514265&dt_publicacao=11/02/2021>. Acesso em: 8 abr. 2022.

TRIBUNAL DE CONTAS DA UNIÃO. Plenário. *Processo nº TC 043.416/2012-8*. Medida Cautelar. Relator Ministro Bruno Dantas. Brasília, 3 de dezembro de 2014. Disponível em: <http://www.tcu.gov.br/consultas/juris/docs/conses/tcu_ata_0_n_2014_48.pdf>. Acesso em: 8 abr. 2022.

TRIBUNAL DE CONTAS DA UNIÃO. Plenário. *Processo nº TC 016.585/2009-0*. Medida Cautelar. Relator Ministro Raimundo Carreiro. Brasília, 21 de janeiro de 2015. Disponível em: <http://www.tcu.gov.br/Consultas/Juris/Docs/CONSES/TCU_ATA_0_N_2015_01.PDF>. Acesso em: 8 abr. 2022.

TRIBUNAL DE CONTAS DA UNIÃO. Plenário. *Processo nº TC 016.585/2009-0*. Acórdão nº 772/2016. Relator Ministro Raimundo Carreiro. Brasília, 6 de abril de 2016. Disponível em: <http://www.tcu.gov.br/Consultas/Juris/Docs/CONSES/TCU_ATA_0_N_2016_11.PDF>. Acesso em: 8 abr. 2022.

Editais/relatórios de audiência pública, comunicados e ofícios da CVM:

Edital de Audiência Pública SDM nº 04/06. Disponível em: <http://conteudo.cvm.gov.br/audiencias_publicas/ap_sdm/2006/sdm0406.html>. Acesso em: 8 abr. 2022.

Edital de Audiência Pública SDM nº 05/09. Disponível em: <http://conteudo.cvm.gov.br/audiencias_publicas/ap_sdm/2009/sdm0509.html> Acesso em: 8 abr. 2022.

Edital de Audiência Pública SDM nº 05/12. Disponível em: <http://conteudo.cvm.gov.br/audiencias_publicas/ap_sdm/2012/sdm0512.html>. Acesso em: 8 abr. 2022.

Edital de Audiência Pública SDM nº 08/20. Disponível em: <http://conteudo.cvm.gov.br/audiencias_publicas/ap_sdm/2020/sdm0820.html>. Acesso em: 8 abr. 2022.

Nota Explicativa à Instrução CVM nº 489/11. Disponível em: <http://conteudo.cvm.gov.br/export/sites/cvm/legislacao/notas-explicativas/anexos/nota489.pdf>. Acesso em: 8 abr. 2022.

Ofício-Circular nº 5/2014-CVM/SIN. Disponível em: <http://conteudo.cvm.gov.br/legislacao/oficios-circulares/sin/oc-sin-0514.html>. Acesso em: 8 abr. 2022.

Relatório de Análise da Audiência Pública SDM nº 05/12 – Processo CVM nº RJ2009-7807. Disponível em: <http://conteudo.cvm.gov.br/audiencias_publicas/ap_sdm/2012/sdm0512.html>. Acesso em: 8 abr. 2022.

Pareceres de autoridades administrativas:

COMISSÃO DE ASSUNTOS ECONÔMICOS DO SENADO FEDERAL. *Parecer*, datado de 26 de abril de 2016. Disponível em: <https://legis.senado.leg.br/sdleg-getter/documento?dm=4158087&disposition=inline>. Acesso em: 8 abr. 2022.

PROCURADORIA GERAL DA FAZENDA NACIONAL. *Parecer PGFN/CAF/nº 2900/2007*, datado de 20 de dezembro de 2007. Disponível em: <http://dados.pgfn.fazenda.gov.br/>. Acesso em: 8 abr. 2022.

PROCURADORIA GERAL DA FAZENDA NACIONAL. *Parecer PGFN/CAF/nº 1612/2012*, datado de 20 de agosto de 2012. Disponível em: <http://dados.pgfn.fazenda.gov.br/>. Acesso em: 8 abr. 2022.

PROCURADORIA GERAL DA FAZENDA NACIONAL. *Parecer PGFN/CAF/nº 1579/2014*, datado de 23 de setembro de 2014. Disponível em: <http://dados.pgfn.fazenda.gov.br/>. Acesso em: 8 abr. 2022.

PROCURADORIA GERAL DA FAZENDA NACIONAL. *Parecer PGFN/CAF/nº 2035/2014*, datado de 15 de dezembro de 2014. Disponível em: <http://dados.pgfn.fazenda.gov.br/>. Acesso em: 8 abr. 2022.

Guias e estudos de autoridades administrativas e entidades:

ASSESSORIA DE ANÁLISE E PESQUISA (ASA) DA COMISSÃO DE VALORES MOBILIÁRIOS. *Retenção de risco na securitização*: um estudo a partir da metodologia de análise de impacto regulatório. Comissão de Valores Mobiliários, Trabalhos para Discussão, dez. 2014. Disponível em: <http://conteudo.cvm.gov.br/export/sites/cvm/menu/acesso_informacao/serieshistoricas/estudos/anexos/AIR_retencao-de-riscos.pdf>. Acesso em: 8 abr. 2022.

ASSOCIAÇÃO BRASILEIRA DAS ENTIDADES DOS MERCADOS FINANCEIROS E DE CAPITAIS. *Certificados de Recebíveis Imobiliários*. Rio de Janeiro: ANBIMA, 2015.

ASSOCIAÇÃO BRASILEIRA DAS ENTIDADES DOS MERCADOS FINANCEIROS E DE CAPITAIS. *Fundos de investimento em direitos creditórios*. Rio de Janeiro: ANBIMA, 2015.

ASSOCIAÇÃO BRASILEIRA DAS ENTIDADES DOS MERCADOS FINANCEIROS E DE CAPITAIS. *Regras e Procedimentos ANBIMA para Classificação do FIDC nº 08*, de 23 de maio de 2019. Disponível em: <https://www.anbima.com.br/data/files/0A/C6/4C/FA/31B797109C2486976B2BA2A8/2.%20Regras_procedimentos_Codigo_ART_vigente%20a%20partir%20de%2017.05.21.pdf>. Acesso em: 8 abr. 2022.

BANCO CENTRAL DO BRASIL. *Economia bancária e crédito*: avaliação de 3 anos do projeto Juros e *Spread* Bancário. Banco Central do Brasil, dez. 2002. Disponível em: <https://www.bcb.gov.br/ftp/jurospread122002.pdf>. Acesso em: 8 abr. 2022.

COMISSÃO DE VALORES MOBILIÁRIOS. *Manual de Utilização. Google C.S.E.* | *Decisões da CVM*. Janeiro de 2018. Disponível em: <http://conteudo.cvm.gov.br/export/sites/cvm/decisoes/pesquisa/manual_pesquisa_avancada_jurisprudencia_CVM.pdf>. Acesso em: 8 abr. 2022.

INTERNATIONAL ORGANIZATION OF SECURITIES COMMISSIONS. *Global developments in securitization regulation*: final report, 16 nov. 2012. Disponível em: <https://www.iosco.org/library/pubdocs/pdf/IOSCOPD394.pdf>. Acesso em: 8 abr. 2022.

JOINT FORUM (COMMITTEE ON BANKING SUPERVISION; INTERNATIONAL ORGANIZATION OF SECURITIES COMMISSIONS; INTERNATIONAL ASSOCIATION OF INSURANCE SUPERVISORS). *Report on asset securitization incentives*, jul. 2011. Disponível em: <https://www.bis.org/publ/joint26.pdf>. Acesso em: 8 abr. 2022.

UQBAR. *Anuário Uqbar CRA 2022*. Disponível em: <https://lp.uqbar.com.br/anuarios2022/cra.php>. Acesso em: 8 abr. 2022.

UQBAR. *Anuário Uqbar CRI 2022*. Disponível em: <https://lp.uqbar.com.br/anuarios2022/cri.php>. Acesso em: 8 abr. 2022.

UQBAR. *Anuário Uqbar FIDC 2022*. Disponível em: <https://lp.uqbar.com.br/anuarios2022/fidc.php>. Acesso em: 8 abr. 2022.

UQBAR. *Manual Uqbar de securitização:* um glossário de termos. Rio de Janeiro: Uqbar Educação, 2006.

WORLD BANK. *Word Bank Open Data*. Disponível em: < https://data.worldbank.org/>. Acesso em: 8 abr. 2022.

Projetos de lei:

CÂMARA DOS DEPUTADOS. *Projeto de Lei Complementar nº 181, de 2015*. Disponível em: <https://www.camara.leg.br/proposicoesWeb/fichadetramitacao?idProposicao=2018511>. Acesso em: 8 abr. 2022.

CÂMARA DOS DEPUTADOS. *Projeto de Lei nº 3.337, de 2015.* Disponível em: <https://www.camara.leg.br/proposicoesWeb/fichadetramitacao?idProposicao=2018512>. Acesso em: 8 abr. 2022.

COMISSÃO EUROPEIA. *Proposta de Regulamento do Parlamento Europeu e do Conselho que estabelece regras comuns para a titularização e cria um quadro europeu para a titularização simples, transparente e normalizada e que altera as diretivas 2009/65/CE, 2009/138/CE, 2011/61/UE e os Regulamentos (CE) nº 1060/2009 e (UE) nº 648/2012, 30 nov. 2015, nº COM (2015) 472 final 2015/0226 (COD).* Disponível em: <https://eur-lex.europa.eu/legal-content/PT/TXT/PDF/?uri=CELEX:52015PC0472&from=PT>. Acesso em: 8 abr. 2022.

CONGRESSO NACIONAL. *Projeto de Lei Complementar nº 459, de 2017.* Disponível em: <https://www.camara.leg.br/proposicoesWeb/fichadetramitacao?idProposicao=2166464>. Acesso em: 8 abr. 2022.

Outros:

"Regulamento" do SCE II Fundo de Investimento de Investimento em Direitos Creditórios Não-Padronizados, datado de 28 de janeiro de 2019. Disponível em: <http://conteudo.cvm.gov.br/menu/regulados/fundos/consultas/fundos.html>. Acesso em: 8 abr. 2022

APÊNDICE

DOCUMENTOS DO CASO DO ESTADO DE SÃO PAULO

Legislação:
ASSEMBLEIA LEGISLATIVA DO ESTADO DE SÃO PAULO. *Projeto de Lei nº 749, de 2009*. Estabelece medidas voltadas ao ajuste fiscal e ao equilíbrio das contas públicas e dá providências correlatas. Disponível em: <https://www.al.sp.gov.br/propositura/?id=887924>. Acesso em: 8 abr. 2022.

SÃO PAULO (Estado). *Decreto nº 51.960, de 4 de julho de 2007*. Institui o Programa de Parcelamento Incentivado – PPI ICM/ICMS no Estado de São Paulo, para a liquidação de débitos fiscais relacionados com o ICM e com o ICMS. Disponível em: <https://www.al.sp.gov.br/norma/72782>. Acesso em: 8 abr. 2022.

SÃO PAULO (Estado). *Decreto nº 58.811, de 27 de dezembro de 2012*. Institui o Programa Especial de Parcelamento – PEP do ICMS no Estado de São Paulo, para a liquidação de débitos fiscais relacionados com o Imposto sobre Operações Relativas à Circulação de Mercadorias - ICM e com o Imposto sobre Operações Relativas à Circulação de Mercadorias e sobre Prestações de Serviços de Transporte Interestadual e Intermunicipal e de Comunicação – ICMS. Disponível em: <https://www.al.sp.gov.br/norma/169086>. Acesso em: 8 abr. 2022.

SÃO PAULO (Estado). *Decreto nº 60.244, de 14 de março de 2014*. Designa o Banco do Brasil S.A. como agente financeiro do Tesouro Estadual e autoriza a celebração de instrumento jurídico próprio para disciplinar o relacionamento institucional com o Poder Executivo. Disponível em: <https://www.al.sp.gov.br/norma/?id=172534>. Acesso em: 8 abr. 2022.

SÃO PAULO (Estado). *Decreto nº 60.444, de 13 de maio de 2014*. Institui o Programa Especial de Parcelamento - PEP do ICMS no Estado de S. Paulo, para a liquidação de débitos fiscais relacionados com o ICM e com o ICMS. Disponível em: <https://www.al.sp.gov.br/norma/172888>. Acesso em: 8 abr. 2022.

SÃO PAULO (Estado). *Decreto nº 62.413, de 6 de janeiro de 2017*. Estabelece normas para a execução orçamentária e financeira do exercício de 2017 e dá providências correlatas. Disponível em: <https://www.al.sp.gov. br/norma/180520>. Acesso em: 8 abr. 2022.

SÃO PAULO (Estado). *Decreto nº 62.704, de 18 de julho de 2017.* Dispõe sobre a classificação institucional da Secretaria da Fazenda nos Sistemas de Administração Financeira e Orçamentária do Estado. Disponível em: <https://www.al.sp.gov.br/norma/182470>. Acesso em: 8 abr. 2022.

SÃO PAULO (Estado). *Lei nº 13.723, de 29 de setembro de 2009.* Autoriza o Poder Executivo a ceder, a título oneroso, os direitos creditórios originários de créditos tributários e não tributários, objeto de parcelamentos administrativos ou judiciais, na forma que especifica. Disponível em: <http://www.al.sp.gov.br/norma/?id=157828>. Acesso em: 8 abr. 2022.

SÃO PAULO (Estado). *Lei nº 17.293, de 15 de outubro de 2020.* Autoriza o Poder Executivo a ceder, a título oneroso, os direitos creditórios originários de créditos tributários e não tributários, objeto de parcelamentos administrativos ou judiciais, na forma que especifica. Disponível em: <http://www.al.sp.gov.br/norma/?id=157828>. Acesso em: 8 abr. 2022.

Instrumentos contratuais:

"Instrumento Particular de Contrato de Promessa de Cessão de Direitos Creditórios e Outras Avenças", celebrado entre o Estado de São Paulo e a Companhia Paulista de Securitização, em 1º de março de 2012. Documento retirado dos autos da Ação Popular nº 1039132-29.2016.8.26.0053, em trâmite perante a 12ª Vara de Fazenda Pública do Foro Central da Comarca de São Paulo, fls. 864-898.

"Instrumento Particular de Contrato de Promessa de Cessão de Direitos Creditórios do Programa Especial de Parcelamento – PEP e Outras Avenças", celebrado entre o Estado de São Paulo e a Companhia Paulista de Securitização, em 18 de dezembro de 2014. Documento retirado dos autos da Ação Popular nº 1039132-29.2016.8.26.0053, em trâmite perante a 12ª Vara de Fazenda Pública do Foro Central da Comarca de São Paulo, fls. 899-966.

"Instrumento Particular de Contrato de Promessa de Cessão Fiduciária de Direitos Creditórios e Outras Avenças", celebrado entre a Companhia Paulista de Securitização e a Oliveira Trust Distribuidora de Títulos e Valores Mobiliários S.A., representando a comunhão dos debenturistas da primeira emissão pública de debêntures da Companhia Paulista de Securitização, com a interveniência do Estado de São Paulo, em 1º de março de 2012, conforme aditado em 23 de abril de 2012. Documento retirado dos autos da Ação Popular nº 1039132-29.2016.8.26.0053, em trâmite perante a 12ª Vara de Fazenda Pública do Foro Central da Comarca de São Paulo, fls. 974-1046.

"Instrumento Particular de Contrato de Promessa de Cessão Fiduciária do PEP e Outras Avenças", celebrado entre a Companhia Paulista de Securitização, a Oliveira Trust Distribuidora de Títulos e Valores Mobiliários S.A., representando a comunhão dos debenturistas da primeira emissão pública de debêntures da Companhia Paulista de Securitização, e a Oliveira Trust Distribuidora de Títulos e Valores Mobiliários S.A., representando a comunhão dos debenturistas da terceira emissão pública de debêntures da Companhia Paulista de Securitização, com a interveniência do Estado de São Paulo e da Oliveira Trust Distribuidora de Títulos e Valores Mobiliários S.A., representando a comunhão dos debenturistas da segunda emissão pública de debêntures da Companhia Paulista de Securitização, em 19 de dezembro de 2014, conforme aditado em 14 de maio de 2015. Documento retirado dos autos da Ação Popular nº 1039132-29.2016.8.26.0053, em trâmite perante a 12ª Vara de Fazenda Pública do Foro Central da Comarca de São Paulo, fls. 1047-1247.

Escrituras de emissão:

"Escritura Particular da 1ª (Primeira) Emissão de Debêntures Simples, Não Conversíveis em Ações, em Série Única, da Espécie com Garantia Real, para Distribuição Pública, com Esforços Restritos de Colocação, da Companhia Paulista de Securitização", celebrada entre a Companhia Paulista de Securitização e a Oliveira Trust Distribuidora de Títulos e Valores Mobiliários S.A., na qualidade de representante dos debenturistas da primeira emissão, em 1º de março de 2012, conforme aditada em 23 de abril de 2012, em 20 de agosto de 2014 e em 19 de dezembro de 2014. Disponível em: <https://cvmweb.cvm.gov.br/SWB/Sistemas/SCW/CPublica/CiaAb/FormBuscaCiaAb.aspx?TipoConsult=c>. Acesso em: 8 abr. 2022.

"Instrumento Particular da 1ª (Primeira) Emissão Privada de Debêntures Subordinadas, Não Conversíveis em Ações, da Companhia Paulista de Securitização", celebrado pela Companhia Paulista de Securitização, em 1º de dezembro de 2010, conforme aditada em 17 de abril de 2012 e em 19 de dezembro de 2014. Disponível em: <https://cvmweb.cvm.gov.br/SWB/Sistemas/SCW/CPublica/CiaAb/FormBuscaCiaAb.aspx?TipoConsult=c>. Acesso em: 8 abr. 2022.

"Escritura Particular da 2ª (Segunda) Emissão de Debêntures Simples, Não Conversíveis em Ações, da Espécie Quirografária, com Garantia, Adicional Real, em 2 (duas) Séries, para Distribuição Pública, com Esforços Restritos de Colocação, da Companhia Paulista de Securitização", celebrada entre a Companhia Paulista de Securitização e a Oliveira Trust Distribuidora de Títulos e Valores Mobiliários S.A., na qualidade de representante dos debenturistas da segunda emissão, em 19 de dezembro de 2014, conforme aditada em 18 de maio de 2015, em 14 de abril de 2016 e em 28 de julho de 2016. Disponível em: <http://www.oliveiratrust.com.br/sites/fiduciario/?item1=Investidor&item2=Debentures>. Acesso em: 8 abr. 2022.

"Escritura Particular da 3ª (Terceira) Emissão de Debêntures Simples, não Conversíveis em Ações, da Espécie com Garantia Real, em Série Única, para Distribuição Pública, da Companhia Paulista de Securitização", celebrada entre a Companhia Paulista de Securitização e a Oliveira Trust Distribuidora de Títulos e Valores Mobiliários S.A., na qualidade de representante dos debenturistas da terceira emissão, em 14 de maio de 2015, conforme aditada em 16 de junho de 2015, em 18 de junho de 2015 e em 22 de junho de 2015. Disponível em: <http://www.oliveiratrust.com.br/sites/fiduciario/?item1=Investidor&item2=Debentures>. Acesso em: 8 abr. 2022.

Documentos societários, informes e demonstrações financeiras:

COMPANHIA PAULISTA DE SECURITIZAÇÃO. *Ata da Assembleia Geral de Debenturistas da 1ª (Primeira) Série da 2ª (Segunda) Emissão de Debêntures Simples, Não Conversíveis em Ações, da Espécie Quirografária, com Garantia, Adicional Real, em 2 (duas) Séries, para Distribuição Pública, com Esforços Restritos de Colocação, da Companhia Paulista de Securitização*, realizada em 18 de maio de 2020. Disponível em: <https://www.oliveiratrust.com.br/portal/leitor/#https://www.oliveiratrust.com.br/scot/Arquivos/AF-608/1310971-6131-20200617222900.pdf >. Acesso em: 8 abr. 2022.

COMPANHIA PAULISTA DE SECURITIZAÇÃO. Demonstrações Financeiras, datadas de 31 de dezembro de 2016. *Diário Oficial do Estado de São Paulo*, São Paulo, 31 mar. 2017, Caderno Empresarial, p. 177-181.

COMPANHIA PAULISTA DE SECURITIZAÇÃO. *Estatuto social*, datado de 27 de abril de 2018. Disponível em: <https://portal.fazenda.sp.gov.br/Institucional/Paginas/CPSEC/CPSEC.aspx>. Acesso em: 8 abr. 2022.

COMPANHIA PAULISTA DE SECURITIZAÇÃO. *Planejamento Estratégico 2019 – 2023.* Disponível em: <https://portal.fazenda.sp.gov.br/Institucional/Paginas/CPSEC/CPSEC.aspx>. Acesso em: 8 abr. 2022.

Documentos de ofertas públicas:

COMPANHIA PAULISTA DE SECURITIZAÇÃO. *Anúncio de encerramento de oferta pública de distribuição pública de debêntures simples, não conversíveis em ações, da espécie com garantia real, em série única, da 3ª emissão, da Companhia Paulista de Securitização,* datado de 13 de julho de 2015. Disponível em: <https://portal.fazenda.sp.gov.br/Institucional/Paginas/CPSEC/CPSEC.aspx>. Acesso em: 8 abr. 2022.

COMPANHIA PAULISTA DE SECURITIZAÇÃO. *Anúncio de início de oferta pública de distribuição pública de debêntures simples, não conversíveis em ações, da espécie com garantia real, em série única, da 3ª emissão, da Companhia Paulista de Securitização,* datado de 7 de julho de 2015. Disponível em: <https://portal.fazenda.sp.gov.br/Institucional/Paginas/CPSEC/CPSEC.aspx>. Acesso em: 8 abr. 2022.

COMPANHIA PAULISTA DE SECURITIZAÇÃO. *Aviso ao mercado de oferta pública de distribuição pública de debêntures simples, não conversíveis em ações, da espécie com garantia real, em série única, da 3ª emissão, da Companhia Paulista de Securitização,* publicado no jornal Folha de São Paulo em 14 de maio de 2015. Disponível em: <https://portal.fazenda.sp.gov.br/Institucional/Paginas/CPSEC/CPSEC.aspx>. Acesso em: 8 abr. 2022.

COMPANHIA PAULISTA DE SECURITIZAÇÃO. *Comunicado ao mercado de modificação e retomada de oferta,* datado de 25 de maio de 2015. Disponível em: <https://portal.fazenda.sp.gov.br/Institucional/Paginas/CPSEC/CPSEC.aspx>. Acesso em: 8 abr. 2022.

COMPANHIA PAULISTA DE SECURITIZAÇÃO. *Comunicado ao mercado de modificação de cronograma da oferta,* datado de 3 de junho de 2015. Disponível em: <https://portal.fazenda.sp.gov.br/Institucional/Paginas/CPSEC/CPSEC.aspx>. Acesso em: 8 abr. 2022.

COMPANHIA PAULISTA DE SECURITIZAÇÃO. *Prospecto definitivo de distribuição pública de debêntures simples, não conversíveis em ações, da espécie com garantia real, em série única, da 3ª emissão, da Companhia Paulista de Securitização,* datado de 7 de julho de 2015. Disponível em: <https://portal.fazenda.sp.gov.br/Institucional/Paginas/CPSEC/CPSEC.aspx>. Acesso em: 8 abr. 2022.

COMPANHIA PAULISTA DE SECURITIZAÇÃO. *Prospecto preliminar de distribuição pública de debêntures simples, não conversíveis em ações, da espécie com garantia real, em série única, da 3ª emissão, da Companhia Paulista de Securitização*, datado de 23 de junho de 2015. Disponível em: <https://portal.fazenda.sp.gov.br/Institucional/Paginas/CPSEC/CPSEC.aspx>. Acesso em: 8 abr. 2022.

"Relatório de Encerramento", datado de 17 de junho de 2020, divulgado pelo agente fiduciário dos debenturistas da 3ª emissão de debêntures da CPSEC (Oliveira Trust Distribuidora de Títulos e Valores Mobiliários S.A.). Disponível em: <https://www.oliveiratrust.com.br/portal/leitor/#https://www.oliveiratrust.com.br/scot/Arquivos/T-340/1316791-7601-20200629103042.pdf>. Acesso em: 8 abr. 2022.

Documentos de classificação de risco:

S&P GLOBAL RATINGS. *Definições de Ratings da S&P Global Ratings*, 5 de janeiro de 2021. Disponível em: <https://www.standardandpoors.com/en_US/delegate/getPDF?articleId=2575491&type=COMMENTS&subType=REGULATORY>. Acesso em: 8 abr. 2022.

S&P GLOBAL RATINGS. *Diversas ações de ratings realizadas nos ratings das debêntures da CPSEC*, 24 de fevereiro de 2017. Disponível em: <https://www.standardandpoors.com/pt_LA/delegate/getPDF?articleId=2076183&type=NEWS&subType=RATING_ACTION>. Acesso em: 8 abr. 2022.

S&P GLOBAL RATINGS. *Ratings das debêntures da CPSEC elevados após recalibragem da escala de ratings*, 2 de outubro de 2018. Disponível em: <https://www.standardandpoors.com/pt_LA/delegate/getPDF?articleId=2108404&type=NEWS&subType=RATING_ACTION>. Acesso em: 8 abr. 2022.

S&P GLOBAL RATINGS. *Standard & Poor's atribui rating final 'brAA (sf)' às debêntures "seniores 2" da CPSEC*, 19 de junho de 2015. Disponível em: <https://www.standardandpoors.com//pt_LA/web/guest/article/-/view/type/HTML/sourceAssetId/1245386688632>. Acesso em: 8 abr. 2022.

S&P GLOBAL RATINGS. *Dois ratings elevados e dois reafirmados após atualização da metodologia de CLOs e CDOs corporativos*, 18 de dezembro de 2019. Disponível em: <https://www.standardandpoors.com/pt_LA/delegate/getPDF?articleId=2360455&type=NEWS&subType=RATING_ACTION>. Acesso em: 8 abr. 2022.

S&P GLOBAL RATINGS. *Ratings das debêntures da Companhia Paulista de Securitização reafirmados*, 27 de fevereiro de 2020. Disponível em: <https://www.standardandpoors.com/pt_LA/delegate/getPDF?articleId=2389726&type=NEWS&subType=RATING_ACTION>. Acesso em: 8 abr. 2022.

S&P GLOBAL RATINGS. *Rating 'brBBB- (sf)' das debêntures Mezanino 1 da CPSEC reafirmado e removido do CreditWatch negativo*, 17 de junho de 2020. Disponível em: <https://www.standardandpoors.com/pt_LA/delegate/getPDF?articleId=2463979&type=NEWS&subType=RATING_ACTION>. Acesso em: 8 abr. 2022.

Pareceres, ofícios e manifestações de autoridades administrativas:

COMISSÃO DE VALORES MOBILIÁRIOS. *Ofício/CVM/SEP/RIC nº 17/2010*, datado de 20 de julho de 2010. Documento retirado dos autos da Ação Civil Pública nº 1001566-75.2018.8.26.0053, em trâmite perante a 14ª Vara de Fazenda Pública do Foro Central da Comarca de São Paulo, fls. 602-605.

CONSELHO DE DEFESA DE CAPITAIS DO ESTADO DE SÃO PAULO. *Parecer*, datado de 16 de junho de 2015 e aprovado pela Consultoria Jurídica da Secretaria da Fazenda em 19 de junho de 2015. Documento retirado dos autos da Ação Civil Pública nº 1001566-75.2018.8.26.0053, em trâmite perante a 14ª Vara de Fazenda Pública do Foro Central da Comarca de São Paulo, fls. 1141-1144.

CONSELHO DE DEFESA DE CAPITAIS DO ESTADO DE SÃO PAULO. *Parecer nº 100/12*, datado de 28 de maio de 2012. Documento retirado dos autos da Ação Civil Pública nº 1001566-75.2018.8.26.0053, em trâmite perante a 14ª Vara de Fazenda Pública do Foro Central da Comarca de São Paulo, fls. 1141-1144.

CONSELHO NACIONAL DE POLÍTICA FAZENDÁRIA. *Convênio ICMS nº 104/02*, aprovado pelo Conselho Nacional de Política Fazendária em sua 64ª reunião ordinária, realizada em 29 de agosto de 2002. Disponível em: <https://www.confaz.fazenda.gov.br/legislacao/convenios/2002/CV104_02>. Acesso em: 8 abr. 2022.

CONSULTORIA JURÍDICA DA SECRETARIA DA FAZENDA DO ESTADO DE SÃO PAULO. *Parecer nº 611/2010*, emitido no Processo nº 23752-430087/2010, datado de 25 de junho de 2010. Documento retirado dos autos da Ação Popular nº 1039132-29.2016.8.26.0053, em trâmite perante a 12ª Vara de Fazenda Pública do Foro Central da Comarca de São Paulo, fls. 1503-1531.

CONSULTORIA JURÍDICA DA SECRETARIA DA FAZENDA DO ESTADO DE SÃO PAULO. *Parecer nº 218/2012*, emitido no Processo nº 23752-430087/2010, datado de 1º de março de 2012. Documento retirado dos autos da Ação Popular nº 1039132-29.2016.8.26.0053, em trâmite perante a 12ª Vara de Fazenda Pública do Foro Central da Comarca de São Paulo, fls. 1532-1543.

CONSULTORIA JURÍDICA DA SECRETARIA DA FAZENDA DO ESTADO DE SÃO PAULO. *Parecer nº 1542/2014*, emitido no Processo nº 23752-1500722/2014, datado de 10 de dezembro de 2014. Documento retirado dos autos da Ação Popular nº 1039132-29.2016.8.26.0053, em trâmite perante a 12ª Vara de Fazenda Pública do Foro Central da Comarca de São Paulo, fls. 1544-1578.

CONSULTORIA JURÍDICA DA SECRETARIA DA FAZENDA DO ESTADO DE SÃO PAULO. *Parecer nº 1588/2014*, emitido no Processo nº 23752-1500722/2014, datado de 18 de dezembro de 2014. Documento retirado dos autos da Ação Popular nº 1039132-29.2016.8.26.0053, em trâmite perante a 12ª Vara de Fazenda Pública do Foro Central da Comarca de São Paulo, fls. 1579-1588.

CONSULTORIA JURÍDICA DA SECRETARIA DA FAZENDA DO ESTADO DE SÃO PAULO. *Parecer nº 0348-2015*, emitido no Processo nº 23752-1500722/2014, datado de 7 de abril de 2015. Documento retirado dos autos da Ação Popular nº 1039132-29.2016.8.26.0053, em trâmite perante a 12ª Vara de Fazenda Pública do Foro Central da Comarca de São Paulo, fls. 1589-1607.

Autos e decisões de processos judiciais e administrativos:

Autos da Ação Civil Pública nº 1001566-75.2018.8.26.0053, em trâmite perante a 14ª Vara de Fazenda Pública do Foro Central da Comarca de São Paulo e a 1ª Câmara de Direito Público do Tribunal de Justiça do Estado de São Paulo. Disponível em: <https://esaj.tjsp.jus.br/cpopg/show. do?processo.codigo=1H000C5OP0000&processo.foro=53&uuidCaptcha= sajcaptcha_7f517978ef0f47e4a0e83e08a17344a2>. Acesso em: 8 dez. 2021.

Autos da Ação Popular nº 1039132-29.2016.8.26.0053, em trâmite perante a 12ª Vara de Fazenda Pública do Foro Central da Comarca de São Paulo. Disponível em: <https://esaj.tjsp.jus.br/cpopg/show. do?processo.codigo=1H0009PKA0000&processo.foro=53&uuidCapt

cha=sajcaptcha_7f517978ef0f47e4a0e83e08a17344a2&gateway=true>. Acesso em: 8 dez. 2021.

12ª VARA DE FAZENDA PÚBLICA DO FORO CENTRAL DA COMARCA DE SÃO PAULO. *Ação Popular nº 1039132-29.2016.8.26.0053*. Decisão, datada de 3 de fevereiro de 2007. Documento retirado dos autos da Ação Popular nº 1039132-29.2016.8.26.0053, em trâmite perante a 12ª Vara de Fazenda Pública do Foro Central da Comarca de São Paulo, fls. 187-191.

14ª VARA DE FAZENDA PÚBLICA DO FORO CENTRAL DA COMARCA DE SÃO PAULO. *Ação Civil Pública nº 1001566-75.2018.8.26.0053*. Sentença, datada de 3 de fevereiro de 2019. Documento retirado dos autos da Autos da Ação Civil Pública nº 1001566-75.2018.8.26.0053, em trâmite perante a 14ª Vara de Fazenda Pública do Foro Central da Comarca de São Paulo, fls. 1724-1726.

COMISSÃO DE VALORES MOBILIÁRIOS. Colegiado. *Processo CVM nº RJ 2010/17288*. Relator SRE/GER-2. Rio de Janeiro, 29 de março de 2011. Disponível em: <http://conteudo.cvm.gov.br/decisoes/2011/20110329_R1/20110329_D13.html>. Acesso em: 8 abr. 2022.

TRIBUNAL DE CONTAS DO ESTADO DE SÃO PAULO. *Processo nº 24428/026/16*. Despacho do Conselheiro Antônio Roque Citadini. São Paulo, 5 de setembro de 2016. Disponível em: <https://www.tce.sp.gov.br/processos>. Acesso em: 8 dez. 2021.

TRIBUNAL DE JUSTIÇA DO ESTADO DE SÃO PAULO. 1ª Câmara de Direito Público. *Acórdão nº 2019.0000765433*. Relator: Desembargador Luís Francisco Aguilar Cortez. São Paulo, 17 de setembro de 2019. Disponível em: <https://esaj.tjsp.jus.br/cjsg/resultadoCompleta.do>. Acesso em: 8 dez. 2021.

TRIBUNAL DE JUSTIÇA DO ESTADO DE SÃO PAULO. 1ª Câmara de Direito Público. *Ação Civil Pública nº 1001566-75.2018.8.26.0053*. Decisão, datada de 25 de agosto de 2020. Documento retirado dos autos da Autos da Ação Civil Pública nº 1001566-75.2018.8.26.0053, em trâmite perante a 1ª Câmara de Direito Público do Tribunal de Justiça do Estado de São Paulo, fls. 2151-2152.

TRIBUNAL DE JUSTIÇA DO ESTADO DE SÃO PAULO. 9ª Câmara de Direito Público. *Agravo de Instrumento nº 2049555-59.2017.8.26.0000*. Relator Desembargador Décio Notarangeli. São Paulo, 26 de abril de 2017. Disponível em: <https://esaj.tjsp.jus.br/cjsg/resultadoCompleta.do>. Acesso em: 8 dez. 2021.

Lista de termos definidos dos documentos do caso do Estado de São Paulo

Contrato de Promessa de Cessão do PEP

"Instrumento Particular de Contrato de Promessa de Cessão de Direitos Creditórios do Programa Especial de Parcelamento – PEP e Outras Avenças" celebrado entre o Estado de São Paulo e a Companhia Paulista de Securitização, em 18.12.2014. Documento retirado dos autos da Ação Popular nº 1039132-29.2016.8.26.0053, em trâmite perante a 12ª Vara de Fazenda Pública do Foro Central da Comarca de São Paulo, fls. 899-966.

Contrato de Promessa de Cessão do PPI

"Instrumento Particular de Contrato de Promessa de Cessão de Direitos Creditórios e Outras Avenças" celebrado entre o Estado de São Paulo e a Companhia Paulista de Securitização, em 1.3.2012. Documento retirado dos autos da Ação Popular nº 1039132-29.2016.8.26.0053, em trâmite perante a 12ª Vara de Fazenda Pública do Foro Central da Comarca de São Paulo, fls. 864-898.

Contrato de Promessa de Cessão Fiduciária do PEP

"Instrumento Particular de Contrato de Promessa de Cessão Fiduciária do PEP e Outras Avenças", celebrado entre a Companhia Paulista de Securitização, a Oliveira Trust Distribuidora de Títulos e Valores Mobiliários S.A., representando a comunhão dos debenturistas da primeira emissão pública de debêntures da Companhia Paulista de Securitização, e a Oliveira Trust Distribuidora de Títulos e Valores Mobiliários S.A., representando a comunhão dos debenturistas da terceira emissão pública de debêntures da Companhia Paulista de Securitização, com a interveniência do Estado de São Paulo e da Oliveira Trust Distribuidora de Títulos e Valores Mobiliários S.A., representando a comunhão dos debenturistas da segunda emissão pública de debêntures da Companhia Paulista de Securitização, em 19.12.2014, conforme aditado em 14.5.2015. Documento retirado dos autos da Ação Popular nº 1039132-29.2016.8.26.0053, em trâmite perante a 12ª Vara de Fazenda Pública do Foro Central da Comarca de São Paulo, fls. 1047-1247.

Contrato de Promessa de Cessão Fiduciária do PPI "Instrumento Particular de Contrato de Promessa de Cessão Fiduciária de Direitos Creditórios e Outras Avenças", celebrado entre a Companhia Paulista de Securitização e a Oliveira Trust Distribuidora de Títulos e Valores Mobiliários S.A., representando a comunhão dos debenturistas da primeira emissão pública de debêntures da Companhia Paulista de Securitização, com a interveniência do Estado de São Paulo, em 1.3.2012, conforme aditado em 23.4.2012. Documento retirado dos autos da Ação Popular nº 1039132-29.2016.8.26.0053, em trâmite perante a 12ª Vara de Fazenda Pública do Foro Central da Comarca de São Paulo, fls. 974-1046.

Contratos de Promessa de Cessão do PPI e do PEP Em conjunto, o Contrato de Promessa de Cessão do PPI e o Contrato de Promessa de Cessão do PEP.

Contratos de Promessa de Cessão Fiduciária do PPI e do PEP Em conjunto, o Contrato de Promessa de Cessão Fiduciária do PPI e o Contrato de Promessa de Cessão Fiduciária do PEP.

Escritura da Primeira Emissão de Debêntures da CPSEC "Escritura Particular da 1ª (Primeira) Emissão de Debêntures Simples, Não Conversíveis em Ações, em Série Única, da Espécie com Garantia Real, para Distribuição Pública, com Esforços Restritos de Colocação, da Companhia Paulista de Securitização", celebrada entre a Companhia Paulista de Securitização e a Oliveira Trust Distribuidora de Títulos e Valores Mobiliários S.A., na qualidade de representante dos debenturistas da primeira emissão, em 1.3.2012, conforme aditada em 23.4.2012, em 20.8.2014 e em 19.12.2014. Disponível em: <https://cvmweb.cvm.gov.br/SWB/Sistemas/SCW/CPublica/CiaAb/FormBuscaCiaAb.aspx?TipoConsult=c>. Acesso em: 8 abr. 2022.

Escritura da Segunda Emissão de Debêntures da CPSEC

"Escritura Particular da 2ª (Segunda) Emissão de Debêntures Simples, Não Conversíveis em Ações, da Espécie Quirografária, com Garantia, Adicional Real, em 2 (duas) Séries, para Distribuição Pública, com Esforços Restritos de Colocação, da Companhia Paulista de Securitização", celebrada entre a Companhia Paulista de Securitização e a Oliveira Trust Distribuidora de Títulos e Valores Mobiliários S.A., na qualidade de representante dos debenturistas da segunda emissão, em 19.12.2014, conforme aditada em 18.5.2015, em 14.4.2016 e em 28.7.2016. Disponível em: <http://www.oliveiratrust.com.br/sites/fiduciario/?item1=Investidor&item2=Debentures>. Acesso em: 8 abr. 2022.

Escritura da Terceira Emissão de Debêntures da CPSEC

"Escritura Particular da 3ª (Terceira) Emissão de Debêntures Simples, não Conversíveis em Ações, da Espécie com Garantia Real, em Série Única, para Distribuição Pública, da Companhia Paulista de Securitização", celebrada entre a Companhia Paulista de Securitização e a Oliveira Trust Distribuidora de Títulos e Valores Mobiliários S.A., na qualidade de representante dos debenturistas da terceira emissão, em 14 de maio de 2015, conforme aditada em 16 de junho de 2015, em 18 de junho de 2015 e em 22 de junho de 2015. Disponível em: <http://www.oliveiratrust.com.br/sites/fiduciario/?item1=Investidor&item2=Debentures>. Acesso em: 8 abr. 2022.

Escritura de Emissão das Debêntures Subordinadas da CPSEC	"Instrumento Particular da 1ª (Primeira) Emissão Privada de Debêntures Subordinadas, Não Conversíveis em Ações, da Companhia Paulista de Securitização", celebrado pela Companhia Paulista de Securitização, em 1.12.2010, conforme aditada em 17.4.2012 e em 19.12.2014. Disponível em: <https://cvmweb.cvm.gov.br/SWB/Sistemas/SCW/CPublica/CiaAb/FormBuscaCiaAb.aspx?TipoConsult=c>. Acesso em: 8 abr. 2022.
Estatuto Social da CPSEC	COMPANHIA PAULISTA DE SECURITIZAÇÃO. *Estatuto social*, datado de 27.4.2018. Disponível em: <https://portal.fazenda.sp.gov.br/Institucional/Paginas/CPSEC/CPSEC.aspx>. Acesso em: 8 abr. 2022.
Lei Autorizativa	SÃO PAULO (Estado). *Lei nº 13.723, de 29 de setembro de 2009.* Autoriza o Poder Executivo a ceder, a título oneroso, os direitos creditórios originários de créditos tributários e não tributários, objeto de parcelamentos administrativos ou judiciais, na forma que especifica. Disponível em: <http://www.al.sp.gov.br/norma/?id=157828>. Acesso em: 8 abr. 2022.
Prospecto da Terceira Emissão de Debêntures da CPSEC	COMPANHIA PAULISTA DE SECURITIZAÇÃO. *Prospecto definitivo de distribuição pública de debêntures simples, não conversíveis em ações, da espécie com garantia real, em série única, da 3ª emissão, da Companhia Paulista de Securitização*, datado de 7.7.2015. Disponível em: <https://portal.fazenda.sp.gov.br/Institucional/Paginas/CPSEC/CPSEC.aspx>. Acesso em: 8 abr. 2022.

Esta obra foi composta em fonte Palatino Linotype, corpo 10
e impressa em papel Boivory Bulk 65g (miolo) e Supremo 250g (capa)
pela Gráfica Formato.